William
Barclay

Auslegung des Neuen Testaments

Briefe an die Korinther

Briefe an die Korinther

ausgelegt von William Barclay

Aussaat Verlag
Wuppertal

Aus dem Englischen übersetzt von Dr. Elfriede Leseberg. Titel der Originalausgabe „The Letters to the Corinthians" in der Reihe „The Daily Study Bibel" bei the Saint Andrew Press, Edinburgh, 1.–7. Auflage 1954 bis 1965.

Einband: T. Hagen, Wuppertal
Satz und Druck: Aussaat-Druck, Wuppertal
ISBN 3 7615 0123 4

Inhalt

Die Größe Korinths

Ein Blick auf die Landkarte genügt, um uns klarzumachen, daß Korinth aufgrund seiner geographischen Lage geradezu prädestiniert war, eine bedeutende Rolle zu spielen. Südgriechenland bildet beinahe eine Insel, weil das Land von Westen her vom Sardonischen und von Osten her vom Korinthischen Golf tief eingeschnitten wird, so daß der Norden und der Süden des Landes lediglich durch den 6,3 bis 13 Kilometer breiten Isthmus von Korinth miteinander verbunden sind. Auf dieser schmalen Landenge liegt Korinth, eine der bedeutendsten Handelsstädte der Antike. Der gesamte innergriechische Verkehr führte zwangsläufig über Korinth; die Stadt bildete eine Brücke im Verkehr der nördlichen Landesteile und Athens mit Sparta und dem übrigen Peloponnes.

Doch nicht nur der Nordsüdverkehr innerhalb Griechenlands führte über Korinth, sondern auch der Verkehr vom östlichen zum westlichen Mittelmeer. Die äußerste Südspitze Griechenlands, Kap Matapan oder — wie es damals hieß — Kap Malea, war äußerst gefährlich; es zu umschiffen bedeutete ein Risiko wie später etwa die Umschiffung von Kap Horn. Was die Griechen von einer Fahrt um Kap Malea hielten, zeigen die sprichwörtlichen Redensarten: „Wer Kap Malea umschiffen will, darf nicht an Zuhause denken“ und: „Wer Kap Malea umschiffen will, sollte zuvor sein Testament machen.“ Die Seeleute entschieden sich infolgedessen meist für eine der nachstehend genannten Möglichkeiten: Sie fuhren landeinwärts in den Sardonischen Golf und zogen kleinere Schiffe auf der einen Seite des Isthmus von Korinth an Land, um sie auf Rollen über die schmalste Stelle der Landenge, Diolkos genannt, auf die andere Seite zu schleifen, wo sie wieder zu Wasser gelassen wurden. Da sich dieses Schleifverfahren bei größeren Schiffen indessen nicht anwenden ließ, entlud man diese auf der einen Seite, ließ die Ladung von Trägern über den 6 Kilometer breiten Diolkos befördern und auf der anderen Seite der Landenge in ein anderes Schiff umladen. Dieser verhältnismäßig kurze Transport an der Stelle, an der sich heute der Kanal von Korinth befindet, ersparte den Seeleuten eine Schiffsreise von über 300 Kilometern. Daß Korinth unter diesen Umständen zu einem wichtigen Handelsplatz und damit zu einer reichen, dicht bevölkerten Stadt wurde, braucht uns daher nicht zu wundern. (Ganz in der Nähe befanden sich übrigens die beiden Hafenstädte Kenchreä am Sardonischen und Lechäum am Korinthischen Golf; Korinth noch näher lag die Stadt Schoenus.) Auf den Märkten, deren Besucher aus aller Welt kamen, gab es Luxusartikel und Güter verschiedenster Art zu kaufen: Arabischen Balsam, phönizische Datteln, libysches Elfenbein, babylonische Teppiche, zilizisches Ziegenhaar, lykaonische Wolle und phrygische Sklaven. Korinth war der „Jahrmarkt der Eitelkeiten" der Antike, wie einmal jemand gesagt hat. In Korinth fanden zudem die Isthmischen Spiele statt, die an Bedeutung nur noch den Olympischen Spielen nachstanden.

Die Verderbtheit Korinths

Korinth stand jedoch nicht nur in dem Ruf, eine reiche Stadt zu sein; sondern ebenso sprichwörtlich war die Lasterhaftigkeit der Stadt. Korinthiazesthai, leben wie die Korinther, war zu einem Bestandteil der griechischen Sprache geworden und besagte: ein dem Trunk ergebenes, sittenloses, liederliches Leben führen. Der spätgriechische Schriftsteller Aelian berichtet, daß Korinther, sofern sie in einem Schauspiel auftraten, stets als Trunkenbolde dargestellt wurden. Korinth war ein Synonym für Liederlichkeit. Eine Quelle des dortigen Übels war in der ganzen damaligen zivilisierten Welt bekannt: oberhalb der Stadt der Burgberg Akrokorinth, auf dem sich ein Tempel der Aphrodite, der Göttin der Liebe, befand. Zu diesem Tempel gehörten tausend Priesterinnen, „heilige" Prostituierte (Hierodulen), die an Festtagen auch in die Stadt hinunter schwärmten. Auch sonst blühte das Vergnügungsgewerbe dort, so daß ein griechisches Sprichwort lautete: „Nicht jedermann kann sich eine Reise nach Korinth leisten." Zu diesem unmittelbar ins Auge springenden Lastern kamen unzählige andere, die im Verborgenen blühten. Händler und Seeleute aus aller Welt hatten sie mitgebracht, und so wurde der Name Korinth ein Synonym nicht nur für Reichtum, Luxus, Trunkenheit und Liederlichkeit, sondern auch für jede Art von niederer Gemeinheit.

Die Geschichte Korinths

Korinth ist eine sehr alte griechische Stadt. Bei Thukydides, dem bedeutendsten griechischen Geschichtsschreiber, lesen wir, daß in Korinth die ersten Triremen oder Dreiruderer, wie die griechischen Kriegsschiffe hießen, hergestellt wurden. Der Sage nach soll „Argo", das Schiff, mit dem Jason auf der Suche nach dem Goldenen Vließ die Meere befuhr, ebenfalls in Korinth gebaut worden sein. In der Zeit, in der die Römer ihre weltweiten Eroberungen machten, stand im Kampf gegen diese Korinth an vorderster Stelle. Die blühende Handelsstadt mochte den disziplinierten Truppen der Römer jedoch nicht standzuhalten, und im Jahre 146 v. Chr. eroberte der römische Feldherr Mummius Korinth und zerstörte es so vollständig, daß nur noch ein wüster Trümmerhaufen zurückblieb. Ein geographisch so günstig gelegener Ort konnte auf die Dauer freilich keine Stätte der Zerstörung bleiben. Und so ließ denn fast genau hundert Jahre später, im Jahre 46 v. Chr., Julius Cäsar Korinth wieder aufbauen. Eine neue Stadt — sie wurde zur römischen Kolonie — erhob sich aus den Trümmern; ja, mehr noch, Korinth entwickelte sich zur Hauptstadt der Provinz Achaja, die ein Jahrhundert später praktisch ganz Griechenland umschloß.

Zu jener Zeit, der Zeit des Apostels Paulus, lebte in Korinth eine sehr gemischte Bevölkerung. 1. Es lebten dort die römischen Veteranen, die Julius Cäsar dort angesiedelt hatte. Die römischen Soldaten erhielten nach Ablauf ihrer Dienstzeit das Bürgerrecht und bekamen in einer neugegründeten Stadt Grundbesitz zugewiesen, so daß sie sich dort niederlassen konnten. Derartige Kolonien gab es in allen Gegenden des römischen Weltreiches, und die altgedienten Soldaten, die sich durch treue Dienste das Bürgerrecht erworben hatten, bildeten das Rückgrat dieser Städte. 2. Nach dem Wiederaufbau war Korinth auch für Kaufleute wieder anziehender geworden; bot doch die Lage der Stadt immer noch Gewähr für eine Vorrangstellung auf dem Gebiet des Handels. 3. Unter den Einwohnern der Stadt befanden sich auch viele Juden, denen wirtschaftliche Vergünstigungen eingeräumt worden waren, die sie selbstverständlich ohne Zögern in Anspruch nahmen. 4. Zu diesen Bevölkerungsgruppen kamen noch eine dünne Schicht aus Phöniziern, Phrygiern und Orientalen, aus leicht erregbaren Einwanderern mit allerlei fremdartigen Sitten. Insgesamt bildete diese buntgemischte Bevölkerung Veteranen aus römischen Bürgern, griechischen Einwanderern, Juden und Vorderasiaten aus Kaufleuten, Philosophen, Seeleuten, Sklaven, Freigelassenen, Gewerbetreibenden, Händlern und Agenten für alle Arten von Lastern eine Kolonie ohne Aristokratie, ein Stadtgebilde ohne Tradition und ohne Altbürger. Dies alles sollte man sich vor Augen halten, wenn man im 1. Korinther 6, 9. 10 liest: „Wisset ihr nicht, daß die Ungerechten werden das Reich Gottes nicht ererben? Lasset euch nicht irreführen! Weder die Unzüchtigen noch die Götzendiener noch die Ehebrecher noch die Weichlinge noch die Knabenschänder noch die

Diebe noch die Geizigen noch die Trunkenbolde noch die Lästerer noch die Räuber werden das Reich Gottes ererben."
An dieser Brutstätte des Lasters, an diesem Orte Griechenlands, an dem es am wenigsten möglich zu sein schien, vollbrachte Paulus eines seiner größten Werke, feierte das Christentum einen seiner mächtigsten Triumphe.

Paulus in Korinth

Mit Ausnahme von Ephesus hielt Paulus sich in keiner Stadt so lange auf wie in Korinth. Er hatte Mazedonien verlassen, als sein Leben dort gefährdet schien, und war nach Athen gegangen, wo ihm jedoch wenig Erfolg beschieden war, so daß er nach Korinth weiterzog; dort blieb er achtzehn Monate. (Der Bericht über diese Zeit ist bei Lukas in ganze sieben Verse zusammengedrängt: Apg. 18, 1–17). Nach seiner Ankunft in Korinth predigte Paulus, der zu Aquila und Prisca gezogen war, mit großem Erfolg in der Synagoge. Als dann auch Timotheus und Silas aus Mazedonien zu ihm stießen, verdoppelte er seine Bemühungen; doch die Juden widerstrebten ihm derart heftig und feindselig, daß er die Synagoge verlassen mußte und in das unmittelbar daneben gelegene Haus eines Mannes mit Namen Titus Justus zog. Der angesehenste Mann, der sich zum Christentum bekehrte, war Krispus, der Vorsteher der Synagoge. Außer diesem wurden zahlreiche andere Korinther gläubig – ein guter Erfolg der Missionstätigkeit. Im Jahre 52 kam ein neuer römischer Statthalter nach Achaja, Gallio mit Namen, der für seine Güte bekannt war. Die Juden versuchten, sich die Freundlichkeit dieses Neuankömmlings zunutze zu machen und brachten Paulus vor seinen Richterstuhl, indem sie ihn beschuldigten, seine Lehre widerspräche dem Gesetz. Doch Gallio lehnte ihr Ansinnen ab; er wollte in seinem unparteiischen Gerechtigkeitssinn nichts mit dieser innerjüdischen Sache zu tun haben. So konnte Paulus sein Werk in Korinth beenden, ehe er nach Syrien weiterreiste.

Der Briefwechsel mit der Gemeinde in Korinth

Im Jahre 55 erfuhr Paulus in Ephesus, daß in Korinth nicht alles zum Besten stand; er schrieb daher an die dortige Gemeinde. Es ist durchaus möglich, daß der Briefwechsel in der uns vorliegenden Form nicht genau die Reihenfolge wiedergibt, in der Paulus an die Korinther schrieb. Erst um das Jahr 90 n. Chr. nämlich wurden die Paulusbriefe gesammelt, wobei die Zusammensetzung der in den verschiedenen Gemeinden vorhandenen Papyrusfetzen bei der Herausgabe der Briefe ziemliche Schwierigkeiten bereitete. Es hat den Anschein, als ob man nicht alle Briefe an die Korinther entdeckt und die erhaltenen überdies nicht richtig geordnet hätte. — Versuchen wir die Vorgänge einmal zu rekonstruieren.

1. Dem 1. Korintherbrief war bereits ein Brief vorausgegangen; denn in 1. Korinther 5, 9 schreibt Paulus: „Ich habe euch geschrieben in dem Briefe, daß ihr nichts sollt zu schaffen haben mit den Unzüchtigen." Während manche Theologen der Ansicht sind, daß der hier erwähnte Brief spurlos verschwunden sei, sind andere der Meinung, daß er wenigstens teilweise in 2. Korinther 6, 14 — 7, 1 enthalten sei, und sicherlich paßt die Stelle zu dem, was Paulus darüber schreibt. In ihrem jetzigen Kontext wirkt sie außerdem ziemlich unangebracht; lösen wir sie jedoch heraus, indem wir von 2. Korinther 6, 13 direkt zu 7, 2 übergehen, so ergibt sich hier ein ausgezeichneter Sinnzusammenhang. Über den „früheren Brief" (oder „Zwischenbrief", wie die Theologen ihn auch nennen) läßt sich lediglich sagen, daß er entweder verlorengegangen ist oder aber daß er bei der Sammlung der Paulusbriefe an die falsche Stelle gerückt wurde. (Wir dürfen nicht vergessen, daß die Briefe ursprünglich weder in Kapitel noch in Verse eingeteilt waren. Die Einteilung in Kapitel erfolgte im 13., die Versgliederung sogar erst im 16. Jahrhundert; die richtige Ein- und Anordnung der Briefe war dadurch wesentlich erschwert.)

2. Die Nachrichten, die Paulus aus Korinth erreichten, kamen von verschiedenen Seiten: a) Einmal von den Leuten der Chloe (1. Kor. 1, 11), die von den Streitigkeiten in der Gemeinde berichteten, b) zum andern durch Stephanas, Fortunatus und Achaikus, die ihn in Ephesus besuchten (1. Kor. 16, 17); die Informationslücken schlossen sich für Paulus durch den persönlichen Kontakt mit diesen Männern. c) Neues erfuhr er auch durch einen Brief, in dem die Gemeinde zu Korinth ihn um Stellungnahmen zu verschiedenen Problemen gebeten hatte. 1. Korinther 7, 1 beginnt Paulus: „Wovon ihr aber mir geschrieben habt . . ." Der 1. Korintherbrief stellt somit eine Antwort auf alles dar, was Paulus von den verschiedenen Informanten erfahren hatte; diese briefliche Antwort übersandte er offenbar durch Timotheus (1. Kor. 4, 17).

3. Obwohl darüber keine unmittelbaren Berichte vorliegen, können wir doch aus einigen Äußerungen schließen, daß Paulus Korinth im Zusammenhang mit dort zunehmenden Spannungen einen persönlichen Besuch abgestattet haben muß.

2. Korinther 12, 14 schreibt er nämlich: „Ich bin jetzt bereit, zum dritten Mal zu euch zu kommen"; und 2. Korinther 13, 1. 2 sagt er nochmals, er komme jetzt zum dritten Mal zu ihnen. Ein drittes Mal setzt voraus, daß es auch ein zweites Mal gegeben hat. (Uns liegt nur der Bericht über einen Besuch vor, nämlich über den, von dem Apostelgeschichte 18, 1–17 die Rede ist.) Da Korinth jedoch nur zwei bis drei Tage Seereise von Ephesus entfernt lag, muß Paulus von dort aus Korinth in der Zwischenzeit nochmals einen (flüchtigen) Besuch abgestattet haben.

4. Da die Spannungen sich trotzdem weiterhin verstärkten, war die Folge ein äußerst strenger und ernster Brief des Paulus. 2. Korinther 2, 4 heißt es hierüber: „Ich schrieb euch aus großer Trübsal und Angst des Herzens mit viel Tränen." Und 2. Korinther 7, 8: „Denn wenn ich euch auch durch den Brief habe traurig gemacht, reut es mich nicht. Und ob's mich reute – sehe ich doch, daß jener Brief euch wohl eine Weile betrübt hat." Ist dieser „strenge Brief" (wie die Theologen ihn nennen) uns erhalten geblieben? Um den 1. Korintherbrief kann es sich dabei offensichtlich nicht handeln, weil aus ihm weder Angst noch Tränen sprechen; als Paulus diesen Brief schrieb, hatte er die Gemeinde noch eindeutig unter Kontrolle. Wenn wir jedoch den 2. Korintherbrief aufmerksam lesen, stellen wir darin eine gewisse Ungleichmäßigkeit fest. Während in den Kapiteln 1 bis 9 alles in bester Ordnung und die Versöhnung vollständig ist, so daß alle wieder Freunde sind, erfolgt in Kapitel 10 ein sehr merkwürdiger Bruch: die Kapitel 10 bis 13 stellen den herzerschütterndsten Aufschrei dar, den Paulus je geschrieben hat. Sie zeigen, daß er wie nie zuvor und niemals später von irgendeiner anderen Gemeinde so verletzt, beleidigt und verleumdet worden war; sein Auftreten, seine Redeweise, sein Apostelamt und seine Redlichkeit werden schlechterdings in Frage gestellt. Die meisten Theologen sind deshalb der Ansicht, daß es sich bei Kapitel 10 bis 13 des 2. Korintherbriefes um den besagten „strengen" Brief handelt, der hier nur falsch eingeordnet ist. Wenn wir den Briefwechsel des Paulus mit den Korinthern in chronologischer Reihenfolge lesen wollen, sollten wir die Kapitel 10 bis 13 des 2. Korintherbriefes also vor den Kapiteln 1 bis 9 lesen. Wir wissen im übrigen, daß dieser Brief durch Titus überbracht worden ist (2. Kor. 2, 13; 7, 13).

5. Der besagte Brief machte Paulus außerordentlich zu schaffen, weshalb er, da er die Zeit bis zur Rückkehr des Titus nicht abwarten konnte, alsbald aufbrach, um diesem entgegenzureisen (2. Kor. 2, 13; 7, 5. 13). Irgendwo in Mazedonien be-

gegnete er ihm dann, und erfuhr dabei, daß alles wieder in Ordnung war, woraufhin er sich hinsetzte — vermutlich in Philippi — und 2. Korinther 1 bis 9 schrieb: einen Brief der Aussöhnung.

Jemand hat einmal gesagt, es sei, als ob durch die Briefe des Paulus das Dach von der Frühkirche genommen würde, so daß man ins Innere sehen könne. Das trifft für keinen der Paulusbriefe wohl mehr zu als für die Briefe an die Korinther. Hier erkennen wir, was die Fürsorge für alle Gemeinden für Paulus bedeutet haben muß; hier erkennen wir, wie viele Schwierigkeiten, wieviel Kummer und Herzeleid, aber auch, wieviel Freude damit verbunden war. Paulus, der Hirte seiner Herde, trägt die Schmerzen und die Kämpfe der Seinen mit.

Der Briefwechsel mit den Korinthern

Ehe wir mit dem Lesen der Briefe beginnen, wollen wir uns noch eine Übersicht über die Entwicklung des Briefwechsels verschaffen.

1. der „frühere" Brief, der vielleicht in 2. Korinther 6, 14 bis 7, 1 enthalten ist.
2. Ankunft der Leute der Chloe, Ankunft von Stephanas, Fortunatus und Achaikus sowie des Briefes der Gemeinde zu Korinth an Paulus.
3. Als Antwort darauf wird der 1. Korintherbrief geschrieben und durch Timotheus überbracht.
4. Die Situation verschlechtert sich, und Paulus stattet Korinth einen Besuch ab, der ihn jedoch so sehr enttäuscht, daß ihm darüber fast das Herz bricht.
5. Der „strenge Brief" (sog. Zwischenbrief) ist die Folge dieses Besuches; höchstwahrscheinlich ist er in 2. Korinther 10—13 enthalten. Er wurde durch Titus überbracht.
6. In Erwartung der Antwort, reist Paulus Titus entgegen, er trifft diesen in Mazedonien, wo er durch ihn beruhigende Nachricht empfängt. Die erneute Verständigung ist angebracht und er schreibt — wahrscheinlich von Philippi aus — 2. Korinther 1—9: den Brief der Versöhnung.

DER ERSTE BRIEF AN DIE KORINTHER

In den ersten vier Kapiteln des 1. Korintherbriefes befaßt Paulus sich mit den Spaltungen der Gemeinde Gottes zu Korinth; statt eins zu sein in Christus, zerfiel die Gemeinde dort in Sekten und Parteien, diese Spaltungen seien darauf zurückzuführen, daß die Korinther zu sehr an menschliche Weisheit und Erkenntnis und zu wenig an die Gnade Gottes dächten. In Wirklichkeit befinden sie sich, wie er darlegt, trotz all ihrer Weisheit in einem Zustand der Unreife; sie halten sich für gescheite Leute, während sie in Wirklichkeit noch kleine Kinder sind.

EINE APOSTOLISCHE EINLEITUNG

1. Korinther 1, 1—3

Paulus, berufen zum Apostel Jesu Christi durch den Willen Gottes, und Bruder Sosthenes der Gemeinde Gottes zu Korinth, den Geheiligten in Christus Jesus, den berufenen Heiligen samt allen denen, die den Namen unsres Herrn Jesus Christus anrufen an jedem Ort, bei ihnen und bei uns: Gnade sei mit euch und Friede von Gott, unsrem Vater, und dem Herrn Jesus Christus!

Im Blick auf die schwierige Situation, mit der er sich in dem Brief zu befassen hatte, dachte Paulus zunächst und vor allem an Jesus Christus, dessen Name in den ersten 10 Versen nicht zufällig zehnmal vorkommt.

Zweierlei ist es, worüber wir in diesen einleitenden Worten etwas erfahren:

1. Wir erfahren etwas über die Gemeinde. Paulus spricht von der „Gemeinde Gottes zu Korinth", von der Gemeinde Gottes, nicht von der Gemeinde der Stadt Korinth. Für Paulus waren alle einzelnen Gemeinden, wo auch immer sie sich befanden, Gliedgemeinden der einen Gemeinde Gottes; für ihn gab es keine ortsgebundenen Bezeichnungen dieser Gemeinde, dieser Kirche Gottes. Wenn wir in derselben Weise an die Kirche Gottes dächten, würden wir uns vielleicht mehr dessen bewußt sein, was die verschiedenen Kirchen miteinander verbindet, als dessen, was sie voneinander trennt.

2. Wir erfahren etwas über den einzelnen Christen. Drei Aussagen sind es, die Paulus über ihn macht. a) Er ist ein Geheiligter in Christus Jesus. Das Verb heiligen (hagiazein) heißt, Gott einen besonderen Platz einräumen

und diesen durch die Darbietung eines Opfers heilig zu machen. Christen sind durch das Opfer Jesu Christi Gott geweiht und geheiligt. Christ sein heißt, ein Mensch sein, der weiß, daß Christus für ihn gestorben ist und daß er durch dieses Opfer auf ganz besondere Weise Gott gehört. b) Er nennt die Christen *berufene Heilige*, *hagioi*, wie es im griechischen Text heißt. Mit diesem Wort verbindet sich für uns heute kaum noch die richtige Vorstellung. Als *hagios* wird ein Ding oder ein Mensch bezeichnet, das bzw. der Gott und dem Dienst Gottes geweiht ist. Ein gottgeweihter Tempel oder ein Opfer ist *hagios*. Wer dazu ausersehen ist, Gott auf besondere Weise zu gehören, muß sich hinsichtlich seines Charakters und seiner Lebensführung für diesen Dienst als geeignet erweisen. So kam es, daß das Wort *hagios* soviel wie *heilig* heißt, obwohl die ursprüngliche Vorstellung, die diesem Wort zugrunde liegt, Trennung bedeutet. *Hagioi* (Mehrzahl) sind Dinge oder Menschen, die sich von anderen *unterscheiden*, d. h. getrennt haben, um Gott auf besondere Weise zu gehören. Mit diesem Adjektiv bezeichneten beispielsweise die Juden sich selbst; sie waren das *hagios laos*, das heilige Volk, das anders war als die übrigen Völker, weil es auf besondere Weise das Volk Gottes und zu dessen Dienst ausersehen war. Wenn Paulus die Christen *hagioi* nennt, dann will er damit sagen: Sie unterscheiden sich von den anderen dadurch, daß sie Gott gehören und ihm dienen. Dieses Anderssein bedeutet nicht, daß sie sich aus dem Alltagsleben zurückziehen, sondern daß sie sich darin in einer Weise bewähren, die sie als Menschen Gottes kennzeichnet. c) Paulus richtet den Brief an alle, *die den Namen unseres Herrn Jesus Christus anrufen an jedem Ort*. Christen sind zu einer Gemeinschaft berufen, die Himmel und Erde umschließt. Als Glieder der weltweiten Gemeinde Gottes müssen sie über ihre Kirchturmspitzen hinausblicken.

3. Wir erfahren in diesem Abschnitt etwas über Jesus Christus. Paulus spricht von unserem Herrn Jesus Christus, und dann verbessert er sozusagen sich selbst, indem er hinzufügt: *bei ihnen und bei uns*. Ausschließliche Besitzansprüche im Hinblick auf Jesus Christus kann niemand, keine Gemeinde und keine Kirche geltend machen. Er ist unser Herr, zugleich jedoch der Herr aller Menschen. Das Wunder des christlichen Glaubens besteht darin, daß allen Menschen die ganze Liebe Jesu Christi gehört, daß Gott jeden von uns liebt, als gälte es niemanden sonst zu lieben.

DANKEN TUT NOT

1. Korinther 1, 4–9

Ich danke Gott allezeit eurethalben für die Gnade Gottes, die euch gegeben ist in Christus Jesus, daß ihr seid durch ihn an allen Stücken reich gemacht, an aller Lehre und in aller Erkenntnis. Denn die Predigt von Christus ist in euch kräftig geworden, so daß ihr keinen Mangel habt an irgendeiner Gabe und nur wartet auf die Offenbarung unseres Herrn Jesus Christus. Der wird euch auch fest erhalten bis ans Ende, daß ihr unsträflich seid auf den Tag unseres Herrn Jesus Christus. Denn Gott ist treu, durch welchen ihr berufen seid zur Gemeinschaft seines Sohnes Jesus Christus, unseres Herrn.

Dreierlei ist bemerkenswert an diesem Dankgebet des Paulus:
1. Die Verheißung ist wahr geworden. Als Paulus den Korinthern das Evangelium verkündigte, hatte er ihnen gesagt, Christus könne und werde etwas für sie tun, und jetzt kann er mit Genugtuung feststellen, daß alles, wofür er sich verbürgt hat, in ihnen kräftig geworden ist. „Wenn du dich zu Christus bekennst, wirst du Wunder über Wunder erleben", hat einer der frühen Missionare einmal zu einem keltischen König gesagt. Mit Argumenten können wir letzten Endes tatsächlich niemanden für den christlichen Glauben gewinnen. Wir können nur sagen: „Versuch es einmal; dann wirst du sehen, was geschieht", in der Gewißheit nämlich, daß wahrhaftig und wirklich geschieht, was wir sagen, wenn er es ernsthaft versucht.
2. Eine Gabe ist ihnen gegeben. Paulus braucht in diesem Zusammenhang einer seiner Lieblingsausdrücke, das Wort c h a - r i s m a, dieses besagt: jemand erhält etwas, was er weder verdient hat noch je verdienen kann. Diese Gabe Gottes wird den Menschen – so sieht Paulus es – auf zweierlei Weise zuteil: a) als die Gabe der Erlösung. Vor Gott als Gerechter dazustehen, vermag kein Mensch. Niemand kann von sich aus das rechte Verhältnis zu Gott erlangen; vielmehr handelt es sich dabei um eine unverdiente Gnadengabe, die Gott uns in seiner Liebe zuteil werden läßt (vgl. Röm. 6, 23). b) Als die besonderen Gaben, die uns für das Leben tüchtig machen. Alle persönlichen Gaben Gottes (1. Kor. 12, 4. 9; Tim. 4, 11; 1. Petr. 4, 10). Die Gabe der Verkündigung, die des Heilens, der musikalischen oder sonstigen künstlerischen Begabung, wissen-

schaftliche, soziale oder handwerkliche Fähigkeiten usw. – sie alle sind Gaben Gottes. Wären wir uns dessen bewußt, würde unser aller Leben einen anderen Charakter haben. Was wir an Talent oder Geschick besitzen, verdanken wir nicht unserer persönlichen Leistung, weshalb wir es nicht nach unserem Belieben verwenden dürfen, sondern nur so, wie Gott es von uns erwartet; sie sollen uns nicht Gewinn oder Ansehen bringen, sondern der Ehre Gottes und dem Wohl der Menschen dienen.

3. Es gibt ein endgültiges Ende. Im Alten Testament kehrt der Ausdruck der Tag des Herrn ständig wieder. So nannten die Juden den Tag, an dem Gott unmittelbar in die Geschichte eingreifen, an dem die alte Welt vergehen und eine neue Welt geboren werde, an dem alle Menschen gerichtet werden würden. Diese Vorstellung wurde von den Christen übernommen; nur, daß sie unter dem Tag des Herrn den Tag des Herrn Jesus verstanden, den Tag, an dem Jesus in all seiner Macht und Herrlichkeit wiederkommen wird. Auch dieser Tag ist, wie Paulus sagt, ein Tag des Gerichtes, dem jedoch ohne Furcht entgegensehen kann, wer in Christus ist, d. h. wer nicht in seine eigenen Verdienste, sondern in die Jesu Christi gekleidet ist, so daß niemand ihm etwas anhaben kann.

SPALTUNGEN IN DER GEMEINDE

1. Korinther 1, 10–17

Ich ermahne euch aber, liebe Brüder, durch den Namen unseres Herrn Jesus Christus, daß ihr allzumal einerlei Rede führet und lasset nicht Spaltungen unter euch sein, sondern haltet fest aneinander in einem Sinne und in einerlei Meinung. Denn es ist mir kund geworden, liebe Brüder, über euch durch die Leute der Chloe, daß Zank unter euch sei. Ich meine aber dies, daß unter euch einer spricht: Ich bin paulisch, der andere: Ich bin apollisch, der dritte: Ich bin kephisch, der vierte: Ich bin christisch. Wie? Ist Christus nun zertrennt? Ist denn Paulus für euch gekreuzigt? Oder seid ihr auf des Paulus Namen getauft? Ich danke Gott, daß ich niemand unter euch getauft habe außer Krispus und Gajus, damit nicht jemand sagen möge, ihr seiet auf meinen Namen getauft. Ich habe aber auch getauft des Stephanas Haus; weiter weiß ich nicht, ob ich etliche andere getauft habe. Denn Christus hat mich nicht gesandt zu taufen, sondern das Evangelium zu predigen; nicht mit klugen Worten, auf daß nicht das Kreuz Christi zunichte werde.

Hier setzt das Bemühen des Apostels ein, die schlimmen Zustände in der Gemeinde zu Korinth zum Guten hin zu verändern. Paulus schreibt von Ephesus aus. Christliche Sklaven, die zum Haushalt einer hier ansässigen Dame namens Chloe gehörten, hatten Gelegenheit gehabt, Korinth einen Besuch abzustatten, und sie waren mit der traurigen Nachricht zurückgekehrt, daß in der Gemeinde dort Zwietracht und Streit herrschte.

Zweimal redete Paulus die Korinther als Brüder an. In einem alten Kommentar hierzu heißt es: „Hinter diesem Wort verbirgt sich bereits ein Argument." Indem er dieses Wort gebraucht, bewirkt Paulus nämlich zweierlei. Erstens wird sein Vorwurf dadurch gemildert; er wirkt nicht schulmeisterlich, sondern man hört ihm an, daß er von jemanden ausgesprochen wird, der für seine Adressaten nichts als Liebe empfindet. Zweitens mußte ihnen dieses Wort zeigen, wie schlimm es war, in Zwietracht und Uneinigkeit zu leben; als Brüder, die sie waren, hätten sie ihre Fragen in brüderlicher Liebe lösen sollen. Bei dem Versuch, sie wieder zusammenzuführen, verwendet Paulus zwei interessante Wendungen. Er fordert sie auf, einerlei Rede zu führen, d. h. (nach dem griechischen Text) ihre Differenzen wie zwei feindliche Parteien auszuhandeln, zwischen denen es zur Verständigung kommt. Er fleht sie ferner an, eine gemeinsame Front zu bilden, indem sie fest aneinander halten. Bei dem im Original hier verwendeten Wort handelt es sich um einen medizinischen Fachausdruck für das Aneinanderschienen von gebrochenen Knochen und das Einrenken von Gelenken. Die Spaltung ist somit etwas krankhaft Unnatürliches und muß um der Gesundheit und der Wirkungskraft des Leibes willen, den die Gemeinde verkörpert, ausgeräumt werden.

Paulus nennt vier verschiedene Parteien in der Gemeinde zu Korinth, die ihre spaltenden Kämpfe innerhalb dieser austragen. Er verwendet in diesem Zusammenhang das Wort schismata; so wurden auch Risse in Kleidern bezeichnet. Die Gemeinde zu Korinth ist in Gefahr, unansehnlich wie ein zerrissenes Kleid zu werden. Beachten müssen wir dabei, daß die von Paulus genannten großen Namensträger der Kirchengeschichte, außer Paulus noch Kephas und Apollos, nichts mit diesen Spaltungen zu tun hatten; zwischen ihnen herrschten keine Unstimmigkeiten. Wohl aber waren ihre Namen ohne ihr Wissen und Zutun von jenen korinthischen Gruppen in Anspruch genommen worden. (Es ist gar nicht so selten, daß die Anhänger von jemand für diesen ein größeres Problem darstellen als seine Gegner.) Sehen wir uns die besagten Parteien einmal etwas genauer an.

1. Manche behaupteten, sie seien „paulisch"! Bei ihnen handelte es sich gewiß vor allem um Heidenchristen. Da Paulus stets das Evangelium von der christlichen Freiheit und vom Ende des Gesetzes gepredigt hatte, versuchte diese Gruppe wahrscheinlich, Freiheit in Zügellosigkeit umzudeuten und den christlichen Glauben, zu dem sie eben erst hier gefunden hatten, als Vorwand hierfür zu benutzen. Ein bekannter deutscher Theologe hat einmal gesagt, der christliche Indikativ ziehe stets den christlichen Imperativ nach sich; sie aber hatten vergessen, daß der Indikativ der frohen Botschaft den Imperativ christlicher Ethik nach sich zieht. Sie hatten vergessen, daß sie nicht gerettet waren, um frei zur Sünde zu sein, sondern frei von der Sünde.

2. Manche sagten, sie seien „apollisch". Apostelgeschichte 18, 24 findet sich eine kurze Charakteristik des Apollos: er war ein Jude aus Alexandrien, ein beredter und in der Schrift mächtiger Mann. Alexandrien repräsentierte in der damaligen Welt ein wichtiges Geisteszentrum. Theologen hatten hier u. a. die Lehre von der sinnbildlichen Bedeutung der Heiligen Schrift entwickelt, vom geheimnisvollen Sinn selbst der schlichtesten biblischen Aussagen. Ein Beispiel hierfür: In dem apokryphen Barnabasbrief, einer allegorischen Auslegung des alttestamentlichen Zeremonialgesetzes im alexandrinischen Stil, wird durch einen Vergleich von 1. Mose 14, 14 mit 1. Mose 18, 23 nachgewiesen, daß zum Haushalt Abrahams 318 Männer gehörten, die von ihm beschnitten worden seien. Da im Griechischen Buchstaben auch als Symbole für Ziffern verwendet wurden, ist das Symbol für die Zahl 18 ein iota und ein èta, wobei es sich um die ersten Buchstaben des Namens Jesus handelt; das griechische Symbol für 300 ist ein tau, ein Buchstabe, der wie ein Kreuz aussieht; daher — so wurde behauptet — handele es sich bei diesem Ereignis aus alter Zeit um eine Weissagung der Kreuzigung Jesu! Die alexandrinische Gelehrsamkeit war voll von derartigen Dingen. Die Alexandriner waren begeisterte Literaten, die das Christentum intellektualisierten. Diejenigen, die sich apollisch nannten, waren zweifellos überwiegend Intellektuelle, für die das

Christentum mehr eine Philosophie als eine Religion darstellte.
3. Manche nannten sich „kephisch". Kephas ist die aramäische Form des Namens Petrus. Bei ihnen handelt es sich höchstwahrscheinlich um Judenchristen, die – von der Vision und Wandlung des Apostels Petrus in Joppe (Apg. 10) noch nicht berührt – zu lehren versuchten, daß die Menschen weiterhin das jüdische Gesetz einhalten müßten. Als Legalisten überbewerteten sie dieses und schmälerten dadurch den Wert der Gnade.
4. Manche sagten, sie seien „christisch". Hier kann es sich um zweierlei handeln. a) Da es in den griechischen Handschriften keine Zeichensetzung und auch keine Zwischenräume zwischen den Wörtern gibt, ist nicht auszuschließen, daß hier nicht eine besondere Partei gemeint, sondern daß folgendermaßen zu interpungieren ist: „Ich bin paulisch; ich bin apollisch; ich bin kephisch – ich aber bin Christi." Das wäre dann eine persönliche Bemerkung des Paulus zu jener unglücklichen Situation. b) Falls das nicht zutrifft, muß hier als Partei eine kleine, strenge und selbstgerechte Sekte gemeint sein, deren Anhänger behaupteten, sie seien die einzigen wirklichen Christen in Korinth. Ihr Vergehen bestand dann darin, daß sie sich nicht als Eigentum Christi bezeichneten, sondern daß sie so taten, als gehöre Christus ihnen.
Was die hier folgenden Äußerungen anlangt, so dürfen wir nicht denken, daß Paulus den Wert der Taufe herabmindern wollte. (Die Menschen, die er getauft hatte, waren freilich ganz besondere Konvertiten. Der erste, der zum Christentum übertrat in Korinth, war vermutlich Stephanas (1. Kor. 16, 15); was Krispus anlangt, so war dieser einst Vorsteher der Synagoge gewesen (Apg. 18, 8), und Gajus war vermutlich ein Gastgeber des Paulus (Röm. 16, 23). Worum es hier geht, das ist, daß die Taufe auf den Namen Jesu Christi erfolgte. Diese Formel impliziert im Griechischen die denkbar engste Verbindung. Auf den Namen jemandes Geld geben, hieß, es auf seine Rechnung einzahlen, zu seinem persönlichen Besitz; einen Sklaven auf eines Mannes Namen verkaufen, hieß ihn in dessen unbestrittenen Besitz übergeben; Soldaten, die auf den Namen des Kaisers Treue schworen, gehörten damit dem betreffenden Herrscher. Der Ausdruck „auf den Namen" besagt also, daß jemand oder etwas absolutes Eigentum des Betreffenden ist. Im frühen Christentum besagte er sogar noch mehr: daß nämlich Christen nicht nur das Eigentum Jesu Christi, sondern daß sie auf „eigentümliche" Weise mit ihm identisch, ja in ihm waren. Paulus will also hier sagen: „Ich bin

froh, daß ich euch so eifrig gepredigt habe; denn wenn ich getauft hätte, so würden einige von euch darin einen Vorwand für die Behauptung erblicken, ihr wäret durch die Taufe nicht Christi, sondern mein geworden."
Paulus sagt in diesem Zusammenhang, er habe das Kreuz Christi den Menschen ganz schlicht vor Augen gehalten. Das Kreuzesgeschehen mit „klugen" Worten auszuschmücken, hätte bedeutet, die Menschen mehr auf die Verkündigungsform als auf das Geschehen selbst hinzulenken, mehr auf den Sprecher als auf dessen Botschaft. Paulus aber ging es bei seinen Predigten nicht um sich selbst, sondern um Jesus Christus in seiner einsamen Größe.

EIN ÄRGERNIS FÜR DIE JUDEN, EINE TORHEIT FÜR DIE GRIECHEN

1. Korinther 1, 18—25

Denn das Wort vom Kreuz ist eine Torheit denen, die verloren werden; uns aber, die wir selig werden, ist's eine Gotteskraft. Denn es steht geschrieben (Jes. 29, 14): „Ich will zunichte machen die Weisheit der Weisen, und den Verstand der Verständigen will ich verwerfen." Wo sind die Klugen? Wo sind die Schriftgelehrten? Wo sind die Weltweisen? Hat nicht Gott die Weisheit dieser Welt zur Torheit gemacht? Denn weil die Welt durch ihre Weisheit Gott in seiner Weisheit nicht erkannte, gefiel es Gott wohl, durch törichte Predigt zu retten, die daran glauben. Denn die Juden fordern Zeichen, und die Griechen fragen nach Weisheit, wir aber predigen den gekreuzigten Christus, den Juden ein Ärgernis und den Griechen eine Torheit; denen aber, die berufen sind, Juden und Griechen, predigen wir Christus als göttliche Kraft und göttliche Weisheit. Denn die göttliche Torheit ist weiser, als die Menschen sind, und die göttliche Schwachheit ist stärker, als die Menschen sind.

Sowohl den gebildeten Griechen, als auch den frommen Juden mußte das, was das Christentum zu sagen hatte, als reinste Torheit vorkommen. Paulus zitiert zunächst Jesaja frei (Jes. 29, 14), um darauf hinzuweisen, wie sehr die nur menschliche Weisheit zum Scheitern verurteilt ist, wie wenig sie Gott zu ergründen vermag. Gott will den Menschen in deren forschendem Suchen ihre Hilflosigkeit vor Augen führen und so den Weg dafür bereiten, daß sie den annehmen, der der einzige Zugang zu Gott ist.

Worin besteht die christliche Botschaft? Wenn wir die vier großen Predigten aus der Apostelgeschichte untersuchen (Apg. 2,14–39; 3,12–26; 4,8–12; 10,36–43), so stellen wir fest, daß die christliche Predigt bestimmte, immer wiederkehrende Bestandteile enthält: 1. Sie besagt, daß die große, von Gott verheißende Zeit angebrochen ist. 2. Sie gibt einen Überblick über Leben, Tod und Auferstehung Jesu. 3. Sie bezeugt, daß sich die Prophezeiungen in allem erfüllen. 4. Sie bekundet, Jesus werde wiederkommen. 5. Sie fordert die Menschen dringend zur Buße und zum Empfang der versprochenen Gabe des Heiligen Geistes auf.

1. Den Juden war diese Botschaft ein Ärgernis. Warum? Dafür gab es zwei Gründe: a) Die Juden konnten nicht glauben, daß jemand, der an das Kreuz geheftet und dort gestorben war, der Erwählte Gottes kein könne. Sie verwiesen auf das Gesetz, in dem es für sie unmißverständlich hieß: „Ein Aufgehängter ist verflucht bei Gott" (5. Mose 21, 23). Die Tatsache, daß Jesus gekreuzigt worden war, bedeutete für die Juden keineswegs einen Beweis für die Gottessohnschaft Jesu Christi, widerlegte diese vielmehr endgültig. So seltsam es scheinen mag: selbst angesichts der Worte in Jesaja 53 hatten die Juden sich niemals etwas von einem leidenden Messias träumen lassen. Der Kreuzestod Jesu war und ist für die Juden eine unüberwindliche Barriere für den Glauben an Jesus. b) Die Juden forschten nach spektakulären Zeichen. Nach ihrer Auffassung mußten der Zeit des Heils erstaunliche und erschütternde Ereignisse vorausgehen. In den Tagen des Paulus hatte daher eine Menge falscher Messiasse Erfolg. So vermochte im Jahre 45 n. Chr. ein Mann namens Theudas Tausende von Menschen zu überreden, ihre Heimat zu verlassen, indem er ihnen versprach, auf sein Gebot hin werde der Jordan sich teilen, so daß er sie trockenen Fußes hinüberführen könne. Im Jahre 54 n. Chr. tauchte sodann in Jerusalem ein Mann aus Ägypten auf, der sich als Prophet ausgab und 30 000 Menschen überredete, ihm auf den Ölberg hinaus zu folgen, um mitzuerleben, wie auf sein Wort hin die Mauern von Jerusalem zusammenbrechen werden. Nach solchen ähnlich sensationellen Dingen hielten die Juden Ausschau. In Jesus sahen sie daher nur jemanden, der schwach und unbedeutend war und bewußt jedes Aufsehen vermieden und schließlich am Kreuz geendet hatte – für sie eine unmögliche Vorstellung von dem Erwählten Gottes.

2. Den Griechen war die Botschaft eine Torheit. Auch dafür gab es zwei Gründe: a) Nach griechischer Auffassung war ein Kennzeichen Gottes vor allem die apatheia. Apatheia ist mehr als Apathie, nämlich völlige Unempfindlichkeit. Die Griechen der nach-olympischen Zeit behaupteten, Gott sei gefühllos; denn wenn Gott Freude, Schmerz, Zorn, Kummer oder dergleichen zu empfinden vermöchte, so würde das besagen, daß jemand ihn zeitweilig beeinflussen könne und damit größer sei als Gott – eine Unmöglichkeit. Daraus folgerten die Griechen, daß Gott unfähig sein müsse, überhaupt zu empfinden; ein leidender Gott war in ihren Augen ein Widerspruch in sich selbst. Darüber hinaus erklärte Plutarch, es sei geradezu eine Beleidigung Gottes, wolle man ihn in die Angelegenheiten der Menschen mit einbeziehen. Der bloße Gedanke an die Inkarnation, an die Menschwerdung Gottes, war in den Augen der damaligen Griechen empörend. Augustinus, der lange, bevor er Christ wurde, schon ein sehr bedeutender Gelehrter war, konnte sagen, er habe in den Schriften der griechischen Philosophen zwar zu fast allen Lehren des Christentums Parallelen entdeckt; auf eine jedoch sei er nirgends gestoßen, auf die zu dem Satz: „Das Wort wurde Fleisch und wohnte unter uns." Gegen Ende des zweiten Jahrhunderts schreibt Celsus in seiner Schrift gegen das Christentum: „Gott ist gut, schön und glücklich, sowie in allem, was schön und gut ist. Wenn er also zu den Menschen hinabstieg, schlösse das für ihn einen Wechsel vom Guten zum Schlechten, vom Schönen zum Häßlichen, von der Glückseligkeit zur Unglückseligkeit, vom Besten zum Schlimmsten ein. Wer würde sich zu einem derartigen Wechsel entschließen? Für alles Sterbliche sind Wechsel und Wandel natürlich, für den Unsterblichen dagegen die Tatsache, auf immer derselbe zu bleiben; einen Schritt zu jenen würde Gott niemals akzeptieren." Für denkende Griechen war die Fleischwerdung Gottes daher ein glatter Widersinn; sie vermochten einfach nicht zu glauben, daß jemand, der die Menschen geliebt und mit ihnen gefühlt, der außerdem gelitten hatte wie Jesus, der Sohn Gottes sein kann. b) Die Griechen trachteten nach Weisheit. Sophisten, Weisheitslehrer, waren ursprünglich kluge und wissende Männer im positiven Sinn gewesen; später jedoch verstand man darunter Männer mit zwar scharfem Verstand, aber mit spitzer Zunge, Geistesakrobaten, die es durch glänzende Rhetorik verstanden, die schlechtere Sache als die bessere erscheinen zu lassen, Männer also, die es wegen nichtigster Dinge zu endlosen Haarspaltereien kommen ließen und die an

wirklichen Problemlösungen gar nicht interessiert waren, sich vielmehr nur an ihren eigenen Geistesblitzen ergötzten, und genießerisch vor ihren sie bewundernden Zuhörern glänzten. Der griechische Rhetor Dion Chrysostomos sagt von diesen griechischen Weisen: „Sie quaken wie die Frösche im Sumpf; sie sind die verderbtesten Menschen, weil sie sich für weise halten, obwohl sie nichts wissen; sie stellen sich und ihre Schüler zur Schau wie Pfauen ihre Schwanzfedern." Man kann sich von der phantastischen Vormachtstellung dieser Redekünstler in Griechenland heute kaum noch eine Vorstellung machen. Plutarch sagt von ihnen: „Sie sprachen mit süßen, rhythmischen, modulierenden, klangvollen Stimmen." Das besagt, daß sie weniger an das dachten, was sie sagten, als daran, wie sie etwas sagten; in honigsüßen Worten verpackt konnten sie so die giftigsten Gedanken aussprechen. In Rom genoß ein gewisser Sophist namens Adrian damals ein derartiges Ansehen, daß selbst der Senat sich leerte, als sein Bote erschien, um anzukündigen, daß er da und dort einen Vortrag halten wolle; sogar die Zuschauer der Arena-Spiele verließen ihre Plätze, um dahinzurennen. Der genannte Dion Chrysostomos schildert diese Weisen im Zusammenhang mit einem Wettstreit in Korinth anläßlich der Isthmischen Spiele. „Man hörte", so schreibt er, „die armen Teufel von Sophisten schreien und einander beschimpfen und auch ihre ‚Schüler', wie sie sie nennen, miteinander streiten. Viele Schriftsteller lasen ihre albernen Werke vor, viele Dichter sangen ihre Lieder; viele Gaukler zeigten ihre Zauberkunststücke, viele Wahrsager deuteten Wunder. Zehntausend Redner verdrehten Rechtsfälle, während eine nicht geringe Anzahl von Händlern dabei ihrem Gewerbe nachging." Die Griechen berauschten sich dazumal also an schönen Worten, und der christliche Prediger, der ungekünstelt nur frei heraus zu ihnen sprach, kam ihnen ungeschliffen und ungebildet vor; man konnte eher über ihn lachen als ihm zuzuhören und ihn zu respektieren.

Vor dem Hintergrund des jüdischen und des griechischen Lebens schien die christliche Botschaft somit nur geringe Erfolgschancen zu haben; doch ist – wie Paulus sagt – „die göttliche Torheit weiser, als die Menschen sind, und die göttliche Schwachheit ist stärker als die Menschen sind."

DIE HERRLICHKEIT DER SCHMACH

1. Korinther 1, 26—31

Sehet an, liebe Brüder, eure Berufung: nicht viele Weise nach dem Fleisch, nicht viele Gewaltige, nicht viele Edle sind berufen. Sondern was töricht ist vor der Welt, das hat Gott erwählt, damit er die Weisen zuschanden mache; und was schwach ist vor der Welt, das hat Gott erwählt, damit er zuschanden mache, was stark ist; und das Unedle vor der Welt und das Verachtete hat Gott erwählt, das da nichts ist, damit er zunichte mache, was etwas ist, auf daß sich vor Gott kein Fleisch rühme. Durch ihn aber seid ihr in Christus Jesus, welcher uns gemacht ist von Gott zur Weisheit und zur Gerechtigkeit und zur Heiligung und zur Erlösung, auf daß, wie geschrieben steht (Jer. 9, 22. 23): „Wer sich rühmt, der rühme sich des Herrn!"

Hier freut Paulus sich darüber, daß die Gemeinde sich zum größten Teil aus ganz schlichten, einfachen Menschen zusammensetzt. Das berechtigt uns jedoch keineswegs zu der Annahme, daß die Mitglieder der Frühkirche etwa ausschließlich Sklaven gewesen seien. Schon in der Zeit vor und während der Entstehung des Neuen Testamentes wurden Angehörige der höchsten Gesellschaftsschichten zu Christen. Da sind beispielsweise zu nennen: Dionysius, der dem Rat von Athen angehörte (Apg. 17, 34), Sergius Paulus, der Prokonsul von Zypern (Apg. 13, 6—12), die angesehenen Frauen zu Thessalonich und Beröa (Apg. 17, 4. 12), Erastus, der Rentmeister, vermutlich von Korinth (Röm. 16, 23). Zur Zeit Neros († 68 n. Chr.) starb Pomponia Graecina, die Frau von Plautius, dem Eroberer Britanniens, um ihres christlichen Glaubens willen den Märtyrertod, zur Zeit Domitians († 96 n. Chr.) Flavius Clemens, ein Vetter des Kaisers, in gleicher Weise. Gegen Ende des zweiten Jahrhunderts schrieb der Statthalter Plinius von Bithynien dem römischen Kaiser Trajan, daß es in allen Gesellschaftsschichten Christen gebe. So sehr es gilt, dies festzuhalten, so muß noch gesagt werden, daß es sich bei der großen Masse der Christen allerdings um einfache Menschen niederer Herkunft handelte.

In seiner schon erwähnten Schrift gegen das Christentum behauptete daher Celsus, die Christen verträten den Standpunkt: „Laß keine gebildeten, keine klugen und einsichtigen Menschen heran; denn alle die Eigenschaften halten wir für böse. Wer dagegen unwissend ist, wem es an Verstand und Bildung gebricht, wer ein Tor ist, der komme nur getrost zu uns." Und über die Christen als solche heißt es bei ihm: „In ihren Häusern begegnen wir ihnen als Weber, Schuster und Walker; es sind ungebildete, gewöhnliche Menschen. Sie sind wie Fledermäuse, wie Ameisen, die das Nest verlassen, wie Frösche, die sich im Morast versammeln, wie Würmer im Schmutz." Gerade in dem, was hier gemeint ist, aber bestand die Herrlichkeit des Christentums. Gab es im römischen Weltreich doch sechzig Millionen Sklaven, die vor dem Gesetz „lebende Werkzeuge", Dinge, nicht Menschen waren. Ein Herr konnte sich eines alten Sklaven entledigen wie eines alten Spatens oder einer Hacke; er durfte die Sklaven zu seinem Vergnügen sogar quälen und sie töten. Sklaven durften nicht heiraten; bekamen sie Kinder, so gehörten diese ihrem Herrn. Es ist das Verdienst des Christentums, aus Menschen, die somit lediglich Sachwert besaßen, Männer und Frauen, nein, mehr noch: Kinder Gottes gemacht zu haben. Der christliche Glaube schenkte denen, die nicht geachtet waren, Selbstachtung; denen, die über ihr Leben nicht verfügen konnten, das ewige Leben. Er sprach zu ihnen von dem, was sie vor Gott und damit wirklich sind, auch wenn sie vor den Menschen nichts galten; waren sie vor und für Gott doch wert, daß dieser seinen einzigen Sohn für sie hingab.

Das Zitat, mit dem Paulus diesen Abschnitt beschließt, ist Jeremia 9, 22. 23 entnommen. Wie ein namhafter Bibelkenner unlängst behauptete, ist die entscheidende Sünde Selbstbehauptung und der Wunsch nach Anerkennung. Glaube beginnt daher erst, wenn wir uns bewußt werden, daß wir imgrunde nichts vermögen und daß Gott alles kann und alles für uns tun wird. Es ist ebenso erstaunlich wie erwiesen, daß Menschen, die sich ihrer eigenen Schwäche, ihres Mangels an Weisheit, ihrer eigenen Hilf- und Machtlosigkeit bewußt sind, meist starke und weise Menschen sind. Die Erfahrung lehrt, daß jemand, der demgegenüber glaubt, er selbst könne sein Leben meistern, letztlich Schiffbruch erleidet.

Festhalten müssen wir, daß Jesus Christus, wie Paulus ausdrücklich betont, viererlei für uns ist.

1. Er ist unsere W e i s h e i t. Nur wer Christus folgt, schlägt den richtigen Weg ein, und nur, wer auf ihn hört, hört die Wahrheit und kennt das Leben.

2. Er ist unsere G e r e c h t i g k e i t. Gerechtigkeit bedeutet bei Paulus stets d a s r e c h t e V e r h ä l t n i s z u G o t t,

das wir aus eigener Kraft nicht erlangen können, sondern nur durch Jesus Christus. Es muß uns bewußt werden, daß dieses nicht auf dem beruht, was wir für Gott tun, sondern auf allem, was Gott für uns getan hat.

3. Er ist unsere Heiligung. Nur in Christus kann das Leben sein, wie es sein soll. Epikur pflegte seinen Schülern zu sagen: „Lebt so, als ob Epikur euch ständig sähe." In unserer Beziehung zu Gott gibt es kein „als ob". Christen wandeln existentiell in Christus, und nur so können sie unbefleckt vor der Welt bleiben.

4. Er ist unsere Erlösung. Diogenes jammerte darüber, daß die Menschen wohl Augen- und Zahnärzte aufsuchten, nicht aber Menschen (er meinte Philosophen), die ihre Seele gesund machen könnten. Jesus Christus kann die Menschen freimachen von vergangenen Sünden, von gegenwärtiger Hilflosigkeit und von künftigen Ängsten. Er befreit uns aus der Sklaverei unseres Ichs und der Sünde.

VERKÜNDIGUNG UND KRAFT

1. Korinther 2, 1–5

Auch ich, liebe Brüder, da ich zu euch kam, kam ich nicht mit hohen Worten und hoher Weisheit, euch zu verkündigen die göttliche Predigt. Denn ich hielt nicht dafür, daß ich etwas wüßte unter euch als allein Jesus Christus, den Gekreuzigten. Auch war ich bei euch in Schwachheit und in Furcht und mit großem Zittern; und mein Wort und meine Predigt geschah nicht mit überredenden Worten menschlicher Weisheit, sondern in Erweisung des Geistes und der Kraft, auf daß euer Glaube bestehe nicht auf Menschenweisheit, sondern auf Gottes Kraft.

Hier erinnert Paulus sich an seinen ersten Aufenthalt in Korinth, wobei dreierlei ihm besonders in Erinnerung geblieben ist:

1. Er hat ganz schlicht zu ihnen gesprochen, und zwar davon, daß Jesus gekreuzigt worden ist. Erinnern wir uns daran, daß Paulus, bevor er nach Korinth kam, in Athen gewesen war. Dort hatte er (soviel uns bekannt ist, ein einziges Mal in seinem Leben) versucht, den christlichen Glauben von der philosophischen Seite her anzugehen, hatte auf dem Areopag die Philosophen in ihrer eigenen Sprache angesprochen und

ihre eigenen Begriffe und Autoritäten zu verwenden unternommen (Apg. 17, 22—31); und ebendort war einer der wenigen Orte gewesen, an denen ihm der Erfolg versagt blieb. Es hat beinahe den Anschein, als hätte Paulus daraufhin zu sich selbst gesagt: „Nie wieder! Von nun an werde ich nur in aller Schlichtheit von Jesus sprechen, nie wieder in menschlichen Denkkategorien." Tatsächlich geht von dem unausgeschmückten Bericht des Lebens Jesu eine einzigartige Kraft aus, die die Herzen der Menschen bewegt. Alles Einfache besitzt eine Kraft wie nichts sonst. Im Umgang mit geistig nicht geschulten Menschen, aber auch mit anderen, geht von einer anschaulichen, handfesten Darstellungsweise eine wesentlich größere Wirkung aus, als von einer kunstvollen Beweisführung. Der Weg ins tiefste Innere der meisten Menschen führt nicht über den Verstand, sondern durch das Herz.

2. Er sprach zu ihnen in Furcht. Das heißt nicht, daß er für seine eigene Sicherheit fürchtete, und erst recht nicht, daß er sich des Evangeliums, das er predigte, schämte. Es handelt sich vielmehr um jenes Zittern, das die Menschen unwillkürlich befällt, wenn es gilt, einer wichtigen Aufgabe nachzukommen. In den gleichen Ausdrücken wie hier spricht Paulus auch von der Art und Weise, in der gewissenhafte Sklaven ihrem Herrn dienen und gehorchen (Eph. 6, 5). Niemand, der seine Sache wirklich gut macht, geht ohne ein gewisses Zittern an die ihm obliegende Aufgabe heran. Große Schauspieler sind vor jeder neuen Aufführung aufgeregt; das Herz guter Prediger beginnt, schneller zu schlagen, wenn sie die Kanzel besteigen. Wer keine Furcht, keinen Selbstzweifel, keine Nervosität und keine innere Erregung vor irgendwelchen Aufgaben kennt, vollbringt vielleicht ausreichende Leistungen; doch nur, wer jene sensible Intensität besitzt, die zum Wesen echter Größen gehört, wird etwas bewirken, was bloße Kunstfertigkeit niemals zustande bringt.

3. Er kam nicht nur mit Worten, sondern mit Ergebnissen zu ihnen. Die Predigten des Paulus bewirkten, daß etwas geschah. Er selber sagt, seine Predigt habe sich als unwiderleglich wahr erwiesen durch den Geist und die Kraft; er gebraucht in diesem Zusammenhang das stärkste Wort für Beweis, einen Beweis, gegen den sich keinerlei Argumente anführen lassen. Worin besteht dieser Beweis? Darin, daß sich das Leben der Menschen ändert. Etwas völlig Neues, etwas Keimtötendes, etwas Erfrischendes hatte Einzug gehalten in der verderbten Gesellschaft von Korinth. Ein ruchloser Trunkenbold unserer Tage, der von Christus ergriffen und deswegen von seinen

Arbeitskameraden gehänselt war, erwiderte auf ihre Bemerkung: „Wer so vernünftig ist wie du, kann unmöglich an die Wunder der Bibel glauben, wie zum Beispiel, daß Jesus Wasser in Wein verwandelt hat" folgendes: „Das weiß ich nicht; aber eins weiß ich: bei mir zuhause hat er Bier in Möbel verwandelt." Gegen eine gewandelte Lebensführung lassen sich keine Beweise anführen. In unserer Schwachheit versuchen wir leider viel zu oft, Menschen zum christlichen Glauben zu überreden, statt ihnen durch unsere eigene Lebensführung zu zeigen, wer Christus ist. „Heilige sind Menschen, in denen Christus nochmals lebt", hat einmal jemand gesagt.

VON DER WEISHEIT GOTTES

1. Korinther 2, 6—9

Wovon wir aber reden, das ist dennoch Weisheit bei den Vollkommenen; nicht eine Weisheit dieser Welt, auch nicht der Herrscher dieser Welt, welche vergehen. Sondern wir reden von der heimlichen, verborgenen Weisheit Gottes, welche Gott verordnet hat vor der Zeit der Welt zu unsrer Herrlichkeit, welche keiner von den Herrschern dieser Welt erkannt hat; denn wenn sie die erkannt hätten, so hätten sie den Herrn der Herrlichkeit nicht gekreuzigt. Sondern es ist gekommen, wie geschrieben steht (Jes. 64, 3): „Was kein Auge gesehen hat und kein Ohr gehört hat und in keines Menschen Herz gekommen ist, was Gott bereitet hat denen, die ihn lieben."

Dieser Abschnitt macht uns mit unterschiedlichen Möglichkeiten christlicher Lebensführung bekannt. In der Frühkirche wurde deutlich zwischen zwei Arten der Unterweisung unterschieden:

1. Es gab das sogenannte Kerygma. Kerygma heißt Bekanntmachung eines Königs, Heroldsruf und bedeutet im Christentum die schlichte Verkündigung der Grundfaktoren, der wichtigsten Aussagen über den christlichen Glauben, an denen nicht zu rütteln ist. Das war die erste Stufe: Den Menschen wurden die Fakten vom Leben, vom Tode und von der Auferstehung Jesu sowie von seinem Wiederkommen mitgeteilt.

2. Es gab die Didache, das Lehren. Bei dieser Unterweisung ging es um die Erklärung der bereits verkündigten Tat-

sachen. Das ist offensichtlich die zweite Stufe, auf der sich alle befinden, die das Kerygma bereits empfangen haben. Darauf kommt Paulus jetzt zu sprechen. Bis jetzt hat er von Jesus, sowie davon gesprochen, daß dieser gekreuzigt wurde, d. h. von den Grundfakten des christlichen Glaubens. Damit sei es nicht getan, sagt er nunmehr; die christliche Unterweisung dürfe sich nicht mit dem Mitteilen der Tatsache begnügen, sondern sie müsse auch lehren, was diese bedeuten. Er sagt, das geschehe bei denen, die teleoi seien, den Vollkommenen. Ursprünglich hat das Wort teleois eine physische Bedeutung; Tiere oder Menschen, die voll ausgewachsen sind und den Höhepunkt ihrer körperlichen Entwicklung erreicht haben, sind teleoi. Nicht minder aber hat das Wort auch einen geistigen Sinn. So teilte Pythagoras seine Schüler in kleine Kinder und in solche ein, die teleoi, die über die Elementarkenntnisse hinausgewachsen und zu reifen Studierenden geworden waren. In diesem Sinne gebrauchte Paulus das Wort hier; er sagt unmittelbar: „Den Menschen auf der Straße und allen, die neu in der Gemeinde sind, berichten wir von den Grundlagen des christlichen Glaubens; allen denen aber, die schon ein wenig reifer sind, vermitteln wir tiefergreifende Kenntnisse von der Bedeutung dieser Grundtatsachen." Damit macht Paulus keineswegs eine Art Klassenunterschied zwischen den verschiedenen Christen, er weist vielmehr nur auf die verschiedenen Entwicklungsstufen hin, auf denen die einzelnen sich befinden und auf denen jeweils eine unterschiedliche Unterweisung erforderlich ist. Leider begnügen die Menschen sich vielfach mit der Elementarstufe, statt sich darum zu bemühen, von sich aus die Dinge zu durchdenken.

Paulus gebraucht hier einen Fachausdruck. In der Lutherbibel heißt es: „Wir reden von der heimlichen, verborgenen Weisheit Gottes." Das entsprechende Wort des griechischen Textes, mysterion, besagt, das irgend etwas den nicht Eingeweihten verborgen, den Eingeweihten dagegen sonnenklar ist, z. B. ein Ritus oder eine Zeremonie, deren Sinn die Angehörigen einer bestimmten Gemeinschaft, nicht aber die Außenstehenden kennen. Paulus sagt hier also: „Wir werden uns mit Dingen befassen, die nur jemand verstehen kann, dessen Herz Jesus Christus bereits gehört."

Dabei betont Paulus, daß es sich bei dieser Unterweisung nicht um ein Produkt des menschlichen Geistes, sondern um eine Gabe Gottes handelt, die mit Jesus Christus in die Welt gekommen ist. Alle Erkenntnis kommt von Gott als Folge der

Begegnung des suchenden Menschengeistes mit dem sich offenbarenden Geist Gottes; was wir erkennen, verdanken wir weniger unserem Verstand als Gott. Das entbindet uns keinesfalls der Verantwortung menschlicher Bemühungen; nur Studenten, die selbst arbeiten, sind aufnahmefähig für den Reichtum, den ihnen bedeutende Lehrer vermitteln können. So verhält es sich auch mit Gott und uns: Je mehr wir selbst danach streben, ihn zu verstehen, um so mehr erfahren wir von Gott. Diesem Vorgang sind keine Grenzen gesetzt, weil der Reichtum Gottes unerschöpflich ist.

GEISTLICHE SACHEN FÜR GEISTLICHE MENSCHEN

1. Korinther 2, 10—16

Uns aber hat es Gott offenbart durch seinen Geist; denn der Geist erforscht alle Dinge, auch die Tiefen der Gottheit. Denn welcher Mensch weiß, was im Menschen ist, als allein der Geist des Menschen, der in ihm ist? So weiß auch niemand, was in Gott ist, als allein der Geist Gottes. Wir aber haben nicht empfangen den Geist der Welt, sondern den Geist aus Gott, daß wir wissen können, was uns von Gott geschenkt ist. Und davon reden wir auch nicht mit Worten, welche menschliche Weisheit lehren kann, sondern mit Worten, die der Geist lehrt, und deuten geistliche Sachen für geistliche Menschen. Der natürliche Mensch aber vernimmt nichts vom Geist Gottes; es ist ihm eine Torheit, und er kann es nicht erkennen; denn es muß geistlich verstanden sein. Der geistliche Mensch aber ergründet alles und wird doch selber von niemand ergründet. Denn „wer hat des Herrn Sinn erkannt, oder wer will ihn unterweisen?" (Jes. 40, 13). Wir aber haben Christi Sinn.

Dieser Abschnitt enthält wichtige Tatsachen.

1. Paulus legt dar, daß wir nur durch den Geist Gottes etwas von Gott erfahren können, und bedient sich dabei eines menschlichen Vergleiches. Es gibt Dinge, von denen nur der Geist des Menschen etwas weiß. Es gibt Gefühle, Dinge und Erfahrungen, die so persönlich, so verborgen und so intim sind, daß nur der sie kennt, in dem sie walten. Was in unserem Herzen vor sich geht, kann niemand wirklich sehen und erkennen außer unserem eigenen Geist. So gibt es auch in

Gott tiefe, verborgene Dinge, die nur Gottes Geist kennt. Und nur dieser Geist kann uns dahin führen, daß wir Gott wirklich erkennen. Es gibt Dinge, die wir kraft unseres eigenen Denkens niemals erkennen können; der Geist Gottes muß sie uns lehren, denn nur er kennt sie.

2. Doch selbst dann können nicht alle Menschen diese Dinge verstehen. Paulus spricht von der Deutung geistlicher Sachen für geistliche Menschen. Er unterscheidet zweierlei Menschen. a) Es gibt Menschen, die pneumatikoi sind. Pneuma ist das griechische Wort für Atem, Lebenshauch, Geist. Wer pneumatikos ist, ist empfänglich für den Heiligen Geist und gehorcht ihm. Sein ganzes Dasein steht unter der Führung des Heiligen Geistes, d. h. er lebt in dem Bewußtsein, daß es Werte und ein Leben gibt, die nicht von dieser Welt sind. b) Es gibt Menschen, die psychikoi sind. Das griechische Wort psychē wird vielfach mit Seele übersetzt, obwohl dies nicht seine volle Bedeutung ist; psychē bezeichnet vielmehr die Lebenskraft. Alles Lebendige besitzt eine psychē; Hunde und Katzen, alle Tiere haben eine psychē, nicht jedoch ein pneuma. Psychē ist die Kraft des Lebens, die der Mensch mit allem Lebendigen teilt; pneuma, Geist, dagegen, macht den Menschen zum Menschen, unterscheidet ihn von den übrigen Geschöpfen, ja macht ihn Gott verwandt. In Vers 14 spricht Paulus vom natürlichen Menschen, vom Menschen, der psychikos ist und so lebt, als gebe es nichts als dieses natürliche, physische Leben, als habe der Mensch nur leibliche und materielle Bedürfnisse, als gebe es nur so geartete Werte, als könne man alles von daher beurteilen. Ein solcher Mensch kann geistliche Sachen nicht verstehen. Wer beispielsweise in der Vorstellung lebt, daß nichts wichtiger sei als die Befriedigung des Geschlechtstriebes, kann den Sinn der Keuschheit nicht erfassen; wer in der Anhäufung materieller Güter den Zweck seines Lebens erblickt, versteht den Begriff der Freigebigkeit nicht. Haben Gelüste und Begierden das letzte Wort bei einem Menschen, dann hat er keinen Zugang zu Reinheit und Lauterkeit, und wer niemals über diese Welt hinausdenkt, kann nicht begreifen, was mit Gott zusammenhängt. Das sind für ihn bloß Torheiten. Niemand braucht von Haus aus so stumpf zu sein; wer jedoch das unsterbliche Sehnen seiner Seele erstickt, wird so und hört nicht mehr den Geist Gottes, wenn dieser zu ihm spricht.

Nur zu leicht lassen wir uns von den Dingen dieser Welt so sehr gefangennehmen, daß daneben nichts anderes mehr für uns existiert. Darum sollten auch wir um den Geist Christi bitten; denn nur, wenn Christus in uns wohnt, sind wir sicher, daß wir dem zunehmenden Einfluß materieller Dinge nicht erliegen.

GOTT IST DAS WICHTIGSTE

1. Korinther 3, 1—9

Und ich, liebe Brüder, konnte auch mit euch nicht reden als mit geistlichen Menschen, sondern als mit fleischlichen, wie mit jungen Kindern in Christus. Milch habe ich euch zu trinken gegeben, und nicht feste Speise; denn ihr konntet sie noch nicht vertragen. Auch jetzt könnt ihr's noch nicht, weil ihr noch fleischlich seid. Denn wenn Eifersucht und Zank unter euch sind, seid ihr da nicht fleischlich und wandelt nach menschlicher Weise? Denn so einer sagt: Ich bin paulisch, der andere aber: Ich bin apollisch, ist das nicht menschlich geredet? Wer ist nun Apollos? Wer ist Paulus? Diener sind sie, durch welche ihr seid gläubig geworden, und das, wie es der Herr einem jeglichen gegeben hat. Ich habe gepflanzt, Apollos hat begossen; aber Gott hat das Gedeihen gegeben. So ist nun weder der da pflanzt noch der da begießt etwas, sondern Gott, der das Gedeihen gibt. Der aber pflanzt und der da begießt, die sind einer wie der andere. Ein jeglicher aber wird seinen Lohn empfangen nach seiner Arbeit. Denn wir sind Gottes Mitarbeiter; ihr seid Gottes Ackerfeld und Gottes Bau.

Nachdem Paulus eben über den Unterschied zwischen dem geistlichen Menschen (pneumatikos) und dem natürlichen Menschen (psychikos) gesprochen hat — der eine kann geistliche Sachen verstehen, der andere nicht, weil seine Interessen, Ziele und Gedanken nicht über das erdgedungene, leibliche Leben hinausgehen —, beschuldigt er jetzt die Korinther, daß sie über den erdgebundenen, natürlichen Zustand noch nicht hinausgekommen seien. Dabei verwendet er zwei neue Begriffe. Vers 1 nennt er sie sarkinoi. Dieses Wort ist von sarx abgeleitet, Fleisch, ein Wort, dem wir bei Paulus häufig begegnen. Alle griechischen Adjektive auf inos bedeuten aus etwas gemacht. Paulus beginnt also mit der Aussage, daß die Korinther aus Fleisch gemacht sind, daß sie über die Stufe des natürlichen Menschen noch nicht hinausgelangt sind. Das war insofern ein Vorwurf, als der Mensch zwar aus Fleisch gemacht ist, doch es dabei nicht sein Bewenden haben darf. Leider waren die Korinther nicht nur *sarkinoi*, sondern auch *sarkikoi*, nicht nur *aus Fleisch*, sondern auch *fleischlich*, d. h. vom Fleisch beherrscht. *Fleisch* bedeutet für Paulus weitaus mehr als etwas Physisches. Fleisch ist für ihn der *Mensch ohne Gott*, der Teil des Menschen, sowohl in geistiger als auch in leiblicher Hinsicht, der einen Brückenkopf für die Sünde bildet, der auf sie hört und ihr eine Chance einräumt. Paulus wirft den Korinthern also nicht etwa vor, daß sie aus Fleisch gemacht sind — das sind alle Menschen —, wohl aber, daß sie sich von der schlechteren Seite ihrer Natur beherrschen und von ihr ihre Ansichten und Handlungen bestimmen lassen.

Welche Beweise gibt es dafür? Was veranlaßt Paulus, einen derartigen Vorwurf zu erheben? Der Streit und der Zwist, die bei ihnen herrschen, sind hinreichender Beweis dafür. Das ist eine außerordentlich wichtige Feststellung; denn sie besagt: *Wie der Mensch zu Gott steht, kann man an seinem Verhältnis zu den Mitmenschen erkennen.* Wer Differenzen mit seinen Mitmenschen hat, wer streitsüchtig und rechthaberisch ist, kann ein noch so fleißiger Kirchgänger sein, ja sogar ein kirchliches Amt bekleiden, ohne deswegen auch ein Mann Gottes zu sein. Wer dagegen eins ist mit seinen Mitmenschen, wessen Verhältnis zu den Mitmenschen von Liebe, Einigkeit und Harmonie gekennzeichnet ist, befindet sich auf dem Wege, ein Mann Gottes zu werden. Wer seinen Mitmenschen fernsteht, beweist damit, daß er auch Gott fernsteht; wer sich von seinen Mitmenschen trennt, trennt sich damit auch von Gott; wer Gott liebhat, wird auch seine Mitmenschen lieben.

Paulus fährt fort, etwas über die Torheit des Parteigeistes mit seiner Verherrlichung ihrer Anführer zu sagen. Wie im Garten der eine etwas pflanzen, der andere etwas begießen, doch nur die Saat gedeihen lassen kann, weil allein er die Kraft dazu besitzt, so können die Menschen auch sonst manches vollbringen; Leben aber können sie nicht hervorbringen. Der Mann, der gepflanzt hat, und der Mann, der gegossen hat, stehen auf einer Stufe; keiner kann eine Vorrangstellung für sich in Anspruch nehmen; sie sind nur Diener, Handlanger, die beide für denselben Herrn arbeiten — für Gott. Wir sollten nie vergessen, daß Gott sich zwar menschlicher Werkzeuge bedient, um den Menschen die Botschaft seiner Wahrheit und

Liebe zu übermitteln, daß aber er allein die Herzen der Menschen zu neuem Leben erwecken kann. Es ist seine Schöpfung, und er allein kann es erneuern.

DER GRUNDSTEIN UND DIE BAUMEISTER

1. Korinther 3, 10–15

Ich nach Gottes Gnade, die mir gegeben ist, habe den Grund gelegt als ein weiser Baumeister; ein anderer baut darauf. Ein jeglicher aber sehe zu, wie er darauf baue. Einen andern Grund kann niemand legen außer dem, der gelegt ist, welcher ist Jesus Christus. Wenn aber jemand auf diesen Grund baut Gold, Silber, edle Steine, Holz, Heu, Stroh, so wird eines jeglichen Werk offenbar werden; der Tag wird's klar machen. Denn mit Feuer wird er sich offenbaren; und welcherlei eines jeglichen Werk sei, wird das Feuer bewähren. Wird jemandes Werk bleiben, das er darauf gebaut hat, so wird er Lohn empfangen.
Wird aber jemandes Werk verbrennen, so wird er Schaden leiden; er selbst aber wird gerettet werden, doch so wie durchs Feuer hindurch.

In diesem Abschnitt spricht Paulus sicherlich aus persönlicher Erfahrung. Paulus gehörte notgedrungen zu denen, die den Grund legten. Er war ständig unterwegs. Zwar hielt er sich achtzehn Monate in Korinth auf (Apg. 18, 11) und drei Jahre in Ephesus (Apg. 20, 31); in Thessalonich jedoch muß er sich nicht einmal einen Monat lang aufgehalten haben, was viel typischer für ihn ist. Es wartete so viel Boden darauf, bestellt zu werden; es gab so viele Menschen, die noch nie etwas von Jesus Christus gehört hatten. Und wenn ein guter Anfang bei der Evangelisation der Welt gemacht werden sollte, dann konnte Paulus überall nur den Grund legen, bevor er weiterzog. Nur im Gefängnis war es seinem ratlosen Geist beschieden, an einem Ort zu weilen.
Wohin Paulus auch kam, überall legte er den gleichen Grund: die Verkündigung der Tatsachen aus dem Leben Jesu und das Angebot, das Jesus Christus den Menschen gemacht hat. Seine gewaltige Aufgabe bestand darin, die Menschen mit Jesus Christus bekanntzumachen. Jesus Christus muß der Grund der Kirche sein, weil in ihm allein die Christen drei Dinge

finden können: a) Vergebung für die Sünden der Vergangenheit, durch die sich ein neues Verhältnis zu Gott ergibt. Der Mensch entdeckt plötzlich, daß Gott sein Freund, nicht sein Feind ist. Er entdeckt, was es heißt, bei Gott daheim zu sein, und erkennt, daß Gott wie Jesus ist. Wo er einst Haß sah, erkennt er jetzt Liebe, wo einst unendliche Ferne, jetzt innige Vertrautheit. b) Er findet Stärke für die Gegenwart. Mit Hilfe des lebendigen Jesus Christus kann der Mensch mutig und stark dem Leben begegnen; denn er kämpft jetzt nicht mehr allein gegen eine feindliche Welt, sondern er führt ein Leben, in dem nichts ihn mehr von der Liebe Gottes in Christus, seinem Herrn, scheiden kann. Mit Christus geht er den Weg des Lebens und besteht er die Kämpfe des Lebens. c) Er findet Hoffnung für die Zukunft. Der Mensch lebt nicht mehr in einer Welt, deren Zukunft er voller Angst entgegensieht, sondern in einer, die unter der Kontrolle Gottes steht, in der Gott alles zu seinem Besten dienen läßt, in der die Zeit in Gottes Händen steht. Der Tod bedeutet nicht mehr das Ende, sondern ein Vorspiel zu größerer Herrlichkeit. Ohne den Grund Jesus Christus können wir alles dies nicht haben.

Doch auf diesem Grund haben andere weitergebaut. Paulus denkt dabei nicht an das Aufbauen von schlechten, wohl aber an das Aufbauen von unangemessenen Dingen. Wir können unseren Mitmenschen ein schwächliches, verwässertes Christentum darbieten; wir können einseitig etwas zu sehr betonen und dafür anderes zu wenig, so daß die Dinge aus dem Gleichgewicht geraten; wir können den Glauben entstellen, so daß selbst das Großartigste verzerrt wirkt. Der Tag, auf den Paulus hinweist, ist der Tag, an dem Christus wiederkommen wird. Dann wird es zu einer letzten Probe kommen; alles Böse und Unangemessene wird ausgelöscht werden. Doch Gott wird in seiner Barmherzigkeit selbst den unzulänglichen Baumeister retten, weil er zumindest versucht hat, etwas für Christus zu tun. Günstigstenfalls sind alle unsere Darstellungen des christlichen Glaubens unzulänglich; doch manche Unzulänglichkeit bliebe uns erspart, wenn nicht unsere eigenen Vorurteile und Voraussetzungen, wenn nicht Übereinstimmung mit diesem oder jenem Theologen unser Prüfstein wären, sondern wenn wir alles im Lichte des Neuen Testaments, vor allem aber des Kreuzestodes Jesu Christi betrachten und darstellen würden. Der neuplatonische Philosoph und Grammatiker Longinus empfahl seinen Schülern folgenden Test: „Willst du etwas schreiben, so frage dich, ob Homer oder Demosthenes es auch geschrieben hätte; ja, mehr noch: frage dich, ob Homer oder Demosthenes ihm zugehört hätte." Wenn wir uns für Christus einsetzen, sollten wir sprechen, als ob Christus zuhöre – was ja tatsächlich auch zutrifft. Dieser Test würde uns vor manchem Irrtum bewahren.

WEISHEIT UND TORHEIT

1. Korinther 3, 16–23

Wisset ihr nicht, daß ihr Gottes Tempel seid und der Geist Gottes in euch wohnt? Wenn jemand den Tempel Gottes verdirbt, den wird Gott verderben, denn der Tempel Gottes ist heilig; der seid ihr.
Niemand betrüge sich selbst. Welcher sich unter euch dünkt, weise zu sein in dieser Welt, der werde ein Narr, auf daß er möge weise sein. Denn dieser Welt Weisheit ist Torheit bei Gott. Denn es steht geschrieben (Hiob 5, 13): „Die Weisen erhascht er in ihrer Klugheit", und abermals (Ps. 94, 11): „Der Herr weiß der Weisen Gedanken, daß sie nichtig sind." Darum rühme sich niemand eines Menschen; denn es ist alle euer: es sei Paulus oder Apollos oder Kephas, es sei Welt oder Leben oder Tod, es sei Gegenwärtiges oder Zukünftiges, alles ist euer, ihr aber seid Christi, Christus aber ist Gottes.

Für Paulus war die Gemeinde, die Kirche, der Tempel Gottes, weil sie die Gemeinschaft war, in der der Geist Gottes wohnte. Origenes hat später einmal gesagt: „Wir sind vor allem dann der Tempel Gottes, wenn wir bereit sind, den Heiligen Geist zu empfangen." Wenn es jedoch zu Zank, Zwietracht und Spaltungen innerhalb der Gemeinde kommt, dann wird der Tempel Gottes in doppelter Hinsicht zerstört. a) Dadurch wird es dem Heiligen Geist unmöglich gemacht, zu wirken. Sobald Verbitterung Eingang in eine Gemeinde findet, wird sie von der Liebe verlassen. In einer Atmosphäre der Bitterkeit wird die Wahrheit weder auf die rechte Weise ausgesprochen noch angehört. „Wo Liebe ist, da ist Gott"; doch wo Zank und Streit herrschen, klopft Gott vergeblich an die Tür. Brüderliche Liebe ist das eigentliche Kennzeichen der Gemeinde. Wir sollten stets bedenken, daß, wer diese Liebe und Gemeinschaft zerstört, damit die Gemeinde und den Tempel Gottes zerstört. b) Sie spalten buchstäblich die Gemeinde und machen aus ihr eine Reihe unzusammenhängender Ruinen. Wie kein Gebäude fest und sicher steht, wenn man Teile von ihm entfernt, so ist die größte Schwäche der Gemeinde immer noch ihre Spaltung, eine Gespaltenheit, die sie zerstört.

Paulus kommt dann nochmals auf die eigentliche Ursache dieser Zwietracht und konsequenten Zerstörung des Tempels Gottes, d. h. der Gemeinde, zu sprechen, auf die intellektuelle, weltliche Weisheit. Wie sie verdammt wird, zeigt er an zwei alttestamentlichen Zitaten: an Hiob 5, 13 und Psalm 94, 11. Aufgrund dieser weltlichen Weisheit schätzen die Korinther den Wert der verschiedenen Lehrer und Anführer ein. Es ist auf den Stolz des Menschengeistes zurückzuführen, daß sie die Art, in der die Botschaft vorgetragen wird, die Korrektheit der Redeweise, das Gewicht kunstvoller Rede und den Scharfsinn der Argumentation höher bewerten und einschätzen als den Inhalt der Botschaft, auf den allein es doch ankommt. Zweierlei ist an diesem intellektuellen Hochmut bedauerlich: a) Es handelt sich dabei stets um einen W o r t s t r e i t. Schweigen und Bewunderung gibt es da nicht; vielmehr muß ständig geredet und kritisiert werden. Daß jemand den eigenen Ansichten widerspricht, ist unerträglich; man muß stets beweisen, daß man selbst, und zwar allein, recht hat. Man kann nicht zugeben, daß man sich geirrt hat, sondern rechtfertigt ständig sich selbst. Demut des Lernens kennt solch geistiger Hochmut nicht; stets bestimmt er, was Gesetz ist. b) Geistiger Hochmut ist seinem Wesen nach e x k l u s i v. Er neigt dazu, auf andere herabzublicken, die nicht derselben Meinung sind wie er. Auf den Gedanken, daß man selbst sich irren könne, kommt er gar nicht. Geistiger Hochmut trennt die Menschen, statt sie zu verbinden.

Sehr anschaulich fordert Paulus die Menschen, die sich weise dünken, auf, „Narren" zu werden, damit sie weise sein möchten. Damit fordert er sie auf, Demut zu zeigen und laufend zu lernen. Niemand kann andere etwas lehren, wenn er sich für allwissend hält. Selbst die heidnischen Philosophen wußten das. So hat Plato einmal gesagt: „Weise ist, wer weiß, daß er für das Studium der Weisheit nur schlecht gerüstet ist." „Sie wären zweifellos sehr gute Gelehrte geworden", sagte Quintilian von einigen seiner Schüler, „wenn sie nicht so sehr von ihrer eigenen Gelehrsamkeit überzeugt gewesen wären." Und ein altes Sprichwort lautet: „Wer nichts weiß und nicht weiß, daß er nichts weiß, ist ein Narr; meide ihn. Wer nichts weiß und weiß, daß er nichts weiß, ist weise; lehre ihn." Weise werden wir nur, wenn wir uns bewußt sind, Toren zu sein, d. h. wenn wir unsere eigene Unwissenheit zugeben.

Mit Vers 22 bekommt die P r o s a des Paulus – wie so häufig in seinen Briefen – unversehens gleichsam Flügel. Was die Korinther tun, ist für Paulus insofern unfaßlich, als sie dabei sind, sich selbst in die Hände von Menschen zu geben. Paulus sagt ihnen, daß sie in Wirklichkeit nicht Paulus gehören, sondern daß dieser ihnen gehört. Sich mit einer Partei zu identifizieren bedeute, daß die Menschen, die zu Königen ausersehen sind, sich in Sklaverei begeben; dabei seien sie doch Herren über alle Dinge, weil sie Christus gehören und dieser Gott. Wer sein Leben, seine Kraft, seine Energie und sein Herz an eine Splittergruppe hängt, ergibt sich damit etwas Nichtigem, obwohl er zu einer weltweiten Gemeinschaft und Liebe Zugang gehabt hat und obwohl er eine Auffassung hätte haben sollen, die keine Grenzen kennt.

DREI URTEILSSPRÜCHE

1. Korinther 4, 1–5

Dafür halte uns jedermann: für Christi Diener und Haushalter über Gottes Geheimnisse. Nun sucht man nicht mehr an den Haushaltern, als daß sie treu erfunden werden. Mir aber ist's ein Geringes, daß ich von euch gerichtet werde oder von einem menschlichen Tage; auch richte ich mich selbst nicht. Ich bin mir nichts bewußt, aber darin bin ich nicht gerechtfertigt; der Herr ist's aber, der mich richtet. Darum richtet nicht vor der Zeit, bis der Herr kommt, welcher wird ans Licht bringen, auch was im Finstern verborgen ist, und wird das Trachten der Herzen offenbar machen. Alsdann wird einem jeglichen von Gott sein Lob widerfahren.

Paulus fordert die Korinther auf, an Apollos, Kephas und ihn selbst nicht im Sinne von Sektenführern und Parteien zu denken, sondern im Sinne von Dienern Jesu Christi, die sie alle seien. Interessant ist das Wort, das Paulus hier für D i e n e r gebraucht. Es ist das Wort h y p ē r e t ē s. So hießen ursprünglich die Ruderer auf der untersten Bank der Dreiruderer, jene Sklaven, die mit ihren langen Rudern die Triremen übers Meer ruderten. In manchen Kommentaren wird dies als ein Bild von Christus, dem Steuermann, ausgelegt, der den Kurs des Schiffes bestimmt, und von Paulus, dem Diener, der nur die Befehle seines Herrn ausführt. Paulus gebraucht indessen noch ein anderes Bild. Er denkt an sich und die, die mit ihm predigen, als an H a u s h a l t e r der Geheimnisse, die Gott den Seinen offenbaren will. Der Haushalter (o i k o n o m o s) war für die gesamte Verwaltung seines Haushaltes oder Gutes verantwortlich. Er beaufsichtigte die Arbeitskräfte, gab Vorräte und Verpflegung heraus und hielt den Haushalt auf dem laufenden; doch wenn ihm auch die Aufsicht über die Sklaven des Hauses oblag, so blieb er im Hinblick auf seinen Herrn doch selber ein Sklave. Welche Stellung wir innerhalb der Gemeinde oder Kirche auch bekleiden, welche Macht wir dort ausüben und welches Ansehen wir genießen mögen, wir bleiben stets Diener Jesu Christi.

Diese Überlegung verknüpft Paulus mit dem Gedanken des Gerichtes. Haushalter, o i k o n o m o i, müssen vor allem zuverlässig sein. Weil ihre Verantwortung und Selbständigkeit so groß sind, ist es doppelt notwendig, daß ihr Herr sich absolut auf ihre Zuverlässigkeit und Treue verlassen kann. Die Korinther haben mit ihrer Sekten- und Gruppenbildung, mit der Anerkennung einzelner als ihrer Herren im Grunde über diese Anführer gerichtet, indem sie den einen dem anderen vorzogen. Paulus spricht daher von dem dreifachen Gericht, der dreifachen Beurteilung, der alle Menschen sich gegenüber sehen: 1. Sie müssen sich dem Gericht ihrer M i t m e n s c h e n stellen. Das sei ihm ein Geringes, sagt Paulus in diesem Fall. Immerhin – in gewisser Hinsicht dürfen wir das Urteil unserer Mitmenschen nicht außer acht lassen; denn häufig urteilen diese instinktiv richtig. Das liegt daran, daß alle Menschen Ehrlichkeit, Aufrichtigkeit, Offenheit, Zuverlässigkeit, Freigebigkeit, Opferbereitschaft und Liebe schätzen. Der griechische Philosoph Antisthenes, Gründer der sogenannten kynischen Schule, pflegte zu sagen: „Nur zwei Menschen sagen uns wirklich die Wahrheit über uns selbst: unsere Feinde, wenn sie in Wut geraten, und unsere Freunde, wenn sie uns aufrichtig lieben." Zwar sollten wir uns durch das Urteil der Menschen nie von dem abbringen lassen, was wir für richtig halten; doch läßt sich nicht leugnen, daß das Urteil der Menschen oft zutreffender ist, als uns selbst lieb ist. 2. Wir müssen uns dem e i g e n e n Gericht stellen. Auch darauf gibt Paulus so gut wie nichts; weiß er doch, daß das Selbsturteil der Menschen leicht unter Selbstzufriedenheit, Selbstgerechtigkeit, Hochmut und Selbsttäuschung leiden kann. Gleichwohl muß jeder Mensch sich in sehr realem Sinne auch diesem Gericht stellen („Erkenne dich selbst!"). Man kann sich nicht selbst loswerden. Mit dem Verlust unserer Selbstkontrolle verlieren wir auch

unsere Selbstachtung, und wenn wir uns selbst nicht mehr in die Augen blicken können, wird das Leben unerträglich. 3. Wir müssen uns dem Gericht Gottes stellen. Dieses ist letzten Endes das einzig wirkliche Gericht. Paulus wies in diesem Zusammenhang denn auch nicht auf ein menschliches Gericht hin, sondern auf das Gericht am Tage des Herrn. Gottes Gericht ist aus zwei Gründen ein endgültiges Gericht: a) Nur Gott kennt alle unsere Verhältnisse. Er kann das Verborgene ans Licht bringen, weil er unsere Kämpfe und die Geheimnisse kennt, die wir niemandem erzählen. Er weiß, wie tief wir gesunken und wie hoch wir gestiegen sind; er kennt uns in Freud und in Leid. Er ist der einzige, dem alles über uns bekannt ist. b) Nur Gott kennt alle unsere Motive, unsere Beweggründe. Die Menschen sehen unsere Taten, Gott auch unsere Absichten. Manche Tat, die edel zu sein scheint, erfolgt aus sehr unedlen, sehr egoistischen Beweggründen; und manche Tat, die gemein aussieht, kann aus edelsten Beweggründen begangen werden. Der die Herzen der Menschen gemacht und beobachtet hat, ist der einzige, der richten kann.
Stets sollten wir zweierlei bedenken. Erstens: Selbst wenn wir allen übrigen Gerichten entgehen oder eine Vogel-Strauß-Politik uns selbst gegenüber betreiben, dem Gericht Gottes entgehen wir nicht. Zweitens: Das Gericht steht allein Gott zu, weshalb wir gut daran täten, niemanden zu richten.

APOSTOLISCHE DEMUT UND UNCHRISTLICHER HOCHMUT

1. Korinther 4, 6–13

Solches aber, liebe Brüder, habe ich auf mich und Apollos gedeutet um euretwillen, damit ihr an uns lernet, was das heißt: Nicht über das hinaus, was geschrieben steht! auf daß sich nicht einer wider den andern um jemandes willen aufblase. Denn wer gibt dir einen Vorzug? Was hast du, das du nicht empfangen hast? Wenn du es aber empfangen hast, was rühmest du dich denn, als hättest du es nicht empfangen? Ihr seid schon satt geworden? Ihr seid schon reich geworden? Ihr herrschet ohne uns? Ja, wollte Gott, ihr herrschtet, auf daß auch wir mit euch herrschen möchten! Denn mich dünkt, Gott habe uns Apostel als die Allergeringsten dargestellt, wie dem Tode übergeben. Denn wir sind ein

Schauspiel geworden der Welt und den Engeln und den Menschen. Wir sind Narren um Christi willen, ihr aber seid klug in Christus; wir schwach, ihr aber stark; ihr herrlich, wir aber verachtet. Bis auf diese Stunde leiden wir Hunger und Durst und Blöße und werden geschlagen und haben keine sichere Stätte und arbeiten und wirken mit unsern eigenen Händen. Man schilt uns, so segnen wir; man verfolgt uns, so dulden wir's; man lästert uns, so reden wir freundlich. Wir sind geworden wie der Abschaum der Welt, jedermanns Kehricht, bis heute.

Alles, was Paulus über Apollos und sich gesagt hat, gilt nicht nur für diese, sondern auch für die Korinther. Ebenso wie Apollos und er bei dem Gedanken daran, daß sie sich nicht dem Gericht der Menschen, sondern dem Gericht Gottes stellen müssen, demütig werden, sollen auch die Korinther in Demut wandeln. Es ist ein besonders liebenswerter Zug des Paulus, daß er sich selbst stets in seine Ermahnungen und seine Verwerfungen miteinbezog. Echte Prediger gebrauchen nur selten das Wort i h r, sondern stets das Wort w i r; sie sprechen nicht von oben herab, sondern als einer der ihren zu den Menschen. Wer den Menschen wirklich helfen und sie retten möchte, darf sich nicht zu ihrem R i c h t e r, sondern muß sich zu ihrem F ü r s p r e c h e r machen; nicht Kritik, sondern Mitgefühl sollte aus unseren Worten klingen. Wenn Paulus davon spricht, daß die Korinther nicht über das hinausgehen sollen, was geschrieben steht, so meint er damit nicht seine eigenen Worte, sondern das Wort Gottes. Nicht seine eigene Lehre hat er ihnen dargelegt, sondern nur, daß Gott alle Überheblichkeit verurteilt.

Und dann stellt Paulus die entscheidende Frage: „Was hast du, das du nicht empfangen hast?" Dieser eine Satz umschloß nach Auffassung des Augustinus die ganze Gnadenlehre. In seiner Frühzeit hatte Augustinus noch den Gedanken an die eigene menschliche Leistung vertreten; später jedoch sagt er: „Um diese Frage zu beantworten, befaßten wir uns eingehend mit der Willensfreiheit des Menschen; doch nach langem Bemühen trug die Gnade Gottes den Sieg davon." Niemand würde Gott erkennen, wenn Gott sich nicht den Menschen selbst offenbart hätte; dementsprechend kann sich auch niemand selbst erlösen. Wenn wir bedenken, was wir tun und tun können und es mit dem vergleichen, was Gott für uns getan hat, dann ist jeder Hochmut ausgeschlossen, und nur

dankbare Demut bleibt. Der entscheidende Fehler der Korinther bestand darin, daß sie vergessen hatten: sie verdankten ihre Seele Gott.
Und dann wendet sich Paulus an die Empfänger seines Briefes mit unmißverständlicher Leidenschaft, indem er deren Überheblichkeit, Selbstzufriedenheit und Hochmut mit dem Leben der Apostel vergleicht. Wie die römischen Feldherrn nach großen Siegen mit ihren Truppen im Triumphzug durch Rom zogen und den Schluß des Zuges eine Gruppe von Gefangenen bildete, die alsbald in der Arena mit wilden Tieren kämpfen mußten, bis sie umkamen, so glichen die Korinther in ihrem Hochmut den siegreichen Feldherren, die die Trophäen ihrer Tapferkeit zur Schau stellten, und die Apostel jener kleinen Schar der zum Schautode verurteilten Gefangenen. Während christliche Lebensführung für die Korinther bedeutete, mit ihren Vorrechten und Leistungen zu prunken, hieß Christsein für Paulus, in Demut zu dienen und bereit zu sein, für Christus zu sterben.
Zwei Wörter sind bei der Aufzählung dessen, was Apostel nach Ansicht des Paulus erleiden müssen, besonders interessant. 1. Er sagt, sie würden geschlagen (kolaphizesthai). Dieses Wort wurde vielfach für das Schlagen der Sklaven gebraucht. So berichtet Plutarch, jemand habe bezeugen können, daß ein bestimmter Sklave jemand anderem gehört habe als dem, der Besitzrechte geltend machte, weil er nämlich gesehen habe, wie der andere ihn geschlagen habe (kolaphizesthai). Paulus war bereit, sich um Christi willen wie ein Sklave behandeln zu lassen. 2. Paulus sagt: „Wenn man uns schilt, so segnen wir." Wir können uns wahrscheinlich kaum vorstellen, wie sehr Heiden diese Aussage überraschen mußte. Aristoteles nennt megalopsychia, Hochherzigkeit, die höchste der Tugenden und bezeichnet sie als ein Charakteristikum von Menschen, die es nicht ertragen, daß man sie beleidigt. Christliche Demut war für die Antike eine völlig neue Tugend; ein derartiges Verhalten erschien den damaligen Menschen töricht.

EIN VATER IM GLAUBEN

1. Korinther 4, 14—21

Nicht schreibe ich solches, daß ich euch beschäme; sondern ich vermahne euch als meine lieben Kinder. Denn ob ihr gleich zehntausend Zuchtmeister hättet in Chri-

stus, so habt ihr doch nicht viele Väter; denn ich habe euch gezeugt in Christus Jesus durchs Evangelium. Darum ermahne ich euch: Seid meine Nachfolger! Aus derselben Ursache habe ich Timotheus zu euch gesandt, welcher ist mein lieber und getreuer Sohn in dem Herrn, daß er euch erinnere an meine Wege, die in Christus Jesus sind, wie ich sie an allen Enden in allen Gemeinden lehre.

Es blähen sich etliche auf, als würde ich nicht zu euch kommen. Ich werde aber gar bald zu euch kommen, so der Herr will, und kennenlernen nicht die Worte der Aufgeblasenen, sondern ihre Kraft. Denn das Reich Gottes steht nicht in Worten, sondern in Kraft. Was wollt ihr? Soll ich mit der Rute zu euch kommen oder mit Liebe und sanftmütigem Geist?

Mit diesem Abschnitt beendet Paulus jenen Teil des Briefes, der sich unmittelbar mit den Spaltungen in der Gemeinde zu Korinth befaßt. Er schreibt als ihr „Vater" an sie. Das geht auch aus dem Verb für ermahnen (noutheteín) hervor, das er Vers 14 gebraucht; es ist das normale Wort für das Zurechtweisen von Kindern durch den Vater (Eph. 6, 4). Auch wenn Strenge aus seinen Worten spricht, ist es nicht die Strenge, mit der widerspenstige Sklaven gefügig gemacht werden, sondern jene Strenge, mit deren Hilfe man einen Sohn, der Torheiten begangen hat, wieder zurechtzubringen versucht. Paulus empfand seine Stellung im Blick auf die Gemeinde zu Korinth als einzigartig. Der Zuchtmeister (paidagogos: vgl. Gal. 3, 24) war nicht etwa der Lehrer eines Kindes, sondern ein alter, vertrauenswürdiger Sklave, der die Knaben täglich zur Schule brachte, der sie auch sonst betreute und dafür sorgte, daß charakterfeste Männer aus ihnen wurden. Wie Kinder viele Zuchtmeister, aber nur einen Vater haben können, so mochten auch die Korinther in Zukunft viele Zuchtmeister und Lehrer haben; doch niemand von ihnen würde tun können, was Paulus getan hatte; niemand konnte sie zeugen zu einem Leben in Christus Jesus. Und dann sagt Paulus etwas Erstaunliches, indem er ermahnt: „Ich fordere meine Kinder auf, dem Beispiel ihres Vaters zu folgen." Das können Väter nur selten sagen; denn gewöhnlich bitten Väter darum, daß aus ihren Kindern einmal werden möge, was sie selbst nicht erreicht haben. Die meisten Lehrer müssen sich damit begnügen zu sagen: „Tut, was ich euch sage", statt: „Macht es wie ich." Paulus jedoch kann ohne jeden Hochmut

und völlig unbefangen seine Kinder im Glauben auffordern, es ihm nachzutun.
Und dann sagt Paulus ihnen sehr taktvoll, er schicke Timotheus zu ihnen, der sie an seine Wege erinnern soll, womit er in Wirklichkeit sagt, daß nicht bewußte Auflehnung, sondern Vergeßlichkeit die Ursache ihrer Irrtümer und Mißverständnisse sei. Tatsächlich entspricht diese Deutung der Natur des Menschen. Oft lehnen wir uns gar nicht gegen Christus auf, sondern vergessen ihn und sein Beispiel einfach. Dann brauchen wir vor allem eins: den entschlossenen Willen, bewußt ein Leben in dem lebendig gegenwärtigen Jesus Christus zu führen. Nicht nur beim Abendmahl, sondern täglich und stündlich sagt Jesus Christus zu uns: „Gedenke mein."
Paulus fordert die Korinther damit heraus. Weil er Timotheus zu ihnen gesandt habe, sollten sie daraus nicht folgern, er selbst würde nicht kommen; wenn es sich ergebe, würde er durchaus kommen. Dann würden sie auf die Probe gestellt werden. Reden können die Korinther genug; doch nicht ihre hochtönenden Worte, sondern ihre Taten zählen. Jesus hat nicht gesagt: „An ihren Worten sollt ihr sie erkennen", sondern: „An ihren Früchten sollt ihr sie erkennen." Es wird viel über das Christentum geredet in aller Welt; doch eine christliche Tat ist mehr als tausend Worte wert. Irgend einem Ausschuß angehören, reden und diskutieren ist das eine, Christus dienen und danach handeln das andere.
Und so fragt Paulus sie am Schluß, ob er kommen und sie züchtigen oder ob er in Liebe bei ihnen weilen soll. Aus allen Briefen des Paulus schlägt uns der Pulsschlag der Liebe für seine Kinder in Christus entgegen; doch war seine Liebe nicht blind und sentimental, sondern eine Liebe, die wußte, daß Züchtigung zuweilen nötig ist. Liebe, die die Augen vor den Fehlern der Menschen verschließt, kann verderblich sein; Liebe, die die Menschen mit der Klarheit der Augen Christi sieht, ist eine heilsame Liebe. Paulus liebt die Seinen mit einer Liebe, die weiß, daß man denen, die man liebt, zuweilen weh tun muß, wenn man ihnen helfen will.
Nachdem Paulus sich mit dem Problem des Streites und der Spaltung innerhalb der Gemeinde zu Korinth befaßt hat, geht er jetzt zu bestimmten praktischen Fragen und zu bestimmten Vorfällen innerhalb der Gemeinde über, von denen ihm etwas zu Ohren gekommen ist.

1. Korinther 5, 1–8

Überdies geht die Rede, daß Unzucht unter euch ist, und zwar eine solche Unzucht, von der auch die Heiden nicht zu sagen wissen: daß einer seines Vaters Frau habe. Und ihr seid aufgeblasen und habt nicht vielmehr Leid getragen, auf daß, der diese Tat begangen hat, aus eurer Mitte hinweggetan würde? Ich zwar, der ich mit dem Leib nicht da bin, doch mit dem Geist, habe schon, als sei ich gegenwärtig, beschlossen über den, der solches getan hat: wenn ihr versammelt seid im Namen des Herrn Jesus und mein Geist samt der Kraft unsres Herrn Jesus bei euch ist, wollen wir diesen Menschen übergeben dem Satan zum Verderben des Fleisches, auf daß der Geist gerettet werde am Tage des Herrn.
Euer Ruhm ist nicht fein. Wisset ihr nicht, daß ein wenig Sauerteig den ganzen Teig versäuert? Darum feget den alten Sauerteig aus, auf daß ihr ein neuer Teig seid, wie ihr ja ungesäuert seid. Denn auch wir haben ein Osterlamm, das ist Christus, für uns geopfert. Darum lasset uns Ostern halten, nicht im alten Sauerteig, auch nicht im Sauerteig der Bosheit und Argheit, sondern in dem Süßteig der Lauterkeit und der Wahrheit.

In diesem Abschnitt befaßt Paulus sich mit einem immer wieder auftauchenden Problem. Die Heiden kannten den Begriff der Keuschheit damals so gut wie nicht; sie befriedigten ihren Geschlechtstrieb vielmehr, wann und wo es ihnen gefiel. Der Ansteckungsgefahr dieser Gepflogenheit zu entgehen, war nicht leicht für die christlichen Gemeinden; waren sie doch wie kleine Inseln von allen Seiten von einem Meer des Heidentums umgeben und zudem selber noch nicht lange Christen. Mit Lebensgewohnheiten zu brechen, die seit Generationen Bestandteil ihres Alltags gewesen waren, fiel ihnen keineswegs leicht; dennoch mußte die Kirche, wenn sie sich rein erhalten wollte, der alten, heidnischen Lebensweise radikal Lebewohl sagen. In der Gemeinde zu Korinth hatte sich etwas besonders Schockierendes zugetragen: jemand hatte zu seiner eigenen Stiefmutter geschlechtliche Beziehungen aufgenommen, etwas, was sogar die Heiden empörte und nach römischem Recht, insbesondere aber nach dem jüdischen Ge-

setz ausdrücklich verboten war (3. Mose 18, 8). Der Formulierung nach zu schließen, kann die Frau bereits von ihrem Manne geschieden gewesen sein. Es muß sich bei ihr im übrigen um eine Heidin gehandelt haben; denn Paulus befaßt sich überhaupt nicht mit ihr, eben weil sie außerhalb des Zuständigkeitsbereiches der Gemeinde stand.
War Paulus schon über dieses Vergehen selbst entsetzt, so war er es noch mehr über das Verhalten der Gemeinde zu Korinth gegenüber dem Sünder. Großzügig hatten sie die Situation hingenommen, ohne irgend etwas zu unternehmen, obwohl sie äußerst betroffen darüber hätten sein sollen. In diesem Zusammenhang gebraucht Paulus das Wort penthein, trauern, klagen wie für einen Toten. Sünden leicht zu nehmen, ihnen gegenüber lässig zu sein, ist stets gefährlich. Es heißt deshalb mit Recht, daß das Entsetzen vor der Sünde unsere beste Sicherheit vor ihr sei; wenn wir die Sünde nicht mehr ernst nehmen, befinden wir uns dagegen in einer gefährlichen Lage. Es geht also nicht darum, andere zu kritisieren und zu verdammen, wohl aber darum, daß wir uns durch die Sünde schockiert und verletzt fühlen müssen. Die Sünde der Menschen brachte Jesus Christus an das Kreuz; hier starb er, um sie von der Sünde freizumachen. Kein Christ darf daher gegenüber der Sünde einen lässigen Standpunkt einnehmen.
Paulus ist entschieden dafür, daß etwas mit dem Manne geschehen muß. Sehr anschaulich sagt er, man müsse ihn „dem Satan übergeben". Er meint damit, daß er aus der Gemeinde ausgeschlossen werden soll. Die Welt galt als Domäne des Satans (Joh. 12, 31; 16, 11; Apg. 26, 18; Kol. 1, 13), die Kirche als Herrschaftsbereich Gottes. Schickt den Mann zurück in die Welt Satans, dorthin gehört er! lautet das Urteil des Paulus. Wir müssen jedoch dabei beachten, daß selbst diese strenge Strafe keine rachsüchtige Strafe war. Sie wurde verhängt, um den Mann zu demütigen, um seine Begierden zu zähmen und möglichst zu „verderben", damit wenigstens sein Geist gerettet würde; er sollte die Ungeheuerlichkeit dessen erkennen, was er getan hatte. Die Züchtigung erfolgte nicht nur zur Strafe, sondern mehr noch zur Wachrüttelung des Mannes; das Urteil wurde nicht kalt und grausam vollstreckt, sondern voller Schmerz wie über jemand, der gestorben ist. Hinter allen Strafen und aller Zucht steht in der Frühkirche die Absicht, daß der Sünder durch die Strafe zu einem wirklichen Menschen werden soll.
Das Bild, in das Paulus in den Versen 6—8 seinen Rat kleidet, ist ganz und gar dem jüdischen Vorstellungsbereich entnom-

men. Mit wenigen Ausnahmen verkörpert der Sauerteig im jüdischen Schrifttum stets einen bösen Einfluß. Beim Sauerteig handelt es sich um einen Teigrest, der vom Backtag zuvor aufgehoben worden war und der infolgedessen in Gärung geriet; Gärung aber war für die Juden gleichbedeutend mit Fäulnis und Verwesung. Und so sprach man vom Sauerteig, wenn man an verderbliche Einflüsse dachte. Zum Passahfest wurde ungesäuertes Brot gebacken (2. Mose 12, 15 ff.; 13, 7); ja, am Tage vor Beginn des Passahfestes mußten die Juden – so verlangte es das Gesetz – ein Licht anzünden und bei dessen Schein das Haus nach Sauerteig durchsuchen, wobei auch der letzte Rest Sauerteig aus dem Haus zu verschwinden hatte – eine Forderung, die auch in dem Bild von der Suche Gottes in Zephanja 1, 12 erscheint. (Beiläufig sei dazu bemerkt, daß diese Suche am 14. April stattfand und daß man darin u. a. den Ursprung des Frühjahrsputzes erblicken kann.) Paulus benutzt das Bild, um zu sagen, daß unser Osterlamm ja schon für uns geopfert ist, nämlich Jesus Christus; wie Gott die Israeliten aus Ägypten befreit hat, so hat er uns durch sein Opfer von Sünde freigemacht. Darum, so fährt Paulus fort, müssen wir auch den letzten Rest an Bösem aus unserem Leben beseitigen. Wer schlechte Einflüsse in die Gemeinde eindringen läßt, der kann dadurch die ganze Gemeinschaft verderben, so wie der Sauerteig den ganzen Teig durchdringt. Es geht auch uns an. Zuweilen muß um der Gemeinde willen Zucht geübt werden; nicht immer empfiehlt es sich, die Augen vor Verstößen zu verschließen. Gift muß beizeiten beseitigt werden, wie Unkraut, bevor es sich überall ausbreitet. Worum es bei Züchtigungen geht, sehen wir hier: nicht der Befriedigung dessen, der sie ausübt, dienen sie; sie sollen vielmehr stets den, der gesündigt hat, bessern, und sie geschehen damit zugleich um der Gemeinde willen. Nicht Vergeltung, sondern heilsame Fürsorge soll darin zum Ausdruck kommen.

DIE KIRCHE UND DIE WELT

1. Korinther 5, 9–13

Ich habe euch geschrieben in dem Briefe, daß ihr nichts sollt zu schaffen haben mit den Unzüchtigen. Das meine ich nicht insgemein von den Unzüchtigen in dieser Welt oder den Geizigen oder Räubern oder Götzendienern; sonst müßtet ihr ja die Welt räumen. Vielmehr schrieb ich euch: ihr sollt nicht mit einem zu schaffen haben, der sich läßt einen Bruder nennen und ist ein Unzüchtiger oder ein Geiziger oder ein Götzendiener oder ein Lästerer oder ein Trunkenbold oder ein Räuber; mit dem sollt ihr auch nicht essen. Denn was gehen mich die draußen an, daß ich sie sollte richten? Habt ihr nicht, die drinnen sind, zu richten? Gott aber wird, die draußen sind, richten. Tut ihr selbst von euch hinaus, wer da böse ist.

Hier erfahren wir, daß Paulus schon einen Brief an die Korinther geschrieben hat, in dem er sie dringend gebeten hatte, die Gemeinschaft mit bösen Menschen zu meiden. Er hatte dies im Hinblick nur auf solche Gemeindemitglieder gemeint, die wegen ihrer Schlechtigkeit dadurch gezüchtigt werden sollten, daß man sie aus der Gemeinde auswies, bis sie sich gebessert hätten. Diese Aufforderung hatten einige Korinther als ein allgemeines Verbot verstanden, mit schlechten Menschen umzugehen, was natürlich nur bei völligem Rückzug aus der Welt hätte eingehalten werden können. In einer Stadt wie Korinth war es schlechterdings unmöglich, ein normales Leben zu führen, ohne im Alltag mit Menschen zusammenzukommen, deren Lebensweise die Kirche verurteilte. Das aber hatte Paulus natürlich nicht gemeint. Er hätte Christen niemals empfohlen, sich aus der Welt zurückzuziehen; der christliche Glaube war für ihn etwas, was in der Welt gelebt sein wollte. „Gott weiß nichts von einer Religion der Einsiedler", hat einmal jemand gesagt. Dem hätte Paulus ohne weiteres zugestimmt.

Interessant ist, welche drei Sünden Paulus als typisch für die Welt bezeichnet. Er nennt drei Gruppen von Menschen:

1. Da waren einmal die Unzüchtigen mit ihrer laxen Moral. Nur der christliche Glaube schützt die Reinheit der Menschen. Die eigentliche Ursache der Sittenlosigkeit, besonders der auf sexuellem Gebiet, ist in der falschen Ansicht zu sehen, der Mensch sei letztlich eine Art Tier und müsse die Leidenschaften und Triebe, die er mit diesem gemein habe, wahllos ausleben; der andere ist für derartige Menschen nur ein Mittel zur eigenen Lustbefriedigung. Nach christlicher Auffassung dagegen sind die Menschen Kinder Gottes und damit Geschöpfe, die zwar in der Welt leben, jedoch ständig über sie hinausblicken, Menschen, die ihr Leben nicht nur von leiblichen Bedürfnissen beherrschen lassen, sondern die auch einen verantwortlichen Geist haben. Wenn die Menschen sich und

die anderen als Söhne und Töchter Gottes betrachten, dann würde automatisch die moralische Laxheit verschwinden.

2. Da waren zum andern die Geizigen und die Räuber, die nach den Gütern der Welt gierten. Auch diesem Ungeist vermag nur der christliche Glaube zu widerstehen. Wenn wir alles nur nach materiellen Gesichtspunkten beurteilen, dann besteht kein Grund, nicht auch den Maßstab unseres persönlichen Interesses, unseres Eigennutzes anzulegen, dann ist nicht einzusehen, weshalb wir nicht alles daran setzen sollten, selbst so viel wie möglich zu bekommen. Der christliche Glaube jedoch hat andere Maßstäbe. Er erfüllt die Menschen mit einem Geist, der sie auf andere, nicht auf sich selbst blicken läßt, und macht die Liebe zum höchsten Wert und das Dienen zur größten Ehre. Nicht Nehmen, sondern Geben erfüllt alle diejenigen mit Freude, in deren Herzen die Liebe Gottes wohnt.

3. Da war zum dritten der Götzendienst. Die moderne Parallele zum Götzendienst ist der Aberglaube. Es kann kaum Zeiten gegeben haben, die stärker an Amuletten, Talismanen, Glücksbringern u. dgl., an Astrologie und Horoskopen interessiert waren als unsere so „aufgeklärte" Zeit. Das hat einen einfachen Grund: Irgend etwas braucht der Mensch, was er anbeten kann. Und wer nicht den wahren Gott anbetet, der betet eben Glücksgötter aller Art an. Wenn der Glaube schwach wird, nimmt der Aberglaube zu.

Diese drei Sünden sind repräsentativ für die Richtungen, in denen der Mensch sündigt:

a) Mit der Sünde der Unzucht versündigen wir uns an und gegen uns selbst. Wer ihr verfällt, stellt sich damit auf eine Stufe mit den Tieren; er versündigt sich gegen das Licht in ihm und gegen das Höchste, das er kennt. Er läßt seine schlechtere Natur über seine bessere siegen und beraubt sich damit seiner Menschenwürde.

b) Habgier und Geiz sind Sünden, die sich gegen unsere Nächsten und unsere Mitmenschen richten. Wer diesen Sünden verfällt, betrachtet die anderen als Personen, die man ausbeuten muß, statt daß man ihnen hilft; er vergißt, daß wir unsere Liebe zu Gott nur dadurch beweisen können, daß wir unseren Nächsten lieben wie uns selbst.

c) Mit der Sünde des Götzendienstes versündigen wir uns gegen Gott. Wer dieser Sünde verfällt, läßt andere Dinge den Platz Gottes an sich reißen; er gibt den wahren Gott um falscher Götter willen preis, statt Gott den ersten und einzigen Platz einzuräumen.

Paulus sagt, wir sollten prinzipiell nicht jene richten, die außerhalb der Kirche stehen. „Die draußen" ist ein jüdischer Ausdruck für alle, die nicht zum auserwählten Volk gehörten. Sie zu richten, sollen wir Gott überlassen, der allein die Herzen der Mensch kennt. Wer jedoch zur Gemeinde gehört, hat damit nicht ein Vorrecht, sondern eine große Verantwortung; er hat freiwillig Pflichten übernommen, er hat sich Christus verpfändet, weshalb er im Hinblick darauf, wie er den abgelegten Eid einhält, auch in Frage gestellt werden kann.
So bildet denn der eindeutige Befehl „Tut ihr selbst von euch hinaus, wer da böse ist" den Schluß dieses Abschnittes (als ein Zitat nach 5. Mose 17, 7 und 24, 7). Es gibt Zeiten, in denen Geschwüre entfernt und drastische Maßnahmen zur Vermeidung von Ansteckungen ergriffen werden müssen. Weder die Freude an strengen Geboten noch gar der Wunsch, jemanden zu verletzen oder Macht zu demonstrieren, veranlassen Paulus, so zu sprechen, sondern allein der Wunsch des Seelsorgers, seine junge, noch unmündige Gemeinde vor der drohenden Ansteckungsgefahr der Welt zu beschützen.

DIE TORHEIT DER GERICHTE

1. Korinther 6, 1—8

Wie darf jemand unter euch, wenn er einen Streit hat mit einem andern, sein Recht suchen vor den Ungerechten und nicht vor den Heiligen? Wisset ihr nicht, daß die Heiligen die Welt richten werden? Wenn nun die Welt soll von euch gerichtet werden, seid ihr dann nicht gut genug, geringe Sachen zu richten? Wisset ihr nicht, daß wir über Engel richten werden? Wieviel mehr über die zeitlichen Güter. Ihr aber, wenn ihr über zeitlichen Gütern rechnet, so nehmt ihr solche, die in der Gemeinde nichts gelten, und setzt sie zu Richtern. Euch zur Schande muß ich das sagen. Ist so gar kein Weiser unter euch, auch nicht e i n e r, der da könnte richten zwischen Bruder und Bruder? Sondern ein Bruder rechtet mit dem andern, dazu vor den Ungläubigen! Es ist ja schon ein Mangel an euch, daß ihr miteinander rechtet. Warum lasset ihr euch nicht lieber Unrecht tun? Warum lasset ihr euch nicht lieber übervorteilen? Statt dessen tut ihr Unrecht und übervorteilt, und das an Brüdern!

In diesem Abschnitt befaßt Paulus sich mit einem Problem, das vor allem die Griechen betraf. Die Juden gingen gewöhnlich nicht vor öffentliche Gerichte, sondern bereinigten ihre Rechtsfragen vor den Ältesten des Dorfes oder den Ältesten der Synagoge, weil Rechtssprechung für sie etwas war, was möglichst im privaten Bereich vor sich gehen sollte; ja, das Gesetz verbot den Juden sogar ausdrücklich, vor nichtjüdische Gerichte zu gehen, weil man das für eine Gotteslästerung gegenüber dem Gesetz Gottes hielt. Anders verhielt es sich bei den Griechen, die von Haus aus prozeßsüchtig waren. Gerichtsverhandlungen zählten zu ihren Hauptvergnügungen; „vor Gericht gehen" gehörte zum griechischen Leben einfach dazu. Wir wissen, welche überragende Rolle die Gerichtshöfe im Leben der Bürger Athens spielten. Die Situation in Korinth unterschied sich gewiß nicht allzusehr von der in Athen. Der erste Versuch, Streitfälle beizulegen, erfolgte vor privaten Schiedsrichtern; dabei wählte jede Partei einen Schiedsrichter und ein dritter, unparteiischer, wurde durch Absprache zwischen den Parteien bestimmt. Konnte der betreffende Fall auf diese Weise nicht beigelegt werden, ging man vor das Gericht der Vierzig, von wo die Angelegenheit an einen Öffentlichen Schiedsrichter verwiesen wurde. Öffentliche Schiedsrichter konnten alle Bürger von Athen sein, die mindestens im sechzigsten Lebensjahr standen. Wer von ihnen zum Schiedsrichter gewählt wurde, mußte das Amt ausüben, ob er wollte oder nicht, weil er sonst mit der Entziehung des Wahlrechts bestraft wurde. Konnte zwischen den Parteien auch hier keine Einigung erzielt werden, ging der Fall weiter an ein Gericht, das aus 201 Bürgern in Streitfällen im Werte von unter 500 Münzeinheiten und aus 401 Bürgern bestand, wenn der Streitwert mehr betrug; ja, es gab sogar Streitfälle, bei denen die Gerichte aus 1 000 bis 6 000 Bürgern bestanden. Als Entschädigung erhielten die Geschworenen, die übrigens über 30 Jahre alt sein mußten, pro Tag 3 Obolen, das sind umgerechnet etwa 40 Pfennige. Die Bürger, die Anspruch auf das Geschworenenamt hatten, pflegten sich in der Frühe zu versammeln; die Zuweisung zu den einzelnen Prozessen erfolgte dann durch das Los. Es läßt sich also unschwer erkennen, daß in den griechischen Städten sämtliche Männer mehr oder weniger Sachverständige in Rechtssachen waren und einen großen Teil ihrer Zeit damit zubrachten, bei Prozessen zuzuhören oder mitzuentscheiden. Die Griechen waren berühmt, ja berüchtigt wegen ihrer Prozeßsucht. Es war daher keineswegs ungewöhnlich, daß diese ihre Neigung sich auch in den

christlichen Gemeinden bemerkbar machte. Für einen Mann jüdischer Herkunft wie Paulus war dies freilich eine empörende Angelegenheit, die aufgrund seiner christlichen Grundsätze für ihn nur noch abstoßender wurde.
„Wie kann jemand sein Recht vor den Ungerechten suchen?" fragte er.
Die Sache wurde für Paulus nur noch grotesker dadurch, daß nach der Vorstellung vom künftigen Zeitalter des Heils dem Messias beim Ausüben seiner Herrschaft und beim Richten der Völker die Heiligen zur Seite stehen werden. Im Buch der Weisheit heißt es: „Sie werden die Heiden richten und herrschen über Völker" (3, 8). Und im apokryphen Buch Henoch las man: „Ich will in ein helles Licht die hinausführen, die meinen heiligen Namen lieben, und ich werde jeden einzelnen auf den Thron seiner Ehre setzen" (Hen. 108, 12). Daher fragt Paulus: „Wenn ihr, als Christen, am letzten großen Gericht über die Welt beteiligt sein sollt, wenn sogar die höchsten Geschöpfe, die gefallenen Engel, eurem Gericht unterstehen werden, wie könnt ihr es dann verantworten, in euren eigenen Streitsachen heidnische Menschen zu Rate zu ziehen?"
„Wenn Streitigkeiten", so sagt er weiter, „dann solltet ihr diese wenigstens innerhalb der Gemeinde austragen, und zwar ohne viel Aufhebens; im übrigen solltet ihr euch mit derartigem Alltagsgezänk nicht lange aufhalten.
Und dann kommt Paulus auf etwas Grundsätzliches zu sprechen. Vor Gericht zu gehen, insbesondere, wenn es sich um einen christlichen Bruder handelt, heißt alle christlichen Verhaltensmaßstäbe fallenlassen. Schon Jahrhunderte zuvor hatte Plato gesagt, gute Menschen würden sich lieber Unrecht zufügen lassen als selbst Unrecht tun. Wer auch nur eine Spur von der Liebe Christi besitzt, wird lieber Beleidigungen, Niederlagen und Nachteile in Kauf nehmen, als versuchen, sie jemand anderem zuzufügen — zumal, wenn der Betreffende sein Bruder ist. Sich rächen oder versuchen, sich zu rächen, ist unchristlich. Als Christen sollten wir uns nicht auf den bloßen Rechtsstandpunkt stellen und etwa auf Entschädigung bestehen, sondern unsere Beziehungen zu den Mitmenschen im Geist jener Liebe regeln, der uns veranlaßt, in Frieden mit unserem Bruder zu leben.

1 Korinther 6, 9–11

Wisset ihr nicht, daß die Ungerechten werden das Reich Gottes nicht ererben? Lasset euch nicht irreführen! Weder die Unzüchtigen noch die Götzendiener noch die Ehebrecher noch die Weichlinge noch die Knabenschänder noch die Diebe noch die Geizigen noch die Trunkenbolde noch die Lästerer noch die Räuber werden das Reich Gottes ererben. Und solche sind euer etliche gewesen. Aber ihr seid abgewaschen, ihr seid geheiligt, ihr seid gerecht geworden durch den Namen des Herrn Jesus Christus und durch den Geist unsres Gottes.

Hier nennt Paulus einen Sündenkatalog, der eine Illustration jener verderbten Zivilisation darstellt, aus deren Mitte die Gemeinde zu Korinth erwuchs. Indem wir uns vergegenwärtigen, in welcher Umwelt die Christen der Frühkirche lebten, erkennen wir zugleich, wie wenig die menschliche Natur sich seither verändert hat.

Es gab Unzüchtige und Ehebrecher. Wie bereits festgestellt, war Laxheit in geschlechtlichen Dingen Bestandteil des heidnischen Lebens, während die Tugend der Keuschheit so gut wie unbekannt war. Das in diesem Zusammenhang verwendete griechische Wort für Unzüchtige bezeichnet einen besonders unerfreulichen Sachverhalt; pornoi waren nämlich männliche Prostituierte.

Es gab Götzendiener. Der größte Tempel Korinths war, wie wir sahen, der Liebesgöttin Aphrodite geweiht. Anbetung und Sittenlosigkeit florierten dort Seite an Seite. An diesem Götzendienst wird uns klar, was geschieht, wenn wir versuchen, Religion zu einer bequemen oder gar lustvollen Sache zu machen. Die hier verwendeten Idole waren zunächst nicht Götter, sondern nur Symbole für diese, die dazu dienten, die Anbetung zu erleichtern, indem ihre Gegenwart sinnbildlich durch einen Gegenstand dargestellt wurde. Sehr bald jedoch schon beteten die Menschen nicht mehr den hinter diesem Abbild stehenden Gott, sondern das Abbild selbst an. Daß Menschen Symbole anbeten statt die dahinterstehende Realität, ist eine ständige Gefahr auch unseres Lebens.

Es gab Weichlinge, malakoi, wörtlich soviel wie weibische, verzärtelte Menschen, die ein Luxusleben führen und ihre Männlichkeit eingebüßt haben. Auf der Insel der Kirke befanden der Sage nach Odysseus und seine Männer sich in einem Land, in dem besondere Lotosblumen wuchsen: wer davon aß, vergaß die Heimat und die, die er liebte, und hatte nur den Wunsch, auf immer „im Lande des ewigen Nachmittages" zu leben. So ergeht es auch den Weichlingen, denen alle hart erkämpften Freuden nichts bedeuten.

Es gab D i e b e und R ä u b e r, die eine Plage der Antike darstellten, zumal es nicht schwer war, in die Häuser einzubrechen. Die Räuber betätigten sich vor allem in den öffentlichen Bädern und in den Gymnasien, wo sie den Badenden oder den sportlich sich Betätigenden die Kleider stahlen. Besonders beliebt war das Kidnappen von Sklaven mit besonderen Fähigkeiten. Die damalige Gesetzgebung zeigt, wie ernst dieses Problem war. Auf drei Arten des Diebstahls stand die Todesstrafe: 1. auf Diebstähle im Werte von über 50 Drachmen (umgerechnet etwa 50 Mark); 2. auf Diebstähle bis zum Wert von 10 Drachmen, sofern sie in Bädern, Gymnasien und Häfen begangen wurden; 3. auf alle bei Nacht begangenen Diebstähle. Die Christen lebten inmitten einer diebischen Bevölkerung.

Es gab T r u n k e n b o l d e, Menschen, die übermäßig und unbeherrscht tranken. In der Antike tranken in Griechenland selbst Kinder Wein; A k r a t i s m a, das Frühstück, bestand aus Brot, das in Wein getaucht wurde. Daß allgemein Wein getrunken wurde, hing natürlich mit der unzulänglichen Wasserversorgung zusammen. Normalerweise waren die Griechen mäßige Trinker, die drei Teile Wein mit zwei Teilen Wasser mischten. In Korinth jedoch wimmelte es von Trunkenbolden.

Es gab G e i z i g e und R ä u b e r. In beiden Fällen stehen hierfür interessante griechische Wörter. Der G e i z i g e ist p l e o n e k t ē s, ein Habgieriger, der immer mehr haben will und nach griechischer Definition auch nach etwas greift, worauf er keinen Anspruch hat. Rücksichtslose Gewinnsucht steckt dahinter, die über bloßen Geiz hinausgeht; trachtet man doch nach Gewinn, um in um so größerem Luxus leben und um so besser seinen Vergnügungen nachgehen zu können. Das mit R ä u b e r übersetzte Wort lautet h a r p a x, ein Wort, mit dem auch die Enterhaken der Schiffe bezeichnet wurden; es kennzeichnet Menschen, die wild entschlossen etwas an sich reißen, wozu sie kein Recht haben.

Es bleibt noch eine widernatürliche Sünde zu behandeln: die H o m o s e x u a l i t ä t. Wie von einem Krebsgeschwür war das Leben zunächst in Griechenland davon erfaßt worden, später auch in Rom. Wie sehr die Antike bis zu Justinians Zeiten von Homoerotik und Homosexualität durchsetzt war, vermögen wir uns kaum vorzustellen. Selbst ein so bedeutender Mann wie Sokrates praktizierte sie in Form der Knabenliebe (Päderastie), und Platos Dialog „Das Gastmahl“, eins der berühmtesten Werke über die Liebe, handelt im wesentlichen von der gleichgeschlechtlichen Liebe. Von den ersten fünfzehn römischen Kaisern frönten vierzehn diesem Laster. Zu dem Zeitpunkt, als dieser Brief geschrieben wurde, war Nero Kaiser. Dieser hatte einen Knaben namens Sporus, den er zuvor hatte kastrieren lassen, nach dem Zeremoniell einer normalen Ehe geheiratet, ihn in feierlichem Zuge in seinen Palast geführt und dort mit ihm als seiner Frau zusammengelebt; in seiner Lasterhaftigkeit hatte er sich weiterhin mit einem Mann namens Pythagoras vermählt und ihn als seinen Ehemann bezeichnet. Nachdem Nero beseitigt war und vorübergehend Otho den Thron bestieg, bestand eine von dessen ersten Taten darin, daß er von Sporus Besitz ergriff. Wesentlich später war es der Name Hadrians, der auf immer mit einem bithynischen Jüngling namens Antonius verknüpft blieb; die beiden waren unzertrennlich. Als der Jüngling starb, erwies Kaiser Hadrian ihm göttliche Ehren, ließ ihm Statuen, Altäre und einen Tempel errichten und benannte einen Stern nach ihm. Zur Zeit der Frühkirche war die Welt also weithin von diesem Laster beherrscht, und es läßt sich kaum bezweifeln, daß darin ein Symptom, wo nicht gar eine der Hauptursachen für den Kulturverfall dieser Epoche zu erblicken ist.

Dem Katalog der Laster, natürlicher wie widernatürlicher, folgt der Ausruf des Paulus: „Und solche sind euer etliche gewesen.“ Der christliche Glaube erweist sich durch die Kraft, die von ihm ausgeht. Aus dem Abschaum der Menschheit vermochte er Menschen zu machen und Kinder Gottes. In Korinth und überall in der Welt lebten Menschen, die lebendige Beweise für die erneuernde Kraft waren, die von Jesus Christus ausging. An dieser Kraft hat sich nichts geändert. Niemand kann sich selbst ändern; wohl aber kann Christus uns zu neuen Menschen machen. Zwischen dem heidnischen und dem christlichen Schrifttum jener Zeit besteht ein bezeichnender Gegensatz. Seneca, ein Zeitgenosse des Paulus, schreibt, die Menschen schrien nach „einer Hand, die sich herablasse, um sie emporzuheben“. „Die Menschen sind sich in geradezu überwältigender Weise ihrer Schwäche in allem, was nottut, bewußt“, heißt es bei ihm; „sie lieben und hassen ihre Laster gleichzeitig.“ Sich selbst nannte er einen homo non tolerabilis, einen „unerträglichen“ Menschen. Das Christentum kam in eine Welt des Verfalls als eine strahlende Kraft, die alles, auch die an sich Verzweifelnden, zu verwandeln und zu erneuern vermochte.

TEUER ERKAUFT

1. Korinther 6, 12–20

Mir ist alles erlaubt, es frommt aber nicht alles. Mir ist alles erlaubt, es soll mich aber nichts gefangennehmen. Die Speise dem Bauche und der Bauch der Speise; aber Gott wird diesen und jene zunichte machen. Der Leib jedoch nicht der Unzucht, sondern dem Herrn, und der Herr dem Leibe. Gott aber hat den Herrn auferweckt und wird auch uns auferwecken durch seine Kraft. Wisset ihr nicht, daß eure Leiber Christi Glieder sind? Sollte ich nun die Glieder Christi nehmen und Hurenglieder daraus machen? Das sei ferne! Oder wisset ihr nicht, daß, wer an der Hure hanget, der ist ein Leib mit ihr? Denn „es werden", sagt die Schrift, „die zwei ein Fleisch sein" (1. Mose 2, 24). Wer aber dem Herrn anhanget, der ist ein Geist mit ihm. Fliehet die Unzucht! Alle Sünden, die der Mensch tut, sind außer seinem Leibe; wer aber Unzucht treibt, der sündigt an seinem eigenen Leibe. Oder wisset ihr nicht, daß euer Leib ein Tempel des heiligen Geistes ist, der in euch ist, welchen ihr habt von Gott, und seid nicht euer eigen? Denn ihr seid teuer erkauft; darum so preiset Gott an eurem Leibe.

In diesem Abschnitt geht Paulus eine ganze Reihe von Problemen an, und er schließt mit den Worten: „Preiset Gott an eurem Leibe!"
Das ist in diesem Abschnitt sein eigentlicher Kampfruf.
Die Griechen der spät- und nachhellenistischen Zeit blickten bekanntlich auf den Leib herab, und sprichwörtlich war die Rede vom Leib als von einem Grab. „Ich bin eine arme, an einen Leichnam gefesselte Seele", sagte Epiktet. Die Seele oder der Geist des Menschen zählte; auf den Körper kam es dabei nicht an. Das konnte zwei verschiedene Verhaltensweisen zur Folge haben: entweder rigorose Askese, bei der alles getan wurde, um die Triebe und Begierden des Leibes zu unterdrükken, oder – und das war in Korinth die vorherrschende Ver-

haltensweise — das genaue Gegenteil. Man glaubte, da der Körper unwichtig sei, könne man mit ihm tun, was man wolle; da es nur auf die Seele ankomme, sei es einerlei, was der Mensch mit seinem Körper mache. Die Lehre von der christlichen Freiheit, die Paulus verkündete, schien die Sache nur noch zu komplizieren. Denn wenn Christen so frei waren wie niemand sonst, konnten sie dann nicht tun, was sie wollten, vor allem im Blick auf den unwichtigen Leib? Die Korinther, die sich für besonders erleuchtet hielten, behaupteten demgemäß, man solle den Körper Körper sein lassen. Aber was hieß das? Der Bauch sei zum Aufnehmen der Speise da und die Speise für den Bauch; Speise und Bauch würden ganz natürlich und zwangsläufig zusammengehören. In der gleichen Weise, so behaupteten sie weiter, sei der Körper dazu da, seinen Trieben zu folgen, er sei für den Geschlechtsakt bestimmt und dieser für ihn; daher solle man den Dingen ihren Lauf lassen. Darauf gibt Paulus eine eindeutige Antwort. Bauch und Speise sind vergänglich. Der Leib dagegen, die Person, der Mensch wird nicht vergehen; er ist dazu geschaffen, eins zu werden mit Christus, in dieser Welt und danach. Der Mensch ist in seiner Gesamtheit mit Christus verbunden. Was also geschieht, wenn die Menschen Unzucht begehen? Sie verschwenden ihren Leib an eine Hure; denn nach der Schrift — Paulus zitiert 1. Mose 2, 24 — heißt es, der Geschlechtsverkehr mache zwei Menschen zu einem Fleisch. Wer rechtmäßig Christus angehört, prostituiert sich, indem er Unzucht betreibt, sagt Paulus, wobei wir bedenken müssen, daß er keine systematische Abhandlung schreibt, sondern feurigen Herzens predigt und an Argumenten anführt, was immer nur der Sache dienlich ist. Er will die Korinther an Leib und Seele retten, und so macht er nachdrücklich geltend, daß es sich bei allen anderen Sünden um solche außerhalb des Leibes handelt, bei der Unzucht dagegen um eine Sünde wider den eigenen d. h. wider den Leib, der eins sein soll mit Christus.

Und dann appelliert er nochmals an die Korinther. Weil der Geist Gottes in uns wohnt, sind wir ein Tempel Gottes, und unser Leib ist heilig. Mehr noch: Christus ist nicht gestorben, um ein Stück vom Menschen, sondern um den ganzen Menschen zu retten; er hat sein Leben hingegeben, um unsere Seele frei und unseren Leib rein zu machen. Weil das so ist, können wir mit unserem Leib nicht tun, was wir wollen. Wir gehören Christus und sollen unseren Leib dazu gebrauchen, um Christus mit ihm zu preisen.

Zwei wichtige Gedanken begegnen uns hier:

1. Paulus betont, daß er, obwohl frei, nicht zulassen wird, daß er von irgend etwas abhängig ist. Das Großartige am christlichen Glauben ist, daß er die Menschen frei macht von der Sünde, nicht aber frei zur Sünde. Wie leicht gewinnen Gewohnheiten oder eine bestimmte Lebensweise die Oberhand! Die Stärke Christi befähigt uns, derartige Zwänge zu meistern. Wer diese christliche Kraft wirklich an sich erfährt, wird nicht zum Sklaven seines Leibes, seiner Triebe und Begierden, sondern zu deren Herrn. Wie oft sagen wir: „Ich werde tun, was mir gefällt", obwohl wir in Wirklichkeit wissen, daß wir nur einer Gewohnheit oder Leidenschaft nachgeben, die uns gepackt hat. Nur wer wirklich die Kraft Jesu Christi in sich hat, kann sagen: „Ich werde tun, was mir gefällt" statt: „Ich werde allem genügen, was Gewalt über mich hat."

2. Nachdrücklich betont Paulus, daß wir nicht unser Eigentum sind. Ein Selfmademan ist im Grunde ein Unding, weil wir nichts zuwege bringen, was wir auch verantworten können. Ein Christ dagegen denkt nicht an seine Rechte, sondern an seine Pflichten. Weil er nicht sich selbst gehört, kann er nicht tun, was ihm gefällt; er muß vielmehr das tun, was Christus gefällt, der ihn mit seinem Leben erkauft hat. –

In dem nun folgenden Teil des Briefes, der mit Kapitel 7 beginnt und mit Kapitel 15 schließt, sucht Paulus eine Reihe von Fragen und Problemen zu klären, von denen die Gemeinde zu Korinth ihm ratsuchend geschrieben hatte. Er beginnt deshalb mit den Worten: „Wovon ihr aber mir geschrieben habt . . ."

In Kapitel 7 befaßt Paulus sich mit einer Reihe von Eheproblemen, und zwar gemäß folgender Fragen, derentwegen die Gemeinde zu Korinth den Apostel um Rat gebeten hatte:

Vers 1 und 2: Rat an alle, die da meinen, Christen sollten überhaupt nicht heiraten.

Vers 3 bis 7: Rat an alle, die darauf drängen, daß auch die Verheirateten sich jeden Geschlechtsverkehrs enthalten sollten.

Vers 8 und 9: Rat an alle Unverheiratete und Witwen.

Vers 10 und 11: Rat an alle, die da meinen, Verheiratete sollten sich trennen.

Vers 12 bis 17: Rat an alle, die der Ansicht sind, daß Ehen bei denen einer der Partner Christ, der andere Heide ist, gelöst werden sollten.

Vers 18 bis 24: Anweisung zu christlicher Lebensführung, einerlei, in welchem Stande die Menschen leben.

Vers 25 und 36—38: Rat, die Jungfrauen betreffend.
Vers 26 bis 35: Ermahnung, sich durch nichts vom Dienst Jesu Christi abbringen zu lassen, weil die Zeit kurz ist und Christus sehr bald wiederkommen wird.
Vers 38 bis 40: Rat an alle, die sich wiederverheiraten möchten.
Bei der Betrachtung dieses ganzen Kapitels müssen wir uns ständig zwei Tatsachen vor Augen halten: 1. Paulus schreibt an die Gemeinde zu Korinth, einer der sittenlosesten Städte der damaligen Welt. Für alle, die in einer derartigen Umgebung lebten, war es weitaus besser, zu streng als zu lasch zu sein. 2. Die Erwartung, daß das neue Kommen Jesu Christi unmittelbar vor der Tür steht, bestimmt alle Antworten des Paulus.
Wenden wir uns jetzt dem Kapitel im einzelnen zu.

VÖLLIGE ASKESE

1. Korinther 7, 1. 2
Wovon ihr aber mir geschrieben habt, darauf antworte ich: Es ist dem Menschen gut, daß er kein Weib berühre. Doch um der Unkeuschheit willen habe ein jeglicher seine eigene Frau, und eine jegliche habe ihren eigenen Mann.

Wie schon erwähnt, läßt sich im griechischen Denken der damaligen Zeit eine starke Tendenz feststellen, den Körper und alles Leibliche zu verachten und, damit verbunden, die Einstellung: „Der Leib ist unwichtig; wir können daher mit ihm machen, was wir wollen, wobei es völlig gleichgültig ist, ob wir all seinen Begierden nachgeben oder nicht." Ebenso konnte diese Tendenz jedoch auch zu dem entgegengesetzten Standpunkt führen, der die Menschen veranlaßte, zu sagen: „Der Leib ist böse. Wir müssen ihn daher unterwerfen und alle natürlichen Triebe des Körpers entweder völlig ausschalten oder, falls das unmöglich ist, ihre Befriedigung verneinen." Mit dieser zweiten Betrachtungsweise befaßt Paulus sich hier. Die Korinther, zumindest einige von ihnen, hatten offenbar die Meinung vertreten, daß alle, die wirkliche Christen sein wollten, nichts mit leiblichen Dingen zu tun haben und demgemäß auch nicht heiraten dürften.
Die Antwort, die Paulus darauf gab, ist eine äußerst praktische Antwort. Er sagt: „Bedenkt, wo ihr lebt! Bedenkt, daß ihr in

Korinth lebt, wo ihr nicht einmal die Straße entlanggehen könnt, ohne daß der Versucher an euch herantritt. Bedenkt eure körperliche Verfassung und die gesunden Triebe, die ihr von Natur aus mitbekommen habt. Es ist daher viel besser, zu heiraten, als der Sünde zu verfallen." Das klingt, als ob Paulus zur Ehe rät, um Schlimmeres zu verhüten; in Wahrheit jedoch trägt er damit den gegebenen Verhältnissen Rechnung und spricht damit eine allgemeingültige Wahrheit aus. Niemand sollte versuchen, ein Leben zu führen, für das er seiner Natur nach sich nicht eignet; niemand sollte einen Pfad einschlagen, auf dem er sich wissentlich Versuchungen aussetzt. Paulus wußte genau, daß nicht alle Menschen gleich sind. „Prüfe dich selbst" sagt er, „und dann entscheide dich für eine Lebensführung, die es dir am ehesten ermöglicht, als Christ zu leben; versuche nicht, nach Maßstäben zu leben, die deiner Natur widersprechen und dir daher möglicherweise schaden können."

DIE EHE ALS PARTNERSCHAFT

1. Korinther 7, 3–7

Der Mann leiste der Frau die schuldige Pflicht, desgleichen die Frau dem Manne. Die Frau ist ihres Leibes nicht mächtig, sondern der Mann. Desgleichen der Mann ist seines Leibes nicht mächtig, sondern die Frau. Entziehe sich nicht eins dem andern, es sei denn mit beider Bewilligung eine Zeitlang, daß ihr zum Beten Ruhe habt; und dann kommt wiederum zusammen, auf daß euch der Satan nicht versuche, weil ihr euch nicht enthalten könnt. Solches sage ich aber als Erlaubnis und nicht als Gebot. Ich wollte wohl lieber, alle Menschen wären, wie ich bin; doch ein jeglicher hat seine eigene Gabe von Gott, einer so, der andere so.

Dieser Abschnitt bezieht sich auf den aus Korinth gekommenen Vorschlag, Menschen, die wirklich Christen sein wollten, sollten sich besser des ehelichen Verkehrs enthalten; darin kommt jene Denkweise zum Ausdruck, derzufolge der Leib etwas Verächtliches und seine Triebe und Begierden minderwertig, ja böse sind. Paulus münzt dies um in das Prinzip der Partnerschaft. Der Ehemann kann nicht unabhängig von der Frau handeln, die Frau nicht unabhängig vom Mann; sie sind

stets aufeinander angewiesen. Der Ehemann soll seine Frau nicht als ein Mittel zur Selbstbefriedigung betrachten, sondern stets die leibliche, seelische und die geistige Seite des ehelichen Verkehrs im Auge haben. Er soll in der Ehe eine Gemeinschaft sehen, in der beide, auch im intimen Leben, Befriedigung und Erfüllung finden. Wohl können die leiblichen Bedürfnisse in Zeiten besonderer Zucht und konzentrierter Gebete beiseitegeschoben werden; doch sollte dies immer nur vorübergehend geschehen, weil sonst eine Situation entsteht, in der unguten Versuchungen die Tür geöffnet wird.
Wieder scheint Paulus den Wert der Ehe zu schmälern, indem er erklärt, seine Empfehlung sei kein Gebot, sondern fuße auf der Schwachheit der Menschen; als Idealzustand würde er es ansehen, wenn alle so wären wie er, d. h. ledig oder nicht mehr verheiratet. Paulus vergegenwärtigt sich dabei, daß er als verheirateter Mann ein so unstetes Leben, wie er es führte, niemals hätte leben können. Sein Wunsch, daß andere im Idealfall es wie er machen sollten, ist dabei auf den Umstand zurückzuführen, daß er damals die baldige Wiederkunft Jesu Christi erwartete; die verbleibende Zeit erschien ihm so kurz, daß alle irdischen Bande und alles Leibliche als belanglos dahinter zurückzustehen hatten. Paulus schätzt also die Ehe als solche nicht etwa gering; wohl aber betont er, daß die Menschen vorrangig daran denken sollten, sich auf das Kommen Jesu Christi vorzubereiten.

DAS BAND, DAS NICHT ZERRISSEN WERDEN SOLLTE

1. Korinther 7, 8–16

Den Ledigen und Witwen sage ich: Es ist ihnen gut, wenn sie auch bleiben wie ich. Wenn sie aber sich nicht können enthalten, so laß sie freien; es ist besser freien als von Begierde verzehrt werden.
Den Ehelichen aber gebiete nicht ich, sondern der Herr, daß die Frau sich nicht scheide von dem Manne – hat sie sich aber geschieden, soll sie ohne Ehe bleiben oder sich mit dem Manne versöhnen – und daß der Mann die Frau nicht von sich schicke. Den andern aber sage ich, nicht der Herr: Wenn ein Bruder eine ungläubige Frau hat und sie ist willig, bei ihm zu wohnen, der scheide sich nicht von ihr. Und wenn eine Frau einen ungläubigen Mann hat, und er ist willig, bei ihr zu woh-

nen, die scheide sich nicht von ihm. Denn der ungläubige Mann ist geheiligt durch die Frau, und die ungläubige Frau ist geheiligt durch den gläubigen Mann. Sonst wären eure Kinder unrein; nun aber sind sie heilig. Wenn aber der Ungläubige sich scheiden will, so laß ihn sich scheiden. Es ist der Bruder oder die Schwester nicht gebunden in solchen Fällen. Zum Frieden hat euch Gott berufen. Denn was weißt du, Frau, ob du den Mann werdest retten können? Oder du, Mann, was weißt du, ob du die Frau werdest retten können?

In diesem Abschnitt ist von drei verschiedenen Kategorien von Menschen die Rede:

1. Er handelt von den Ledigen und den Witwen. In einer Zeit, die, wie Paulus glaubte, ihrem baldigen Ende entgegeneilte, hielt er es für besser, daß jene blieben, wie sie waren. Doch gleichzeitig warnt er sie, sich Versuchungen auszusetzen, die gefährlich sein können; wenn sie von Natur aus leidenschaftlich seien, täten sie besser, zu heiraten. Der Apostel war sich klar darüber, daß eines nicht für alle gilt; die Entscheidung richtet sich jeweils nach der Anlage der betreffenden Person.
2. Der Abschnitt handelt von den Verheirateten. Paulus verbietet die Ehescheidung aufgrund des entsprechenden Verbotes Jesu Christi (Mark. 10, 9; Luk. 16, 18); wenn es aber trotzdem zu einer Trennung kommt, dann verbietet Paulus die Wiederverheiratung. Uns mag das als eine harte Maßnahme erscheinen; in Korinth jedoch mit seiner versuchlichen Laxheit war es besser, die Maßstäbe so hoch zu halten, daß die Gemeinde vor jedem lockeren Lebenswandel bewahrt blieb.
3. In unserem Abschnitt ist von der Ehe zwischen Gläubigen und Ungläubigen die Rede. Da es hierüber kein ausdrückliches Gebot Jesu gibt, mußte Paulus darüber selbst urteilen. Aus seinen Worten ersehen wir, daß es in der Korinther Gemeinde Menschen gab, die behaupteten, Gläubige dürften nicht mit Ungläubigen zusammenleben, und wenn ein Ehepartner Christ würde, der andere dagegen heidnisch bleibe, müsse unbedingt eine Trennung erfolgen. Tatsächlich warfen die Heiden den Christen vor, daß ihr Glaube die Familien zerstöre und auflösenden Einfluß auf die Gesellschaft ausübe. „Einmischung in die häuslichen Verhältnisse" gehört zu den ersten gegen die Christen vorgebrachten Vorwürfen. „Wer sind deine Eltern?" fragte ein Richter einst Lukian von Antiochien. „Ich bin Christ", erwiderte dieser, „und die Heiligen sind meine einzigen Verwandten." Zweifellos ergaben sich aus Mischehen

allerlei Probleme. So berichtet der altrömische Kirchenschriftsteller Tertullian von einem heidnischen Ehemann, der seiner christlichen Frau zürnt, weil sie „um ihre Brüder zu besuchen, von Straße zu Straße geht und die Hütten fremder, besonders armer Männer aufsucht . . . Er will ihr nicht gestatten, die Nacht über zu nächtlichen Zusammenkünften und Osterfeierlichkeiten fortzubleiben oder ins Gefängnis zu schlüpfen, um die Fesseln eines Märtyrers zu küssen oder gar mit einem der Brüder Küsse zu tauschen." (In der Frühkirche begrüßten die Christen einander mit dem heiligen Friedenskuß.) Es fällt einem nicht leicht, kein Mitgefühl für den heidnischen Ehemann zu empfinden. Angesichts solcher Konfliktsituationen ging Paulus mit großer praktischer Weisheit an das Problem heran; er kannte die Schwierigkeiten und wollte sie unter keinen Umständen noch verschärfen. So sagt er, wenn die beiden von sich aus bereit seien, zusammenzuleben, dann solle man sie auf jeden Fall gewähren lassen; wenn sie das Zusammenleben jedoch unerträglich fänden, sollten sie sich besser trennen.

Paulus hat uns in diesem Abschnitt sodann zwei wichtige Dinge zu sagen:

1. Er vertritt den Gedanken, daß der ungläubige Ehepartner durch den gläubigen geheiligt werde. Wenn die beiden ein Fleisch werden, dann ist das keine Befleckung; vielmehr gewinnt auch hier die Gnade des christlichen Glaubens die Oberhand. Keiner, der so oder so mit dem Christentum in Berührung kommt, bleibt davon unbeeinflußt. Z. B. wird ein Kind geboren, so wird es in eine Familie hineingeboren, wo einer der Partner Christus gehört. In einer Ehe, in der der eine Partner gläubig, der andere ungläubig ist, kommt der Gläubige nicht mit dem Bereich der Sünde in Berührung, sondern der Ungläubige mit dem der Gnade.
2. Nicht weniger schön ist der Gedanke des Paulus, daß diese Gemeinschaft unter Umständen ein Mittel ist, die Seele des Ungläubigen zu retten. Für Paulus begann die Evangelisation der Menschen daheim; im Ungläubigen soll nicht jemand gesehen werden, der unrein ist und den man meidet, sondern jemand, den es für Gott zu gewinnen gilt. Paulus wußte, was nur zu wahr ist: gerade durch menschliche Liebe gelangen die Menschen oft dahin, auch Gott zu lieben.

GOTT AN DEM PLATZ DIENEN, AN DEN ER UNS GESTELLT HAT

1. Korinther 7, 17—24

Vielmehr wie einem jeglichen der Herr hat zugeteilt, wie einen jeglichen Gott berufen hat, so wandle er. Und so verordne ich's in allen Gemeinden. Ist jemand als Beschnittener berufen, der bleibe bei der Beschneidung. Ist jemand als Unbeschnittener berufen, der lasse sich nicht beschneiden. Beschnitten sein ist nichts, und unbeschnitten sein ist nichts, sondern Gottes Gebote halten. Ein jeglicher bleibe in dem, darin er berufen ist. Bist du als Sklave berufen, sorge dich nicht; doch kannst du frei werden, so ergreife es viel lieber. Denn wer als Sklave berufen ist in dem Herrn, der ist ein Freigelassener des Herrn; desgleichen, wer als Freier berufen ist, der ist ein Knecht Christi. Ihr seid teuer erkauft; werdet nicht der Menschen Knechte. Ein jeglicher, liebe Brüder, worin er berufen ist, darin bleibe er vor Gott.

Hier hält Paulus einen wichtigen Grundsatz christlicher Lebensführung fest: „Sei, wo du auch stehst, ein Christ!" Menschen, die Christen wurden, mögen oft den Wunsch gehabt haben, ihre derzeitige Beschäftigung aufzugeben und den Kreis, in dem sie sich bislang bewegt hatten, zu verlassen, um ganz neu anzufangen. Hier jedoch betont Paulus ausdrücklich, daß es nicht Sache des christlichen Glaubens sei, die Menschen aus ihrem bisherigen Leben herauszureißen, sondern vielmehr, ihr Leben zu erneuern. Die Juden sollten Juden bleiben, die Heiden Heiden; Herkunft und rituelle Merkmale der Herkunft spielen keine Rolle, wohl aber die Art der Lebensführung. Lange zuvor hatten bereits die kynischen Wanderprediger betont, daß wahre Menschen ihrer Natur nach keine Sklaven sein könnten, auch wenn ihr Status dem entspreche, und daß der niemals frei sei, der innerlich Sklave bleibe. Paulus erinnert die Korinther daran, daß die Menschen, einerlei, ob sie Freie oder Sklaven sind, in jedem Fall Knechte Christi seien und als solche teuer erkauft sind.

Der Apostel denkt in diesem Zusammenhang daran, daß damals für Sklaven immerhin die Möglichkeit bestand, sich die Freiheit zu erkaufen, und zwar auf folgende Weise: in ihrer kargen Freizeit durften sie anderen Beschäftigungen nachgehen und ein paar Pfennige verdienen, die sie, weil ihre Herren Anspruch darauf erheben konnten, nach Möglichkeit im Tempel irgendeines Gottes deponierten. Manchmal gelang es ihnen auf diese Weise, nach jahrelanger mühseliger Arbeit den vollständigen Kaufpreis zu erstellen. In solchem Falle bat der betreffende Sklave seinen Herrn, mit ihm zusammen den Tempel aufzusuchen, wo der Priester dem Herrn das Geld aushändigte; dadurch wurde der Sklave sozusagen Eigentum des Gottes und damit frei als Mensch. Dieser Gedanke ging Paulus durch den Kopf, als er sagt, Christus habe die Christen erkauft; diese seien infolgedessen sein Eigentum und damit unbeschadet ihrer rechtlichen und sozialen Stellung Freigelassene des Herrn.

Ausdrücklich betont Paulus: Der christliche Glaube bewirkt nicht, daß der Mensch mit den gegebenen Verhältnissen unzufrieden wird und über die Stränge schlägt, sondern daß er sich, wo immer sein Platz sein mag, als Knecht Jesu Christi aufführt. Alles, was und wo immer wir es tun – und sei es die niedrigste Arbeit –, geschieht nicht um der Menschen, sondern um Christi willen.

KLUGER RAT IN EINER SCHWIERIGEN ANGELEGENHEIT

1. Korinther 7, 25. 36–38

Über die Jungfrauen habe ich kein Gebot des Herrn; ich sage aber meine Meinung, als der ich die Barmherzigkeit erlangt habe von dem Herrn, sein Getreuer zu sein . . .

Wenn aber jemand sich läßt dünken, es wolle übel geraten mit seiner Jungfrau, weil sie mannbar ist, und es kann nicht anders sein, so tue er, was er will; er sündigt nicht, er lasse sie freien. Wenn einer aber in seinem Herzen fest steht, der nicht unter Zwang ist und seinen freien Willen hat, und beschließt in seinem Herzen, seine Jungfrau ledig bleiben zu lassen, der tut wohl. Demnach, welcher seine Jungfrau verheiratet, der tut wohl; welcher sie aber nicht verheiratet, der tut besser.

Obwohl Vers 25 bis 38 ein Ganzes bilden, zerfallen sie in Wirklichkeit in zwei Teile, die wir am besten getrennt behandeln. In den Versen 25 und 36–38 ist von den Jungfrauen die Rede, während in den dazwischenliegenden Versen insgesamt ein Rat begründet wird, der das ganze Kapitel durchzieht. Der Abschnitt über die Jungfrauen hat drei verschiedene Erklärungen erfahren: 1. Man sah darin zunächst ganz schlicht einen Rat an Väter bezüglich der Verheiratung ihrer unverheirateten Töchter. 2. Man deutete diesen Abschnitt im Blick auf ein Problem, das später noch manchem Kirchenkonzil zu schaffen machte und das sich daraus ergab, daß manche Männer und Frauen zusammenlebten, ohne daß es zu geschlechtlichen Beziehungen zwischen ihnen kam. Hinter diesem problematischen Verhalten stand der Gedanke, daß es besonders verdienstlich sei, sich derart in der Gewalt zu haben, daß man eine innige Gemeinschaft führen könne, ohne daß es zu körperlichen Beziehungen komme. Frauen, die in dieser Weise mit Männern zusammenlebten, hießen später „Jungfrauen des Mannes". Es kann durchaus sein, daß es in der Gemeinde zu Korinth damals bereits zu dieser Sitte gekommen war. In diesem Fall sagt Paulus: „Wer mit solch einer belastend verführerischen Situation fertig wird, wer genug Selbstdisziplin und Beherrschung aufbringt, der soll es tun, und dessen Entscheidung ist besser als eine andere; wer es jedoch versucht und feststellt, daß er damit überfordert wäre, der soll es lassen und heiraten; das ist keine Schande, sondern in diesem Falle sogar gut." 3. Neben dieser Auslegung weist eine weitere darauf hin, daß es in Korinth Männer und Frauen gegeben habe, die zwar äußerlich die Ehe nach Brauch und Sitte eingegangen waren, jedoch beschlossen hatten, sie nicht zu vollziehen, um sich ganz dem geistlichen Leben widmen zu können. Oft seien sie dann hinterher zu der Erkenntnis gelangt, mit solch einer Lebensführung überfordert zu sein. Ihnen sagt Paulus: „Wer sein Gelübde halten kann, tut gut daran; wer es jedoch nicht kann, soll das offen zugeben und normale Beziehungen aufnehmen."

Was auch immer die konkreten Anfechtungen und Probleme in Korinth gewesen sein mögen, in der gegebenen Situation war der Rat des Paulus voller Weisheit. Er sagt in Wirklichkeit dreierlei:

1. Selbstzucht und Enthaltsamkeit sind ausgezeichnet; alles, was dazu dient, sich selbst zu zähmen, sich vollständig in der Gewalt zu haben, ist gut für den inneren Menschen. Dennoch dürfen wir nicht vergessen, daß es keineswegs Christenpflicht ist, alle natürlichen Triebe und Leidenschaften zu unterdrücken oder aus unserem Leben ausklammern zu wollen. Es kommt vielmehr darauf an, daß wir als Christen lernen, sie zum Ruhme Gottes zu gebrauchen.

2. Paulus sagt hier weiterhin: „Euer Glaube soll nichts Unnatürliches sein." Fehler in dieser Richtung begehen letzten Endes alle Mönche, Einsiedler und Nonnen, die bewußt ein abnormes Leben leben und es für nötig halten, daß der Mensch seine natürlichen Gefühle unterdrückt, um ein wahrhaft religiöses Leben führen und Gott dienen zu können. Dabei sollten wir nie vergessen, daß es keineswegs der Sinn des christlichen Glaubens ist, mit dem normalen Leben zu brechen, sondern vielmehr, gerade unseren Alltag zum Ruhme Jesu Christi zu gestalten.

3. Schließlich sagt Paulus noch: „Euer Glaube soll kein Krampf und keine Qual sein." Der Glaube soll keine Heimsuchung für die Menschen darstellen, sondern eine Hilfe. Niemand braucht sich des Körpers, den Gott ihm gab, zu schämen, auch nicht seines Herzens, seiner Triebe und natürlichen Leidenschaften; denn Gott hat uns mit alledem geschaffen. Gerade das Christentum lehrt uns, wie wir uns ihrer, statt sie zu unterdrücken, in einer Weise bedienen können, die uns läutert und unsere Liebe adelt.

DIE ZEIT IST KURZ

1. Korinther 7, 26–35

So meine ich nun, solches sei gut um der kommenden Not willen – es sei dem Menschen gut, ledig zu sein. Bist du an eine Frau gebunden, so suche nicht, von ihr loszukommen; bist du los von der Frau, so suche keine Frau. Wenn du aber doch freist, sündigst du nicht, und wenn eine Jungfrau freit, sündigt sie nicht; doch werden sie leibliche Trübsal haben. Ich aber schonte euch gerne. Das sage ich aber, liebe Brüder: Die Zeit ist kurz. Fortan müssen auch die da Frauen haben, sein, als hätten sie keine; und die da weinen, als weinten sie nicht; und die sich freuen, als freuten sie sich nicht; und die da kaufen, als besäßen sie es nicht; und die diese Welt gebrauchen, als gebrauchten sie sie nicht. Denn das Wesen dieser Welt vergeht. Ich möchte aber, daß ihr ohne Sorge seid. Wer ledig ist, der sorgt um des Herrn Sache, nämlich wie er dem Herrn gefalle; wer aber gefreit hat, der sorgt um die Dinge der Welt, nämlich wie er der Frau gefalle, und so ist er geteilten Herzens. Und die Frau, die keinen Mann hat, und die Jungfrau sorgt um des Herrn Sache, nämlich daß sie heilig sei am Leib und auch am Geist; die aber gefreit hat, die sorgt um die Dinge der Welt, nämlich wie sie dem Manne gefalle. Solches aber sage ich zu eurem eigenen Nutzen; nicht, daß ich euch einen Strick um den Hals werfe, sondern dazu, daß es fein zugehe und ihr stetig und unverhindert dem Herrn dienen könnt.

Man mag in mancher Hinsicht bedauern, daß Paulus das Kapitel nicht mit diesem Abschnitt begonnen hat; kommt er hier doch auf den eigentlichen Kern der Sache zu sprechen. Das Bisherige könnte den Eindruck in uns erweckt haben, als ob Paulus die Ehe herabsetze; immer wieder klang es an, als ob diese für ihn nur ein Zugeständnis sei an die Menschen, damit Unzucht und Ehebruch vermieden würden, als ob Verheiratetsein sozusagen nur das Zweitbeste sei. Wir haben demgegenüber festgestellt, daß die Ehe bei den Juden hochgeschätzt war, ja als heilige Pflicht galt. Nach der jüdischen Tradition gab es nur e i n e n Grund, nicht zu heiraten: das Studium des Gesetzes. So fragt Rabbi ben Azai: „Weshalb sollte ich heiraten? Ich liebe das Gesetz. Mögen um den Fortbestand der Menschen sich andere kümmern." Auch in der griechischen Antike kannte man solche Ehelosigkeit. So blieb zum Beispiel der Stoiker Epiktet unverheiratet, weil er meinte, als Lehrer der Welt weit mehr dienen zu können, als wenn er zwei oder drei „rotznasige Bälger" (wie er sich ausdrückte) in die Welt gesetzt hätte. „Wie kann man", so fragte er, „von jemand, dessen Aufgabe es ist, die Menschheit zu lehren, erwarten, daß er nach einem Gefäß sucht, in dem das Badewasser für den Säugling warm gemacht werden kann?" Dieser esoterische Standpunkt entsprach jedoch in keiner Weise dem der normalen Juden und auch nicht dem der Christen. Was Paulus hier sagt, darf deshalb nicht unter solchen Gesichtspunkten, muß vielmehr im Zusammenhang mit dem gesehen werden, was er später an die Epheser schrieb. Dort wird die Beziehung zwischen Mann und Frau als ein Symbol gedeutet, als ein Zeichen für das Verhältnis zwischen Christus und der Gemeinde (Eph. 5, 22—26). In dem Brief an die Korinther liegt der Akzent auf dem Satz: „Die Zeit ist kurz." Die wichtigsten menschlichen Aufgaben und die innigsten Beziehungen mußten daher aufgegeben werden, wenn sie der Vorbereitung auf das Kommen Christi hinderlich waren. Wenn Christus die Menschen gehen hieß, durfte keine Bindung sie davon abhalten; es durfte ihnen nur darum gehen, ihrem Herrn zu gefal-

len. Unter diesem Aspekt stellen die Ausführungen des Apostels keine Abwertung der Ehe, wohl aber eine Relativierung aller „Dinge der Welt" dar.
Innerhalb ihrer Ordnungen stellt die Ehe einen sehr hohen Wert dar; bewirkt sie doch zweierlei: sie ist der gegebene Ort, um ein christliches Leben zu führen (leider auch der Ort, an dem die Menschen sich häufig gehen lassen, an dem sie sich für berechtigt halten, liebe Menschen in einer Weise zu behandeln, wie sie es mit Fremden niemals wagen würden); sie ist ferner der Ort, der uns, wenn sie intakt ist, jene Geborgenheit und Kraft schenkt, deren wir als tätige Menschen im Leben bedürfen.

ZUM ZWEITEN MAL HEIRATEN. VON DEN WITWEN

1. Korinther 7, 39. 40

Eine Frau ist gebunden, solange ihr Mann lebt; wenn aber ihr Mann entschläft, ist sie frei, zu heiraten, welchen sie will, nur daß es in dem Herrn geschehe! Seliger ist sie aber, wenn sie ledig bleibt, nach meiner Meinung. Ich halte aber dafür: auch ich habe den Geist Gottes.

Auch hier wieder vertritt Paulus den Standpunkt, daß Ehen nur durch den Tod geschieden werden sollten. Ein zweites Mal zu heiraten, sei zwar durchaus statthaft; doch würde er es lieber sehen, wenn Witwen ledig blieben. Verheiraten sie sich aber wieder, so hält Paulus an einer Voraussetzung fest: es muß eine Ehe in dem Herrn, eine Ehe unter Christen sein.
Mischehen ist nur selten Erfolg beschieden. Der weise Grieche Plutarch hat vor langer Zeit einmal gesagt, Ehen können nur dann glücklich sein, wenn Mann und Frau dieselbe Religion hätten. Am vollkommensten ist die Ehe, wenn die Liebe der beiden Menschen durch ihre gemeinsame Liebe zu Jesus Christus geheiligt wird; denn dann leben sie nicht nur zusammen, sondern können auch zusammen beten: ihr Leben und ihre Liebe sind eine fortgesetzte Anbetung Gottes.

In den Kapiteln 8, 9 und 10 befaßt sich Paulus mit einem uns heute fernliegenden Problem, das für die Christen von Korinth jedoch von größter Aktualität war und nach einer Lösung verlangte. Es handelt sich um die Frage, ob es erlaubt sei, Fleisch von Tieren zu essen, die Götzen als Opfer dargebracht worden waren.

Opfer, die den Göttern dargebracht wurden, gehörten zum Leben in der gesamten Antike; es konnte sich dabei um private oder um öffentliche Opfer handeln. In keinem der Kulte wurde das ganze Tier auf dem Altar verbrannt; vielmehr wurde zum Zeichen des Opfers oft nur ein winziger Teil verbrannt, wie zum Beispiel die Stirnhaare des Opfertieres. Bei privaten Opfergaben wurde das Tier sozusagen in drei Teile geteilt: ein Teil wurde auf dem Altar verbrannt, sodann erhielten die Priester (als ihnen rechtens zustehenden Anteil) die Rippen, die Schinken und die linke Vorderseite, während alles übrige Fleisch dem gehörte, der das Opfer dargebracht hatte. Letzterer veranstaltete damit ein Festmahl, zum Beispiel bei Hochzeiten. Diese Festmahle fanden zuweilen im Hause des Gastgebers statt, zuweilen aber auch im Tempel des Gottes, dem das Opfer dargebracht worden war. So ist uns zum Beispiel ein Papyrus mit einer Einladung zum Festmahl erhalten geblieben, die folgendermaßen lautet: „Antonius, der Sohn des Ptolemäus, lädt dich ein, mit ihm an der Tafel unseres Herrn Serapis zu speisen." Serapis war der Gott, dem er ein Opfer dargebracht hatte.
Christen sahen sich bei derartigen Fällen vor die Frage gestellt, ob sie an derartigen Gastmählern überhaupt teilnehmen konnten. Durften sie Fleisch essen, das einem Götzen, einem heidnischen Gott geopfert worden war? Taten sie es nicht, dann schnitten sie damit ganz offenkundig menschliche und nahezu alle gesellschaftlichen Verbindungen ab. Bei öffentlichen Opfern, die von Staats wegen dargebracht wurden und sehr zahlreich waren, fiel der Rest des Fleisches, nachdem der erforderliche symbolische Anteil verbrannt worden war und die Priester ihren Anteil empfangen hatten, an die Beamten und an andere Menschen. Was diese nicht selbst gebrauchten, verkauften sie an Geschäfte oder auf den Märkten, so daß es sich bei dem hier erworbenen Fleisch durchaus um Götzenopferfleisch handeln mochte. Niemand konnte somit exakt wissen, ob er Götzenfleisch aß oder nicht.
Die Sache wurde noch dadurch kompliziert, daß man damals allgemein an Geister und Dämonen glaubte. Die ganze Luft war sozusagen erfüllt von ihnen, und sie lauerten ständig darauf, in den Körper der Menschen zu gelangen. Glückte dies, dann schadeten sie diesem und verwirrten den Geist der Betreffenden. Leichten Eingang hatten die Geister nach damaliger Auffassung durch Speisen, die die Menschen zu sich nahmen. Um dies zu vermeiden, weihte man das Fleisch einem guten Gott, dessen Gegenwart in dem betreffenden Fleisch

eine Barriere gegen böse Geister darstellte. Das war der Grund, weshalb nahezu alle Tiere, bevor man sie schlachtete, geweiht wurden; geschah es nicht, so wurde das Fleisch vor dem Essen wenigstens im Namen eines Gottes gesegnet. Aus alledem folgt, daß es kaum Fleisch gab, das nicht irgendwie etwas mit einem heidnischen Gott zu tun hatte. Durften die Christen dieses Fleisch essen? So seltsam uns dies anmutet, so läßt sich doch nicht leugnen, daß es sich für die Korinther und die Griechen in anderen Großstädten um eine lebenswichtige Frage handelte, die so oder so geregelt werden mußte.

Der Rat, den Paulus erteilt, zerfällt in mehrere Teile:

1. Kapitel 8 stellt Paulus den Grundsatz auf: Wie sicher erleuchtete, glaubensstarke Christen sich auch vorkommen gegenüber der Ansteckungsgefahr durch heidnische Götzen und wie sehr sie davon überzeugt sind, daß es sich hier um Sinnbilder von etwas handelt, was überhaupt nicht existiert, sollen sie doch nichts tun, womit sie einen Bruder, der nicht so erleuchtet und stark ist wie sie, verletzen, kränken oder verwirren könnten.

2. Kapitel 9 befaßt sich Paulus mit allen, die sich auf die christliche Freiheit berufen, und zwar mit dem Hinweis darauf, daß er vieles tun könne, es aber um der Gemeinde willen nicht tue. Er ist sich seiner Freiheit durchaus bewußt, ebenso aber auch seiner Verantwortung als Christ.

3. Kapitel 10, 1—13 wendet Paulus sich an diejenigen, die behaupten, durch ihre christliche Erkenntnis und bevorzugte Stellung seien sie sicher vor jeder Ansteckungsgefahr. Er führt das Beispiel der Israeliten an, die alle Vorrechte des erwählten Volkes Gottes genossen — und doch sündigten.

4. Kapitel 10, 14—22 gebraucht Paulus das Argument: Wer am Tisch des Herrn gesessen habe, könne sich nicht an den Tisch heidnischer Götter setzen, auch wenn diese Götter Nichtse seien. Es sei falsch, Fleisch in den Mund zu nehmen, das falschen Göttern dargebracht worden sei, zumal derselbe Mund den Leib und das Blut Christi genossen habe.

5. Kapitel 10, 23—26 rät Paulus den Korinthern, gleichwohl nicht übertrieben viel Aufhebens von der Sache zu machen und ohne langes Fragen das Fleisch zu kaufen, das in den Geschäften angeboten werde.

6. Kapitel 10, 27—28 befaßt Paulus sich mit der Frage, wie man sich in Privathäusern verhalten solle. Dort sollen Christen essen, was ihnen vorgesetzt wird, ohne Fragen zu stellen; wenn man sie jedoch ausdrücklich davon in Kenntnis setzt, daß es sich um Götzenopferfleisch handelt, so ist das eine Her-

ausforderung an sie als Christen, weshalb sie dann das Fleisch nicht essen sollten.

7. Kapitel 10, 29 — 11, 1 schließlich stellt Paulus den Grundsatz auf: Das Verhalten der Christen soll so über jeden Vorwurf erhaben sein, daß weder Juden noch Nicht-Juden daran Anstoß nehmen können; besser ist es, seine Rechte preiszugeben, als durch sie zum Ärgernis für andere zu werden.

RAT FÜR DIE WEISEN

1. Korinther 8

Was aber das Götzenopfer anlangt, so haben wir ja alle das Wissen. Das Wissen bläst auf; aber die Liebe baut auf. Wenn sich jemand dünken läßt, er wisse etwas, der weiß noch nicht, wie man erkennen soll. Wenn aber jemand Gott liebt, der ist von ihm erkannt.

Von dem Essen des Götzenopfers aber wissen wir, daß kein Götze in der Welt ist und daß kein Gott ist als der e i n e. Und wiewohl solche sind, die Götter genannt werden, es sei im Himmel oder auf Erden, wie es ja viele Götter und viele Herren gibt, so haben w i r doch nur e i n e n Gott, den Vater, von welchem alle Dinge sind und wir zu ihm; und e i n e n Herrn, Jesus Christus, durch welchen alle Dinge sind und wir durch ihn.

Es hat aber nicht jedermann das Wissen. Denn etliche, weil sie bisher an die Götzen gewöhnt waren, essen's als Götzenopfer; damit wird ihr Gewissen, weil es schwach ist, befleckt. Aber Speise wird uns nicht Gott wohlgefällig machen. Essen wir nicht, so werden wir darum nichts weniger sein; essen wir, so werden wir darum nicht besser sein. Sehet aber zu, daß diese eure Freiheit nicht gerate zu einem Anstoß für die Schwachen! Denn wenn dich, der du das Wissen hast, jemand sähe zu Tische sitzen im Götzenhause, wird nicht sein Gewissen, da er doch schwach ist, bestärkt, das Götzenopfer zu essen? Und so wird über deinem Wissen der Schwache ins Verderben kommen, der Bruder, um des willen doch Christus gestorben ist. Wenn ihr aber so sündigt an den Brüdern und verletzet ihr schwaches Gewissen, so sündigt ihr an Christus. Darum, wenn die Speise meinen Bruder zur Sünde verführt, wollte ich nimmermehr Fleisch essen, auf daß ich meinen Bruder nicht verführe.

Wir haben bereits festgestellt, daß es kaum möglich war, in einer griechischen Stadt zu leben, ohne täglich vor die Frage gestellt zu werden, was es mit dem Essen von Fleisch, das heidnischen Göttern als Opfer dargebracht worden war, auf sich habe. Für manche Korinther freilich war die Sache überhaupt kein Problem; sie waren der Ansicht, ihr überlegenes Wissen habe sie gelehrt, daß die heidnischen Götter gar nicht existierten und daß sie daher ohne Gewissensbisse Götzenopferfleisch essen könnten. Paulus gibt auf diese Frage zwei Antworten – die zweite freilich erst Kapitel 10, 20 –, woraus hervorgeht, daß Paulus mit diesen Korinthern zwar darin übereinstimmt, daß die heidnischen Götter im Grunde nicht existierten, daß er aber Geister und Dämonen durchaus für eine Realität hält, die hinter den Götzen steht und sich ihrer bedient, um Menschen zu verführen, den wahren Gott nicht anzubeten. Im vorliegenden Abschnitt argumentiert er dahingehend, daß es in Korinth Menschen gebe, die ihr Leben lang wirklich an Götzen geglaubt hätten, schlichte Menschen, die sich auch jetzt noch nicht ganz frei von dieser falschen Vorstellung machen könnten; solche Menschen hätten daher beim Essen zwangsläufig Gewissensbisse. Wer behaupte, es sei nichts dabei, wenn man Götzenopferfleisch esse, bringe diese einfachen Menschen in innere Bedrängnis. Als letztes führt Paulus an, daß man auf etwas auch dann verzichten müsse, wenn es für einen selbst zwar ganz unverfänglich sei, nicht jedoch für jemand anderen; denn als Christ dürfe man nie etwas tun, was einen Bruder straucheln lassen könnte.

Wenn sich der Apostel in diesem Abschnitt auch mit einer uns fernliegenden Frage befaßt, so enthält er doch drei wichtige Grundsätze von überzeitlicher Gültigkeit:

1. Was für den einen gefahrlos ist, kann für den anderen durchaus gefährlich sein. Es heißt – und das ist nur allzu wahr –, Gott dringe in jedes Herz auf einem anderen Geheimwege ein; ebenso wahr ist aber auch, daß der Teufel in jedes Herz auf einem anderen geheimen, ja heimtückischen Wege Eingang sucht. Vielleicht sind wir selber stark genug, um manchen Versuchungen zu widerstehen; vielleicht aber sind andere es nicht; vielleicht sind bestimmte Dinge, die für uns gar keine Anfechtung bedeuten, für jemand anderen von einer heftigen Verführungskraft. Deshalb sollten wir bei allem, was wir tun und lassen, nicht nur an die Auswirkungen auf uns, sondern auch an die auf andere Menschen denken.

2. Nichts sollte allein vom Standpunkt des Wissens aus beurteilt werden; vielmehr sollte alles unter den Gesichtspunkt der

Liebe gestellt werden. Die emanzipierten Korinther argumentierten, sie wüßten, daß es mit den Götzen nichts auf sich habe; ihr Wissen hatte sie längst darüber hinausgeführt. Wissen birgt stets die Gefahr in sich, überheblich zu machen und auf weniger Gebildete herabzublicken, d. h. es diesen gegenüber an Mitgefühl fehlen zu lassen. Zwar handelt es sich in solchen Fällen nicht um echtes Wissen und wahre Erkenntnis; doch läßt sich nicht leugnen, daß das Bewußtsein geistiger Überlegenheit allemal eine gefährliche Sache ist. Wir sollten uns daher in unserem Verhalten nicht primär von unserem etwaigen größeren Wissen leiten lassen, sondern von mitfühlender Liebe und Rücksichtnahme gegenüber den Mitmenschen. Um ihretwillen kann es fallweise geraten sein, davon Abstand zu nehmen, was wir sonst durchaus tun oder sagen könnten.

3. Das alles führt uns zu der wichtigsten Wahrheit: Niemand ist befugt, ein Recht zu beanspruchen oder sich Freiheiten herauszunehmen, die für andere verderblich sein könnten. Vielleicht besitzt er selbst genug Geistes- und Willensstärke, um beispielsweise Genüsse oder Vergnügungen auf das ihnen gebührende Maß einzuschränken, so daß das, was er tut, für ihn selbst keine Gefahr bedeutet; doch muß er bei alledem nicht nur an sich, sondern an seinen schwächeren Bruder denken. Freiheiten und Freuden, die anderen verderblich werden können, sind Sünde.

VORRECHTE, AUF DIE KEIN ANSPRUCH ERHOBEN WIRD

1. Korinther 9, 1–14

Bin ich nicht frei? Bin ich nicht ein Apostel? Habe ich nicht unsern Herrn Jesus gesehen? Seid nicht ihr mein Werk in dem Herrn? Bin ich andern nicht ein Apostel, so bin ich doch euer Apostel; denn das Siegel meines Apostelamts seid ihr in dem Herrn. Denen, die über mich zu Gericht sitzen, antworte ich so: Haben wir nicht das Recht, zu essen und zu trinken? Haben wir nicht auch das Recht, eine Schwester als Ehefrau mit uns zu führen wie die andern Apostel und des Herrn Brüder und Kephas? Oder haben allein ich und Barnabas nicht das Recht, nicht zu arbeiten? Wer zieht jemals in den Krieg auf seinen eigenen Sold? Wer pflanzt einen Wein-

berg und isset nicht seine Frucht? Oder wer weidet eine Herde und nährt sich nicht von der Milch der Herde? Rede ich aber solches nach menschlichem Gutdünken? Sagt nicht solches das Gesetz auch? Denn im Gesetz des Mose steht geschrieben (5. Mose 25, 4): „Du sollst dem Ochsen, der da drischt, nicht das Maul verbinden." Sorgt sich Gott etwa um die Ochsen? Oder redet er nicht allenthalben um unsretwillen? Denn es ist ja um unsretwillen geschrieben, daß, der da pflügt, soll auf Hoffnung pflügen; und der da drischt, soll auf Hoffnung dreschen, daß er sein Teil empfangen werde. Wenn wir euch das Geistliche säen, ist es dann ein groß Ding, wenn wir euer Leibliches ernten? Wenn andere dieses Rechtes an euch teilhaftig sind, warum nicht viel mehr wir? Aber wir haben solches Recht nicht gebraucht, sondern wir ertragen alles, daß wir nicht dem Evangelium Christi ein Hindernis bereiten.
Wisset ihr nicht, daß, die da opfern, vom Opfer essen und, die am Altar dienen, vom Altar genießen? So hat auch der Herr befohlen, daß, die das Evangelium verkündigen, sollen sich vom Evangelium nähren.

Auf den ersten Blick scheint zwischen dem Vorhergehenden und diesem Kapitel kein Zusammenhang zu bestehen; in Wirklichkeit ist dies aber durchaus der Fall. Manche Korinther nämlich hielten sich selbst für vollreife Christen, weshalb sie behaupteten, aufgrund dieser bevorzugten Stellung stehe es ihnen frei, Götzenopferfleisch nach eigenem Belieben zu essen oder nicht; sie waren der Ansicht, ihre Vorrechte und Freiheiten als Christen versetzten sie in eine Lage, in der sie tun könnten, was weniger gereiften Menschen nicht zustehe. Paulus antwortet ihnen damit, daß er ihnen die vielen Rechte aufzählt, auf die er selbst Anspruch erheben könnte, jedoch nicht erhebt, damit nicht andere daran Anstoß nehmen, was der Wirksamkeit des Evangeliums hinderlich wäre.
Als erstes nennt Paulus sich einen Apostel, dem eine besondere Stellung zukomme. Zwei Beweise führt er an, um die Berechtigung dieses Anspruchs nachzuweisen: 1. Er hat den Herrn gesehen. Immer wieder wird in der Apostelgeschichte darauf hingewiesen, daß Apostel sei, wer Zeuge des Auferstandenen sei (Apg. 1, 22; 2, 32; 3, 15; 4, 33). Das ist insofern von Bedeutung, als Glaube nach neutestamentlichem Verständnis nur selten Zustimmung zu einem Glaubensbekenntnis, sondern meistens Glaube an eine Person bedeu-

tet. Paulus sagt nicht etwa: „Ich weiß, w o r a n ich glaube"; sondern er sagt: „Ich weiß, a n w e n ich glaube" (2. Tim. 1, 12). Als Jesus die Jünger berief, sagte er nicht etwa zu ihnen: „Das und das ist meine Weltanschauung, die ich euch zu prüfen bitte"; er sagt auch nicht: „Das ist mein Bekenntnis, über das ich mit euch diskutieren möchte" oder gar: „So sieht meine Sittenlehre aus, die ich euch zu erwägen gebe"; sondern er sagte: „Folge mir nach." Christlicher Glaube beginnt stets mit einer persönlichen Wendung zu Jesus Christus. Christ sein heißt, Jesus Christus persönlich kennen und bekennen. Bei der Wahl eines Geistlichen hat ein Presbyter einmal gesagt: „Was der Gemeinde nottut, ist jemand, der Christus nicht nur aus zweiter Hand kennt." Mit unserer personalen Beziehung zu Jesus Christus fängt alles an. 2. Die zweite Begründung des Anspruchs, den Paulus erhebt, ist die, daß sein geistliches Amt Früchte gezeitigt hat. Die Korinther selbst sind ein Beweis dafür; er nennt sie das „Siegel" seines Apostelamtes. Siegel waren in alter Zeit äußerst wichtig. Wurde eine Ladung Getreide, Datteln oder dergleichen verschickt, dann wurden alle Beutel, Säcke und Kisten mit einem Siegel versehen zum Zeichen dafür, daß es sich bei der Lieferung tatsächlich um das handelte, als was sie deklariert wurde. Letztwillige Verfügungen wurden mit sieben Siegeln versehen, und sie waren nur gültig, wenn die Siegel unbeschädigt waren. Siegel waren ein Zeichen der Echtheit. Die Tatsache, daß es in Korinth eine Gemeinde gab, war ein bestätigendes Siegel für das Apostelamt des Paulus; denn der gültige Beweis dafür, daß wir Christus wirklich kennen, besteht darin, daß wir andere Christus zuführen können. Ja, das ist die Probe auf unseren Glauben, daß er anderen hilft, Christen zu werden und zu sein. (Ein junger, im Krimkrieg verwundeter Soldat soll einst, als Florence Nightingale sich über sein Bett beugte, gesagt haben: „Für mich sind Sie Christus.")

Ein Vorrecht, auf das Paulus hätte Anspruch erheben können, war, daß die Gemeinde ihn unterstützte. Auf diese Unterstützung hätte er nicht nur für sich, sondern gegebenenfalls auch für eine Ehefrau pochen können, wie es andere Apostel taten und wie die Gemeinden es diesen auch gewährten. Hierzu ist zu bedenken, daß die Griechen manuelle Tätigkeiten verachteten und daß sie, sofern sie Freie waren, freiwillig keine Handarbeit verrichteten. Aristoteles behauptete, es gebe zwei Gruppen von Menschen: kluge, gebildete Leute sowie Holzfäller und Wasserträger, die dazu da seien, um gemeine Dienste für andere zu verrichten; es sei nicht nur irrig, sondern geradezu falsch, letztere erziehen zu wollen. Sokrates und Plato waren allerdings von ihren Gegnern u. a. deshalb verspottet worden, weil sie für ihre Unterweisung kein Geld nahmen, womit das, was sie lehrten, angeblich nichts wert sei. Von den jüdischen Rabbinen erwartete man dagegen allgemein, daß sie umsonst unterrichteten und sich das tägliche Brot durch ihrer Hände Arbeit verdienten; doch waren dieselben Rabbinen sorgfältig darauf bedacht, ihren Schülern einzuschärfen, daß es kein verdienstvolleres Werk gäbe, als einen Rabbi zu unterstützen. Wer sich einen angenehmen Platz im Himmel verschaffen wollte, konnte also kaum etwas Besseres tun, als die irdischen Bedürfnisse eines Rabbis zu befriedigen. Paulus hätte demnach mit gutem Recht auf Unterstützung durch die Gemeinde Anspruch erheben können.

Zum Vergleich zieht Paulus Beispiele auch aus anderen Lebensbereichen heran. So muß kein Soldat selbst für seine Verpflegung aufkommen. Weshalb sollte dies also müssen, wer für Christus in den Kampf gegen das Böse zieht? Wer einen Weingarten pflanzt, ißt von den Früchten. Weshalb sollte, wer Gemeinden pflanzt, dies nicht entsprechend tun? Wer eine Herde weidet, nährt sich von der Milch der Herde. Weshalb sollte das nicht auch ein Hirte der Christen dürfen? Heiße es doch schon in der Schrift, man solle dem Ochsen, der da drischt, nicht das Maul verbinden (5. Mose 25, 4). Auch als christlicher Lehrer benutzt Paulus bei der Unterweisung die bild- und sinnbildhafte Darstellungsweise der Rabbinen.

Die Priester, die den Tempeldienst versehen, bekommen – so sagt Paulus weiter – einen Anteil vom Opfer, von dem sie leben. In Griechenland erhielten die Priester, wie bereits festgestellt, Rippen, Schinken und die linke Vorderseite des Opfertieres. Es lohnt sich, in diesem Zusammenhang einen Blick auf die Einkünfte bzw. Nebeneinkünfte der Priester im Tempel zu Jerusalem zu werfen. Da gab es im wesentlichen fünf Opfer: 1. Das Brandopfer oder Ganzopfer, bei dem das ganze Opfertier auf den Altar kommen mußte und kein Teil – außer der Haut – dem Altar vorenthalten wurde. 2. Das Sündopfer, bei dem nur das Fett der Opfertiere verbrannt wurde und die Priester das gesamte Fleisch erhielten. 3. Das Schuldopfer, bei dem ebenfalls nur die Fettstücke verbrannt wurden und die Priester das übrige Fleisch bekamen. 4. Das Speiseopfer, das aus Mehl, Wein und Öl bestand und von dem nur ein Teil als Beweis des Opfers auf dem Altar dargebracht wurde, während der größere Teil zu den Nebeneinkünften der Priester gehörte.

5. Das Dank- oder Friedensopfer, bei dem die Fettstücke und Eingeweide auf dem Altar verbrannt wurden; Bruststücke und die rechte Schulter erhielt der Priester; alles übrige Fleisch war für eine Opfermahlzeit bestimmt, die der Opfernde veranstaltete.

Die Priester hatten aber noch andere Nebeneinkünfte: 1. Sie erhielten die Erstlingsfrucht vom Weizen, von der Gerste, vom Wein, von den Feigen, von den Granatäpfeln, den Oliven und vom Honig. 2. Von der Opfergabe Terumah, die aus den erlesensten Früchten aller Arten bestand, hatten die Priester im Schnitt Anspruch auf ein Fünfzehntel der Erträge. 3. Ihnen stand ein Anteil am Zehntel zu, der von allem entrichtet werden mußte, „was als Speise dient von den Erträgen des Bodens". Früchte des Feldes wie Baumfrüchte waren gleichermaßen eingeschlossen in den Zehnten, den die Leviten bekamen, von dem die Priester aber wiederum den Zehnten erhielten. 4. Challah hieß das Opfer aus geknetetem Teig. Jeder, der privat Brot aus Weizen, Gerste, Spelz, Hafer oder Roggen herstellte, mußte ein Vierundzwanzigstel davon an die Priester abführen, Berufsbäcker ein Achtundvierzigstel.

All diese Dinge muß man sich vergegenwärtigen, um die Weigerung des Paulus zu würdigen, auch nur die geringste Unterstützung von der korinthischen Gemeinde anzunehmen. Die Gründe hierfür: 1. Die Priester waren vielfach ein warnendes Beispiel. Während in den meisten jüdischen Familien höchstens einmal wöchentlich Fleisch gegessen wurde, litten die Priester geradezu an Berufskrankheiten infolge zu reichlichen Fleischgenusses; ihre Rechte und Vorrechte führten auch sonst leicht zu einem Leben im Überfluß sowie zur Habgier. Paulus kannte das alles sehr genau; er wußte, daß die Religion für gewisse Leute ein Mittel war, voranzukommen. Dieses Verhalten der Priester und der üble Ruf, den sie deswegen mit Recht genossen, veranlaßte ihn, auf jede wirtschaftliche Hilfe der Korinther zu verzichten. 2. Der zweite Grund ist in dem Unabhängigkeitsbedürfnis zu sehen, das aus seiner besonderen Aufgabe erwachsen war. Es scheint, als ob die Korinther sich verletzt gefühlt haben, weil er jede Unterstützung ablehnte; doch konnte Paulus um der Botschaft willen nicht an irgend jemand gebunden oder verpflichtet sein. Da die Menschen alles, was einer verkündet, zuletzt doch nach seiner Lebensführung und seinem Charakter beurteilten, war Paulus hart entschlossen, sich die Hände auch nicht im geringsten zu beschmutzen. Er gestattete sich daher persönlich nichts, was der Botschaft, die über

anderen zu wählen, nur weil der eine höhere Bezahlung verspricht. Albert Schweitzer berichtet von einem schmerzgeprüften armen Schwerkranken, der zu ihm ins Hospital gebracht wurde. Er beruhigte den Mann etwas dadurch, daß er ihm sagte, er werde ihn einschläfern und operieren, und danach werde alles wieder gut werden. Nach der Operation setzte er sich an das Bett des Kranken und wartete darauf, daß er das Bewußtsein wiedererlangte. Langsam öffnete der Mann die Augen, um dann ganz erstaunt zu flüstern: „Ich habe keine Schmerzen mehr." Das sei für ihn der schönste Augenblick gewesen, schreibt Schweitzer. Nicht materieller Lohn, sondern die im Herzen empfundene Befriedigung macht uns glücklich. Gebrochene Menschen wieder aufrichten, Wanderer auf den rechten Weg zurückführen, jemanden für Christus gewinnen, das ist etwas, was nicht mit Geld aufgewogen werden kann, weil es den Menschen etwas schenkt, was alle materiellen Wertmaßstäbe übersteigt.

4. Schließlich spricht Paulus noch über die Methode seines Amtes; sie besteht darin, allen Menschen alles zu sein. Das hat nichts mit Heuchelei oder Scheinheiligkeit zu tun; sondern hier handelt es sich um das Bemühen und die Fähigkeit, mit allen Menschen zurechtzukommen. Wer lediglich seinen eigenen Standpunkt kennt, wer intolerant ist, wem die Wärme abgeht, mit anderen zu fühlen, wer nicht einmal den Versuch unternimmt, sie zu verstehen, der wird nie ein richtiger Seelsorger oder Evangelist, der taugt nicht einmal zum Freunde. Der englische Schriftsteller Boswell rühmte seinerzeit mit Recht die „Kunst des Anpassens", die der Sprachforscher Dr. Johnson, den er auf seiner Reise zu den Hebriden begleitete, in hohem Maße besaß. Dieser Mann war nicht nur ein glänzender Erzähler, sondern ein ebenso guter Zuhörer, der sich für alle Menschen echt interessierte und es daher verstand, an alle Menschen heranzukommen. Er war, wie es hieß, ein Meister in der Kunst gewesen, die Menschen auf ihr Lieblingsthema zu bringen und von dem sprechen zu lassen, wovon sie am meisten verstanden. Ihm bereitete es wirklich Freude, sich mit Brillenmachern über die Herstellung von Brillen, mit Juristen über Gesetze, mit Schweinezüchtern über Schweine, mit Ärzten über Krankheiten oder mit Reedern über Schiffe zu unterhalten; er wußte, daß es den andern mehr beglückt, der Gebende als der Empfangende zu sein. Wer nicht ebenso zu denken versteht wie die Menschen, zu denen er spricht, wird bei der Verkündigung des Evangeliums keinen Erfolg haben und niemanden zum Freunde gewinnen. Irgend-

jemand hat die Berufe des Lehrers, des Arztes und des Geistlichen einmal als „gönnerhafte Berufe" bezeichnet – eine böse Verkennung. Solange wir die Menschen gönnerhaft behandeln und uns keine Mühe geben, echt auf sie zu hören und Berührungspunkte mit ihnen zu finden, werden wir bei ihnen nichts ausrichten. Paulus, der größte Missionar aller Zeiten, erkannte, wie entscheidend es ist, allen Menschen alles zu sein. Wir alle sollten daher unbedingt versuchen, an die Menschen – was leider sehr häufig nicht der Fall ist – zunächst als Menschen heranzukommen; andernfalls erreichen wir so gut wie nichts.

EIN ECHTER KAMPF

1. Korinther 9, 24–27

Wisset ihr nicht, daß die, so in der Kampfbahn laufen, die laufen alle, aber einer empfängt den Siegespreis? Laufet so, daß ihr ihn erlanget! Ein jeglicher aber, der da kämpft, enthält sich alles Dinges; jene nun, daß sie einen vergänglichen Kranz empfangen, wir aber einen unvergänglichen. Ich laufe aber so, nicht als aufs Ungewisse; ich fechte so, nicht als der in die Luft schlägt, sondern ich züchtige meinen Leib und zähme ihn, daß ich nicht den andern predige und selbst verwerflich werde.

Jetzt schlägt Paulus eine andere Richtung ein, indem er gegenüber jenen Christen, die sich alles einfach zu machen wünschten, darauf besteht, daß niemand etwas ohne äußerste Selbstzucht erreicht. Das Bild vom Athleten faszinierte Paulus immer wieder. Sportler müssen hart und systematisch trainieren, wenn sie gewinnen wollen beim Wettkampf. In Korinth wußte man, wie aufregend Wettkämpfe sein können; denn dort fanden ja die Isthmischen Spiele statt, nach den Olympischen Spielen die berühmtesten Spiele der Antike. Dabei nahmen die beteiligten Sportler im Training alle dazu erforderliche Selbstzucht einschließlich der Enthaltsamkeit auf sich, obwohl es nur einen Lorbeerkranz zu gewinnen gab, der binnen weniger Tage vertrocknete. Wieviel mehr sollten daher Christen sich selbst in Zucht nehmen, um die Krone des ewigen Lebens zu gewinnen!

Mit diesem Abschnitt legt Paulus uns unmittelbar auch eine Art Kurzphilosophie des Lebens vor. Sie besagt:

1. Das Leben ist ein Kampf. Handelt es sich nicht um einen

nen als ein Vorbild. Es ist aber geschrieben uns zur Warnung, auf welche das Ende der Welt gekommen ist. Darum, wer sich läßt dünken, er stehe, mag wohl zusehen, daß er nicht falle. Es hat euch noch keine denn menschliche Versuchung betroffen. Aber Gott ist getreu, der euch nicht läßt versuchen über euer Vermögen, sondern macht, daß die Versuchung so ein Ende gewinne, daß ihr's könnet ertragen.

Auch in diesem Kapitel befaßt Paulus sich noch mit der Frage des Essens von Götzenopferfleisch. Den Hintergrund bildet die allzugroße Zuversicht einiger Korinther, die den Standpunkt vertraten: „Wir sind getauft und daher eins mit Jesus Christus; wir haben am Sakrament des Abendmahls teilgenommen und damit am Leib und Blut Christi; wir sind in Christus, und Christus ist in uns; wir sind daher völlig gesichert und können unbeschadet Götzenopferfleisch essen; damit ist für uns keinerlei Gefahr verbunden." Paulus warnt hier alle, die mit derartiger Zuversicht sprechen, vor der damit verbundenen Gefahr. Als Oliver Cromwell die Erziehung seines Sohnes Richard bedachte, sagte er: „Ich möchte, daß er er ein wenig in der Geschichte Bescheid weiß." Auch Paulus greift auf geschichtliche Beispiele zurück, um darzulegen, wie es selbst Menschen ergehen kann, denen die größten Vorrechte zuteil geworden sind. Er geht dabei bis in die Zeit der Wüstenwanderung der Kinder Israels zurück. Der Herr zog vor ihnen her in einer Wolkensäule, zeigte ihnen den Weg und beschützte sie in Stunden der Gefahr (2. Mose 13, 21; 14, 19). Er führte sie mitten durch das Rote Meer (2. Mose 14, 19–31). Dadurch waren sie mit Mose, dem Führer und Gesetzgeber so sehr eins geworden, daß man sagen konnte, sie seien auf Mose getauft, wie Christen auf Christus getauft werden. Sie waren in der Wüste mit Manna gespeist worden (2. Mose 16, 11–15). In Vers 4 spricht Paulus davon, daß sie von dem Fels getrunken hätten, der mitfolgte. Diese Aussage geht nicht auf das Alte Testament zurück, sondern auf eine rabbinische Überlieferung. 4. Mose 20, 1–11 handelt davon, wie Gott Mose befähigte, Wasser für die durstigen Menschen aus dem Felsen hervorzubringen; der rabbinischen Tradition zufolge war dieser Fels den Israeliten gefolgt, um ihnen ständig Wasser zu spenden, das sie trinken konnten. Diese symbolreiche Legende war allen Juden wohlbekannt, und der mitwandernde Fels wurde später auf Christus bezogen. Obwohl nun die Kinder Israels derartige Vorrechte besaßen, versagten sie in sehr beschämender Weise. Als das Volk wie feige Memmen davor zurückschreckte, in das Gelobte Land einzudringen, als alle ausgesandten Späher, mit Ausnahme von Josua und Kaleb, mit pessimistischen, hoffnungslosen Nachrichten zurückkehrten, hatte Gottes Urteil gelautet, daß die ganze lebende Generation in der Wüste sterben soll, wo ihre Leiber im Tod verstreut sein würden (4. Mose 14, 30—31). Als Mose auf dem Sinai das Gesetz empfing, verführte das Volk Aaron dazu, ein goldenes Kalb herzustellen und es anzubeten (2. Mose 32, 6). Sie trieben in der Wüste Unzucht mit Midianitern und Moabitern, woraufhin Tausende bei dem Gericht Gottes umkamen (4. Mose 25, 1—9). (4. Mose 25, 9 ist von 24 000 Menschen die Rede, die umkamen, während Paulus von 23 000 spricht. Das erklärt sich daraus, daß Paulus aus dem Gedächtnis schreibt, wie er überhaupt kaum jemals die Schrift absolut wörtlich zitiert. Das tat damals, als die Schrift nur in unhandlichen Rollen zugängig war, niemand.) Sie wurden von Schlangen umgebracht, weil sie gemurrt hatten auf dem Wege (4. Mose 21, 4—6). Als Korah, Dathan und Abiram sich gegen Mose empörten, kamen in einem Gericht Gottes gleichfalls viele um (4. Mose 16). Die ganze Geschichte Israels beweist, daß selbst Menschen, denen Gott die denkbar größten Vorrechte eingeräumt hatte, keineswegs vor Versuchung sicher waren. Besondere Vorrechte — daran erinnert Paulus die Korinther nachdrücklich — sind keine Sicherheitsgarantie, wenn der Versucher an uns herantritt.

Wir wollen unser Augenmerk jetzt auf die Versuchungen richten sowie auf die Punkte, die Paulus im Blick auf das Versagen Israels herausgreift.

1. Die Versuchung, Götzendienst zu betreiben. Wir treiben diesen heute nicht mehr in der alten Form. Wenn jedoch des Menschen Gott das ist, woran er seine ganze Zeit, all sein Denken und all seine Kraft verschwendet, dann beten die Menschen auch heute noch das Werk ihrer Hände mehr an als Gott.

2. Die Versuchung, Unzucht zu treiben. Diese Versuchung, die dem schlechteren Ich in uns zuzuschreiben ist, wird es geben, solange es Menschen gibt. Nur wenn wir alles Reine mit all unsere Tiefen umfassender Leidenschaft lieben, bleiben wir davor bewahrt.

3. Die Versuchung, Gott zu sehr auf die Probe zu stellen. Bewußt oder unbewußt, absichtlich oder unabsichtlich verlassen die Menschen sich zu sehr auf die nie versagende Barmherzigkeit Gottes. Nur zu leicht steht dahinter der Gedanke: „Es

Hinter diesem Abschnitt stehen drei Gedanken:

1. Wir haben bereits mehrfach festgestellt, daß das Fleisch des Opfertieres teilweise an den zurückging, der das Opfer dargebracht hatte, und daß dieser dann ein Festmahl damit veranstaltete. Man glaubte, daß bei einem solchen Gastmahl der Gott selbst zu Gast sei; ja, man glaubte vielfach sogar, daß er in dem Opferfleisch konkret gegenwärtig sei und damit Eingang finde in Geist und Körper der Speisenden. Wie ein unverbrüchliches Band zwischen Menschen geschmiedet wurde, die einer des andern Brot und Salz aßen, so wurde durch das Opferfleisch eine echte Vereinigung zwischen dem Gott und dem ihm Opfernden hergestellt. Der Betreffende hatte leibhaftig teil am Altar und ging damit eine geheimnisvolle Gemeinschaft mit dem Gott ein.

2. Der Glaube an Dämonen, die gut oder böse sein konnten, war damals allgemein verbreitet; die meisten Dämonen waren jedoch böse. Diese Geister standen zwischen den Göttern und Menschen. Nach griechischer Auffassung hatte jede Quelle, jeder Hain, jeder Berg, jeder Baum, jeder Fluß, jeder Teich, jeder Felsen, ja, jeder Ort seinen besonderen Geist. „Auf allen Bergeshöhen und in allen Quellen", so heißt es in einem diesbezüglichen Text, „wohnten die Götter; sie wehten im Winde daher und fuhren im Blitz hernieder; sie wohnten in den Strahlen der Sonne und der Gestirne; sie erhoben sich in Erdbeben und Stürmen." Die Welt war voller Dämonen, voller s h e d i m, wie die Juden sagten, d. h. Geister, die in leeren Häusern hausten, „die in den Brotkrumen auf dem Fußboden lauerten, im Öl in den Gefäßen, im Trinkwasser und damit in den Krankheiten, die die Menschen befielen, in der Luft und im Zimmer, Tag und Nacht." Paulus nannte diese Dämonen „Gewalten und Mächte". Er war der Meinung: Götzen sind nichts; die Götzenanbetung als solche aber ist das Werk von Dämonen, die die Menschen auf diese Weise von Gott weglocken und sie glauben machen, Gott anzubeten, indem sie die Götzen anbeten. Alles, was mit dieser Täuschung zusammenhing, war dementsprechend befleckt. Nicht auf das Fleisch z. B., das Götzen geopfert war, kam es deshalb an, wohl aber darauf, daß die Dämonen es für ihre Zwecke befleckend verwendet hatten.

3. Hieraus ergibt sich: Wer am Tisch des Herrn gesessen hat, kann sich nicht an einen Tisch setzen, der ein Werkzeug des Teufels und seiner Trabanten ist. Wer teilgehabt hat am Leib und Blut Christi, kann nicht alles gleichermaßen berühren. Von Thorvaldsen, dem bekannten dänischen Bildhauer einer

segnenden Christus-Statue, heißt es, er habe auf das Angebot, eine Venusstatue für den Louvre zu schaffen, erwidert: „Die Hände, die die Gestalt Jesu Christi gemeißelt haben, können nicht die einer heidnischen Göttin meißeln." Was damals für die Gemeinde zu Korinth galt, gilt auch heute noch: Wer am Abendmahl Christi teilgehabt hat, darf seine Hände und seine Lippen nicht mit gemeinen, unwürdigen Dingen beschmutzen.

GRENZEN DER CHRISTLICHEN FREIHEIT

1. Korinther 10, 23 — 11, 2

Alles ist erlaubt, aber es frommt nicht alles. Alles ist erlaubt, aber es erbaut nicht alles. Niemand suche das Seine, sondern das, was des andern ist. Alles, was feil ist auf dem Fleischmarkt, das esset, und forschet nicht nach, auf daß ihr das Gewissen nicht beschweret. Denn „die Erde ist des Herrn und was darinnen ist" (Ps. 24, 1). Wenn jemand von den Ungläubigen euch einladet und ihr wollt hingehen, so esset alles, was euch vorgesetzt wird, und forschet nicht nach, auf daß ihr das Gewissen nicht beschweret. Wenn aber jemand würde zu euch sagen: Das ist Opferfleisch, so esset nicht, um des willen, der es euch anzeigte, auf daß ihr das Gewissen nicht beschweret. Ich rede aber vom Gewissen, nicht deinem eigenen, sondern von dem des andern. Denn warum sollte ich über meine Freiheit lassen urteilen von eines andern Gewissen? So ich's mit Danksagung genieße, was sollte ich mich dann verlästern lassen über dem, wofür ich danke? Ihr esset nun oder trinket oder was ihr tut, so tut es alles zu Gottes Ehre. Gebet kein Ärgernis weder den Juden noch den Griechen noch der Gemeinde Gottes, gleichwie ich auch jedermann in allem zu Gefallen lebe und suche nicht, was mir, sondern was vielen frommt, damit sie gerettet werden. Seid meine Nachfolger, gleichwie ich Christi! Ich lobe euch, daß ihr an mich gedenket in allen Stücken und haltet den Brauch, wie ich ihn euch gegeben habe.

Paulus beendet die lange Auseinandersetzung über das Essen von Götzenopferfleisch mit ein paar praktischen Vorschlägen: 1. Er rät den Korinthern, alles, was in den Geschäften angeboten wird, getrost zu kaufen, ohne lange zu fragen. Zwar handle es sich bei dem dort angebotenen Fleisch (wie wir

7. Kapitel 14, 24—33 wird die Notwendigkeit regelmäßigen Gottesdienstes betont und versucht, die erforderliche Zucht in der von überfließender Begeisterung erfüllten jungen Gemeinde zu regeln.
8. Kapitel 14, 34—36 ist die Rede von der Stellung der Frau im Gottesdienst der Gemeinde zu Korinth.

VON DER ERFORDERLICHEN BESCHEIDENHEIT

1. Korinther 11, 3—16

Ich lasse euch aber wissen, daß Christus ist eines jeglichen Mannes Haupt; der Mann aber ist des Weibes Haupt; Gott aber ist Christi Haupt. Ein jeglicher Mann, der da betet oder weissagt und hat etwas auf dem Haupt, der schändet sein Haupt. Eine Frau aber, die da betet oder weissagt mit unbedecktem Haupt, die schändet ihr Haupt; denn es ist ebensoviel, als wäre sie geschoren. Will sie sich nicht bedecken, so schneide man ihr auch das Haar ab. Nun es aber einer Frau übel steht, daß sie das Haar abgeschnitten habe oder geschoren sei, so lasset sie das Haupt bedecken. Der Mann aber soll das Haupt nicht bedecken, denn er ist Gottes Bild und Abglanz; die Frau aber ist des Mannes Abglanz. Denn der Mann ist nicht vom Weibe, sondern das Weib ist vom Manne. Und der Mann ist nicht geschaffen um des Weibes willen, sondern das Weib um des Mannes willen. Darum soll die Frau eine Macht auf dem Haupte haben um der Engel willen. Doch ist weder das Weib etwas ohne den Mann, noch der Mann etwas ohne das Weib, in dem Herrn; denn wie das Weib von dem Manne, so kommt auch der Mann durch das Weib; aber alles von Gott. Urteilt bei euch selbst, ob es sich ziemt, daß eine Frau unbedeckt vor Gott bete. Lehrt euch nicht auch die Natur selbst, daß es einem Manne eine Unehre ist, so er langes Haar trägt, aber der Frau eine Ehre, so sie langes Haar hat? Das Haar ist ihr zum Schleier gegeben. Ist aber jemand unter euch, der Lust hat, darüber zu zanken, der wisse, daß wir solchen Brauch nicht haben, die Gemeinden Gottes auch nicht.

Hier haben wir einen der Abschnitte vor uns, die primär orts- und zeitgebundene Bedeutung haben. Auf den ersten Blick

sieht es aus, als seien sie für uns nur insofern interessant, als sie Licht auf die inneren Angelegenheiten der ersten Gemeinden werfen; für alle jedoch, die Augen zu sehen haben, sind sie auch deshalb wichtig, weil Paulus hier Probleme nach ewiggültigen Grundsätzen anpackt und löst.
Es handelt sich um die uns seltsam anmutende Frage, ob Frauen der christlichen Gemeinde mit unbedecktem Haupt zum Gottesdienst kommen durften. Unmißverständlich erwidert Paulus darauf: Der Schleier ist ein Zeichen der Unterwerfung; der Geringere trägt ihn in Anwesenheit des Höherstehenden. Da die Frau dem Manne insofern untergeordnet ist, als dieser das Haupt der Familie darstellt, ist es falsch, wenn der Mann mit bedecktem Haupt zum Gottesdienst kommt, und ebenso wenig schickt es sich für die Frau, ohne Schleier im Gottesdienst zu erscheinen; auch und gerade hier muß die übliche Rangfolge gewahrt bleiben. Daß die meisten Menschen unseres Jahrhunderts zu dieser Argumentation so gut wie keinen Zugang haben, dürfte unbestreitbar sein; doch dürfen wir dieses Kapitel nicht im Lichte des zwanzigsten, müssen es vielmehr im Lichte des ersten Jahrhunderts betrachten und demgemäß dreierlei beachten:
1. Man muß sich vergegenwärtigen, welche Rolle der Schleier im Orient spielte, wo die Frauen gebietsweise noch heute einen langen Schleier, y a s h m a k genannt, tragen, der bis fast auf die Füße reicht und nur Stirn und Augen freiläßt. In den Tagen des Paulus verhüllte der Schleier sogar den ganzen Kopf, reichte direkt bis auf die Füße und hatte nur einen Schlitz für die Augen. Ehrbare Frauen dachten nicht daran, ohne eine solche Verhüllung in Erscheinung zu treten; wer es dennoch tat, setzte sich der Gefahr aus, falsch beurteilt zu werden. Von einem Nachklang dieser Sitte berichteten vor noch nicht allzu langer Zeit englische und amerikanische Missionare, und zwar mit dem Bemerken, daß es selbst für ihre Frauen und Töchter besser gewesen sei, wenn sie verschleiert gegangen wären. Der Schleier war zwar ein Zeichen der Unterlegenheit; aber er stellte auch einen Schutz dar. Vers 10 läßt sich nur sehr schwer übersetzen. In manchen modernen Übersetzungen heißt es: „Deshalb soll die Frau ein Zeichen der Herrschaft des Mannes auf dem Haupt tragen“, obwohl der griechische Text wörtlich besagt, daß die Frau „eine Macht auf dem Haupte“ haben solle (so auch die Lutherbibel). Ein guter Kenner des alten Orients hat einmal folgendes gesagt: „Hier gilt der Schleier als Zeichen der Macht, der Ehrbarkeit und der Würde der Frau. Mit dem Schleier auf dem Haupt ist

sie überall sicher und hochangesehen. Man sieht sie nicht, und es ist ein Zeichen von schlechten Manieren, wenn man eine verschleierte Frau auf der Straße beobachtet. Sie ist allein. Die Menschen um sie herum existieren für sie nicht, ebenso wenig wie sie für die anderen. Sie ist damit der Menge überlegen. Ohne Schleier dagegen ist sie nichts; jedermann kann sie beleidigen . . . Mit dem Schleier schwinden auch Würde und Ansehen der Frau dahin." Der Schleier war im Orient also von größter Bedeutung. Er war nicht nur ein Zeichen der Unterlegenheit der Frau, sondern auch der unverletzliche Schutz ihrer Keuschheit und Würde.

2. Erinnern wir uns an die Stellung der Frau bei den Juden. Nach jüdischem Recht war die Frau dem Mann bei weitem unterlegen; denn sie war aus Adams Rippe geschaffen worden (1. Mose 2, 22–23), als Gehilfin des Mannes (1. Mose 2, 18). Ein Stück wunderlicher rabbinischer Exegese lautet folgendermaßen: „Gott baute die Frau weder aus dem Haupt Adams – damit sie nicht stolz würde – noch aus seinem Auge – damit sie nicht lüstern – noch aus seinem Ohr, damit sie nicht neugierig würde, noch aus seinem Munde, damit sie nicht eifersüchtig, noch aus seiner Hand, damit sie nicht habgierig, noch aus seinem Fuß, damit sie keine Herumtreiberin würde, sondern aus seiner Rippe, einem Körperteil, der stets bedeckt war; sie soll daher vor allem bescheiden sein." Nach jüdischer Rechtsauffassung war die Frau eine Sache, und zwar als Eigentum des Mannes, der darüber frei verfügen konnte. Auch in der Synagoge durften Frauen nicht am Gottesdienst teilnehmen, sondern mußten sich getrennt von den Männern auf einer abgeschlossenen Empore oder in einem anderen Teil des Gebäudes aufhalten. Nach jüdischen Rechtsvorstellungen war es undenkbar, daß Frauen gleiche Rechte wie die Männer beanspruchen könnten. In Vers 10 findet sich die merkwürdige Wendung, daß Frauen ihr Haupt „um der Engel willen" bedekken sollten. Was damit gemeint ist, wissen wir nicht genau; sehr wahrscheinlich jedoch geht der Ausdruck auf die in 1. Mose 6, 1–2 geschilderte merkwürdige Begebenheit zurück, derzufolge die „Kinder Gottes" dem Zauber sterblicher Frauen erlagen und sündigten. Vielleicht ist hier daran gedacht, daß Frauen mit unbedecktem Haupt auch für Engel eine Versuchung darstellen können; soll doch nach alter rabbinischer Tradition die Schönheit des langen Frauenhaares selbst überirdische Wesen verwirrt haben.

3. Nicht vergessen dürfen wir außerdem, daß es sich hier um eine Situation handelt, die sich in der Gemeinde zu Korinth

ergeben hatte, in einer reichlich zügellosen Stadt also. Daß Paulus daher den Standpunkt vertrat, in einem solchen Milieu sei es weit besser, nach der Seite der Zurückhaltung lieber einen Schritt zu weit zu gehen als etwas zu tun, was den Nichtchristen eine Handhabe bot, die Christen als zu lax zu verurteilen, und was für die Christen selber möglicherweise eine Versuchung darstellte. Dem hier Gesagten über die damalige Situation hinaus eine allgemeine Gültigkeit zuschreiben zu wollen, wäre daher nicht sachgerecht.

Ungeachtet dessen enthält der Abschnitt bleibende Wahrheiten:

1. Lieber etwas zu genau als zu leicht nehmen; lieber auf Rechte verzichten als darauf auch dann bestehen, wenn andere Anstoß daran nehmen könnten. Es ist heute z. B. Mode, alle Konventionen in Verruf zu bringen; doch sollten wir es uns zweimal überlegen, ehe wir gewisse Umgangsformen außer-acht lassen und andere verletzen. Wir sollen zwar niemals zu Sklaven der Konvention werden; doch dürfen wir auch nicht vergessen, daß gewisse Sitten und Gepflogenheiten nicht ohne Grund entstanden sind.

2. Obwohl Paulus betont, daß der Mann das Haupt der Frau sei, so unterstreicht er doch ausdrücklich die Gleichwertigkeit und das Angewiesensein des einen vom anderen Geschlecht (V. 11 und 12). Mann und Frau, keiner kann ohne den anderen leben. Unterordnung ist nicht um ihrer selbst willen da, sondern damit die Partnerschaft beider umso bessere Frucht trägt und für beide Teile sinnvoller wird.

3. Paulus beschließt den Abschnitt mit einem Tadel für diejenigen, die lediglich zanken, um zu zanken. Welche unterschiedlichen Meinungen und sonstigen Differenzen die Menschen auch haben mögen, in der Gemeinde sollte kein Platz sein für Streitsucht. Gewiß muß man zuweilen auf bestimmten Grundsätzen bestehen; doch niemals ist es angebracht, in herausfordernder Weise miteinander zu streiten. Es ist nicht einzusehen, weshalb die Menschen nicht verschiedene Meinungen haben und dennoch in Frieden miteinander leben können.

DIE FALSCHE ART ZUSAMMENZUKOMMEN

1. Korinther 11, 17—22

Dies aber muß ich befehlen: Ich kann's nicht loben, daß ihr nicht zum Guten, sondern zum Schlimmen zusam-

menkommt. Zum ersten, wenn ihr zusammenkommt in der Gemeinde, höre ich, es seien Spaltungen unter euch; und zum Teil glaube ich's. Denn es müssen ja wohl Spaltungen unter euch sein, auf daß die, so rechtschaffen sind, offenbar unter euch werden. Wenn ihr nun zusammenkommt, so hält man da nicht das Abendmahl des Herrn. Denn ein jeglicher nimmt beim Essen sein eigenes Mahl vorweg, und einer ist hungrig, der andere ist trunken. Habt ihr denn nicht Häuser, wo ihr essen und trinken könnt? Oder verachtet ihr die Gemeinde Gottes und beschämt die, die da nichts haben? Was soll ich euch sagen? Soll ich euch loben? Hierin lobe ich euch nicht.

Die Antike war in mancher Hinsicht eine kulinarisch geselligere Epoche als unsere Zeit. Bestimmte Gruppen von Menschen kamen regelmäßig zusammen, um ein gemeinsames Mahl einzunehmen; zu dem e r a n o s genannten Mahl steuerte jeder etwas bei. Auch in der Frühkirche gab es ein solches gemeinsames Mahl, die A g a p e oder das Liebesmahl, zu dem jeder nach seinen Kräften etwas spendete. Das so Zusammengekommene wurde gleichmäßig an alle verteilt, die zu diesem Mahl erschienen. Das war ein sehr schöner Brauch (der leider lange schon abhanden gekommen ist); er bewirkte und förderte echte christliche Gemeinschaft. In Korinth jedoch stand es nicht zum Besten mit dem Liebesmahl. In der Gemeinde gab es Arme und Reiche; manche konnten viel beisteuern, manche dagegen — vor allem Sklaven — kaum etwas; für viele der letzteren mußte es sich beim Liebesmahl um die einzige vernünftige Mahlzeit der Woche gehandelt haben. Leider aber hatte man in der Gemeinde zu Korinth die Kunst des Teilens bald verlernt. Statt daß die Reichen ihr Essen mit den anderen zusammen einnahmen, beeilten sie sich, es in kleinen exklusiven Gruppen zu verspeisen, so daß für die Minderbemittelten nahezu nichts mehr übrigblieb. Die Folge davon war, daß durch das Mahl, das die sozialen Unterschiede zwischen den Gemeindegliedern mildern sollte, die Gegensätze nur verschärft wurden. Das die Gemeinschaft fördernde Liebesmahl war zunehmend zu einem Mahl klassenbewußter Cliquen geworden, was Paulus ohne zu zögern schonungslos verurteilt.
1. Es ist durchaus möglich, daß Gruppen sich aus Menschen mit unterschiedlichen Ansichten zusammensetzen. Wenn wir Gemeinschaft mit Menschen pflegen, die anders denken als wir, und uns immer wieder mit ihnen unterhalten, kann es im Laufe der Zeit dahin kommen, daß wir ihre Argumente besser

würdigen und schließlich mit ihnen sympathisieren; wenn wir uns dagegen abkapseln und eigene Sozialgruppen bilden, während jene für sich allein bleiben, besteht keine Aussicht, daß wir uns gegenseitig je verstehen werden.

2. Die Frühkirche war der einzige Ort, an dem die Barrieren der damaligen Welt- und Gesellschaftsordnung gefallen waren. Wohin man blickte, bestanden sonst Schranken. So gab es Freie und Sklaven, Griechen und Barbaren (Menschen, die nicht griechisch sprachen), Juden und Heiden, römische Bürger und rechtlose Menschen, Gebildete und Ungebildete. Die Gemeinde war der einzige Ort, an dem alle gleichberechtigt zusammenkommen konnten. Was das für tiefgreifende Folgen hatte, darüber berichtet die Kirchengeschichte: „Innerhalb der gesetzten Grenzen wurden bei diesen Versammlungen fast beiläufig jene Probleme gelöst, die Rom damals zu schaffen machten und die Europa auch heute noch beunruhigen: die Frauen waren nicht mehr rechtlos, die Arbeit adelte die Menschen wieder, das Bettelwesen hörte auf, und der Sklaverei wurde der Stachel genommen. Beim Abendmahl vergaßen die Menschen Herkunft und Klassenzugehörigkeit; denn die Basis des Zusammenlebens bildete die Liebe zu den sichtbaren Abbildern Gottes, zu den Menschen, für die Christus gestorben war. Das ist das Geheimnis jener Revolution, die der christliche Glaube bewirkt hat und weiterhin bewirkt." Eine Gemeinde, in der es spürbare soziale und klassenmäßige Unterschiede gibt, ist im Grunde keine Gemeinde. Die echte Gemeinde stellt einen Leib dar, in dem die Menschen untereinander eins sind, weil sie eins mit Christus sind. Aufschlußreich ist in diesem Zusammenhang das griechische Wort für das Sakrament, d e i p n o n. Unser Ausdruck „Abendmahl" ist insofern irreführend, als für uns die Abendmahlzeit gewöhnlich nicht die Hauptmahlzeit ist, während das d e i p n o n der Griechen die Hauptmahlzeit darstellte. Zum Frühstück aßen die Griechen in Wein getauchtes Brot, und die Mittagsmahlzeit nahmen sie irgendwo ein, zuweilen selbst auf der Straße oder auf dem Marktplatz; das d e i p n o n aber war die Hauptmahlzeit, zu der sie sich in aller Ruhe niederließen, um nicht nur ihren Hunger und Durst zu stillen, sondern auch noch miteinander im Gespräch zu verweilen. Aus dem ursprünglichen Wort für Abendmahl geht also schon hervor, daß das christliche Mahl ein Mahl sein sollte, bei dem die Menschen längere Zeit beisammen waren.

3. Eine Gemeinde, die die Kunst des Teilens verlernt hat, ist eine Gemeinde nur dem Schein nach. Wer alles für sich selbst

behalten möchte oder nur für seinen engeren Kreis, der ist noch weit davon entfernt, ein Christ zu sein. Wahre Christen ertragen es einfach nicht, im Überfluß zu leben, solange andere zu wenig haben; sie sehen ihr Vorrecht nicht in wirtschaftlichen oder sonstigen Privilegien, sondern in der Freiheit, auf sie zu verzichten.

DAS ABENDMAHL

1. Korinther 11, 23–34

Denn ich habe es von dem Herrn empfangen, was ich euch gegeben habe: Der Herr Jesus in der Nacht, da er verraten ward, nahm er das Brot, dankte und brach's und sprach: Nehmet, esset, das ist mein Leib, der für euch gegeben wird; solches tut zu meinem Gedächtnis. Desselbigengleichen auch den Kelch nach dem Mahl und sprach: Dieser Kelch ist das neue Testament in meinem Blut; solches tut, so oft ihr's trinket, zu meinem Gedächtnis. Denn so oft ihr von diesem Brot esset und von diesem Kelch trinket, verkündigt ihr des Herrn Tod, bis daß er kommt. Welcher nun unwürdig von diesem Brot isset oder von dem Kelch des Herrn trinket, der ist schuldig an dem Leib und Blut des Herrn. Der Mensch prüfe aber sich selbst, und so esse er von diesem Brot und trinke von diesem Kelch. Denn welcher also isset und trinket, daß er nicht unterscheidet den Leib des Herrn, der isset und trinket sich selber zum Gericht. Darum sind auch viele Schwache und Kranke unter euch, und ein gut Teil sind entschlafen.
Wenn wir uns selber richteten, so würden wir nicht gerichtet. Wenn wir aber von dem Herrn gerichtet werden, so werden wir gezüchtigt, auf daß wir nicht samt der Welt verdammt werden. Darum, meine lieben Brüder, wenn ihr zusammenkommt, zu essen, so wartet aufeinander. Hungert jemand, der esse daheim, auf daß ihr nicht zum Gericht zusammenkommt.
Das andre will ich ordnen, wenn ich komme.

Dieser Abschnitt des Neuen Testaments ist von höchster Bedeutung, und zwar aus zweierlei Gründen: einmal handelt es sich in ihm um die Aufforderung zur höchsten Handlung der Kirche, zum Sakrament des heiligen Abendmahls, zum andern um einen Bericht mit den ältesten uns schriftlich überlieferten

Jesusworten, weil der Brief an die Korinther noch vor dem zuerst entstandenen Markusevangelium geschrieben wurde.

Das heilige Abendmahl bedeutet, wie wir wissen, keineswegs für alle Menschen dasselbe. Wir brauchen es auch gar nicht vollständig zu begreifen, um seiner Segnungen teilhaftig zu werden; doch sollten wir versuchen, wenigstens näherungsweise zu verstehen, was Jesus gemeint hat, als er in dieser Weise vom Brot und vom Wein sprach. „Das ist mein Leib", sagte er vom Brot. Ein Umstand schließt von vornherein aus, daß wir diese Jesusworte allzu buchstäblich nehmen dürfen: der nämlich, daß Jesus, als er diese Worte sprach, selbst leiblich noch zugegen war, und nichts ist eindeutiger, als daß sein Leib und das Brot in dem Augenblick, da er diese Worte sagte, zwei völlig verschiedene Dinge waren. Er meinte damit sicher auch nicht ausschließlich: „Das bedeutet meinen Leib", obwohl dies in gewisser Hinsicht zutrifft. Das gebrochene Brot symbolisiert wohl den Leib Christi; doch ist es damit allein nicht getan. Für jemanden, der das Brot in den Mund nimmt, gläubig, voller Liebe und Frömmigkeit, ist dies ja nicht nur ein gleichnishaftes Hilfsmittel zur Erinnerung, sondern ein unmittelbarer Kontakt mit Jesus Christus. Außenstehenden, Ungläubigen und Spöttern bedeutet das nichts; für jemanden, der Christus liebhat, ist es der Weg zur lebendigen Gegenwart Christi. „Dieser Kelch", sagte Jesus, „ist das neue Testament in meinem Blute." Man könnte aus dem Grundtext auch übersetzen: „Dieser Kelch ist der Neue Bund, der mein Blut kostet." (Die griechische Präposition *en* bedeutet zwar in den meisten Fällen *in*, kann aber auch *auf Kosten*, *um den Preis* heißen, zumal wenn es sich um die Übersetzung der hebräischen Präposition *be* handelt.) Bei einem Bund oder Testament geht es um eine Beziehung, die zwei Menschen eingehen. Es gab den Alten Bund, das Alte Testament, eine Beziehung, die auf dem *Gesetz* basierte: Gott erwählte sich das Volk Israel, wodurch er in einem besonderen Sinne zu dessen Gott wurde. Die Fortdauer, der Bestand dieses Bundes hing davon ab, daß das Volk Israel das Gesetz Gottes hielt (vgl. 2. Mose 24, 1–8). Durch Jesus wurde und wird eine neue Beziehung zu Gott erschlossen, die nicht auf dem Gesetz, sondern auf der Liebe beruht, d. h. nicht auf unserer Fähigkeit, das Gesetz zu halten – niemand kann das wirklich –, sondern auf der Liebe, die Gott uns in seiner Gnade aus freien Stücken gewährt. Damit ändert sich das Verhältnis Gottes zu den Menschen und dieses zu ihm grundlegend. Aufgrund des Alten Bundes konnten die Menschen Gott nur fürchten, weil sie ihm gegenüber stets säumig waren; aufgrund des Neuen Bundes kommen die Menschen zu Gott wie Kinder zu ihrem Vater, nicht wie Schuldige vor ihren Richter. Dieses Verhältnis – wie immer man die Dinge auch betrachtet – ist nur ermöglicht worden um den Preis des Lebens Jesu. „Das Blut ist das Leben", heißt es im Gesetz (5. Mose 12, 23); auf Kosten des Lebens Jesu, auf Kosten seines Blutes wurde die so ganz andere Beziehung Wirklichkeit. Und so bezeichnet der Abendmahlswein denn das lebendige Blut Christi, ohne welches der Neue Bund, das Neue Testament als Gemeinschaft der Menschen mit Gott nicht denkbar ist.

Weiter ist in diesem Abschnitt die Rede von denen, die „unwürdig" von diesem Brot essen und den Kelch trinken. Was bedeutet das? Die Unwürdigkeit wird dahin beschrieben, daß die Betreffenden „nicht unterscheiden den Leib des Herrn". Dieser Ausdruck kann zweierlei bedeuten. 1. Er kann besagen, daß die, welche unwürdig von dem Brot essen und von dem Wein trinken, sich nicht bewußt gemacht haben, was diese Symbole bedeuten und welchen Sinn sie haben. Sie verkennen damit die Größe dessen, was sie tun; sie haben kein Verständnis für die Heiligkeit dieser Dinge und sind ohne Ehrfurcht sowie ohne Sinn für die Liebe, die sie veranschaulichen, geschweige denn für die damit verbundene Verantwortung. 2. Möglich ist aber auch etwas anderes. Mit dem Ausdruck der Leib Christi wird immer wieder die Gemeinde bezeichnet (wie zum Beispiel in Kapitel 12). Paulus hat soeben alle getadelt, die Spaltungen in der Gemeinde bewirken, indem sie sich absondern und Klassenunterschiede machen. Der Ausdruck kann daher auch besagen: Wem nicht klar ist, daß die ganze Gemeinde der Leib Christi ist, der ißt unwürdig von diesem Brot und trinkt unwürdig von dem Kelch; wer uneins ist mit dem Bruder oder ihn gar verachtet, der ißt unwürdig von dem Brot. Wer Haß, Bitterkeit oder Verachtung gegenüber einem Mitchristen empfindet, der ißt und trinkt unwürdig, wenn er in einer solchen Herzensverfassung zum Abendmahl geht. Unwürdig essen und trinken heißt also, es ohne Ehrfurcht tun und ohne Versöhnung mit dem Bruder, für den Christus ebenso gestorben ist wie für mich.

Weiter erklärt Paulus, das Unglück, das die Gemeinde zu Korinth getroffen habe, sei vielleicht auch nur darauf zurückzuführen, daß sie zum Abendmahl gegangen seien, obwohl sie noch zerstritten waren. Dieses Unheil sei jedoch nicht dazu da, sie zu verderben, sondern um sie durch Züchtigung wieder auf den rechten Weg zu bringen.

Über eins müssen wir uns dabei klar sein: Wenn gesagt wird, daß wir nicht unwürdig essen und trinken sollen, dann heißt das nicht, daß Sünder, die wissen, daß sie es sind, vom Abendmahl ausgeschlossen bleiben – im Gegenteil. Ein alter Pfarrer hat einmal einer Frau, die unschlüssig war, ob sie den Kelch nehmen dürfe, diesen mit den Worten gereicht. „Nimm, Frau. Er ist für die Sünder da. Für Dich." Wenn nur vollkommene Menschen zum Abendmahl gehen dürften, dann könnte niemand es tun. Bußfertige Sünder sind von der Teilnahme am Abendmahl keineswegs ausgeschlossen; für alle, die Gott und ihre Mitmenschen lieben, steht der Weg immer offen.

BEKENNTNIS ZUM HEILIGEN GEIST

1. Korinther 12, 1–3

Über die geistlichen Gaben aber will ich euch, liebe Brüder, nicht ohne Erkenntnis lassen. Ihr wisset: als ihr Heiden waret, zog es euch mit Macht zu den stummen Götzen. Darum tue ich euch kund, daß niemand Jesus verflucht, der durch den Geist Gottes redet; und niemand kann Jesus den Herrn heißen ohne durch den heiligen Geist.

Der Heilige Geist bewirkte in der Gemeinde zu Korinth erstaunliche Dinge. In einer enthusiastischen Epoche kann es jedoch sehr wohl auch hysterische Erregungen, Selbsttäuschungen und Irrtümer geben, und so befaßt Paulus sich in diesem Kapitel sowie in den nächsten beiden mit echten Offenbarungen des Heiligen Geistes.

Im vorliegenden Abschnitt begegnen wir zwei Ausdrücken, die regelrechte Schlachtrufe waren:

1. Der Ausdruck: Verflucht sei Jesus! kann vier Ursachen gehabt haben. a) Die Juden gebrauchten ihn bei den Gebeten in der Synagoge, wo regelmäßig alle Ketzer und Abtrünnigen, unter die auch Jesus fiel, verflucht wurden. Außerdem hieß es, wie Paulus sehr wohl wußte (Gal. 3, 13), im Gesetz der Juden: „Verflucht ist jedermann, der am Holze hanget." Jesus aber war gekreuzigt worden. b) Es ist keineswegs ausgeschlossen, daß die Juden diejenigen unter ihnen, die sich zum Christentum hingezogen fühlten, veranlaßten, diesen Fluch auszusprechen, wenn sie nicht von der Teilnahme am jüdischen Gottesdienst ausgeschlossen sein wollten. Als

Paulus dem König Agrippa seine Bekehrung schilderte und von der Zeit sprach, in der er noch die Christen verfolgt hatte, sagte er: „Und in allen Synagogen peinigte ich sie oft und zwang sie zu lästern" (Apg. 26,11). Der Verbleib in der Synagoge muß also vielfach von der Verfluchung Jesu Christi abhängig gemacht worden sein. c) Wie immer die Verhältnisse zu der Zeit, als Paulus diesen Brief schrieb, gewesen sein mögen, sicher ist, daß später Christen von ihren Verfolgern gezwungen wurden, Christus zu verfluchen, weil sie andernfalls sterben mußten. Zur Zeit Kaiser Trajans stellte der Statthalter Plinius von Bithynien die Menschen, die als Christen angeklagt waren, mit dem Ersuchen auf die Probe, Christus zu verfluchen. Als der alte Bischof Polykarp von Smyrna verhaftet wurde, forderte der Prokonsul Statius Quadratus ihn auf: „Sage: ‚Fort mit den Gottlosen!' Schwöre beim göttlichen Kaiser und lästere Christus!" Darauf erwiderte der Bischof: „Sechsundachtzig Jahre habe ich Christus gedient, und niemals hat er mir etwas Böses zugefügt. Wie kann ich dem König lästern, der mich gerettet hat?" Es gab eine Zeit, in der die Menschen vor die Wahl gestellt wurden, Christus zu verfluchen oder den Tod zu erleiden. d) Auch daß jemand innerhalb der Gemeinde in einer Art halbverrückter Raserei ausschrie: „Verflucht sei Jesus!", ist denkbar. In jener hysterischen Atmosphäre war vieles möglich, was dann auf das Wirken des Heiligen Geistes zurückgeführt wurde. Daher erklärt Paulus ausdrücklich, daß niemand etwas gegen Jesus Christus sagen und dabei behaupten könne, der Heilige Geist habe es ihm eingegeben.

2. Es gab aber auch einen Schlachtruf der Christen: Christus ist Herr! Soweit es in der Frühkirche überhaupt schon ein Glaubensbekenntnis gab, bestand es in diesem schlichten Satz (vgl. Phil. 2,11). Kyrios, Herr, war ein gewaltiges Wort. So hieß offiziell der römische Kaiser, und die Männer, die die Christen verfolgten, verlangten denn auch stets: „Sag: ‚Der Kaiser ist der Herr (kyrios)'." In den griechischen Übersetzungen der alttestamentlichen Schriften wurde der geheiligte Name Jahwe mit kyrios übersetzt. Wer sagte: „Jesus ist Herr", der gab damit sein ganzes Leben Jesus hin.

Bemerkenswert ist, daß Paulus erklärt, nur wer vom Heiligen Geist dazu befähigt werde, könne sagen: „Jesus ist Herr." Nicht die Menschen entdecken von sich aus, daß Jesus der Herr ist, sondern Gott offenbart es ihnen in seiner Gnade.

GOTTES UNTERSCHIEDLICHE GABEN

1. Korinther 12, 4—11

Es sind mancherlei Gaben; aber es ist e i n *Geist. Und es sind mancherlei Ämter; aber es ist* e i n *Herr. Und es sind mancherlei Kräfte; aber es ist* e i n *Gott, der da wirket alles in allen. In einem jeglichen offenbaren sich die Gaben des Geistes zu gemeinem Nutzen. Einem wird gegeben durch den Geist, zu reden von der Weisheit; dem andern wird gegeben, zu reden von der Erkenntnis, nach demselben Geist; einem andern der Glaube, in demselben Geist; einem andern die Gabe, gesund zu machen, in dem* e i n e n *Geist; einem andern die Kraft, Wunder zu tun; einem andern Weissagung; einem andern, Geister zu unterscheiden; einem andern mancherlei Zungenrede; einem andern, die Zungen auszulegen. Dies alles aber wirkt derselbe* e i n e *Geist und teilt einem jeglichen das Seine zu, wie er will.*

Paulus kommt es in diesem Abschnitt darauf an, die Einheit der Gemeinde herauszustellen. Die Gemeinde ist der Leib Christi, und wie bei einem gesunden Körper gilt es, daß die einzelnen Glieder die ihnen obliegenden Funktionen zum Wohle des Ganzen ausüben. Einheit bedeutet jedoch nicht Uniformität oder Einerleiheit; es gibt in der Gemeinde vielmehr die unterschiedlichsten Gaben und Funktionen, wenn auch aus demselben Geist, und jede dieser Gaben dient nicht dem Ruhme einzelner, sondern dem der ganzen Gemeinde.
Zunächst stellt Paulus fest, daß die mancherlei Gaben (c h a r i s m a t a) alle von Gott sind; und jede dieser Gaben soll im Dienste Gottes gebraucht werden. Leider hat die Kirche, zumindest in neuerer Zeit, diesen Gedanken der „mancherlei Gaben" viel zu eng gefaßt, offensichtlich in der Annahme, daß die mancherlei Gaben mehr oder weniger in intellektuellen Gaben wie Reden, Predigen, Beten, Lehren und Schreiben bestehen. Die Kirche täte gut daran, wenn sie sich klarmachte, daß es sich beispielsweise auch bei handwerklichen Geschicklichkeiten um Gaben handelt, die von Gott kommen. Maurer, Zimmermann, Elektriker, Maler, Ingenieur, Installateur, Bäkker usw. haben alle besondere Gaben, und die Kirche würde sich selbst sehr bereichern, wenn sie Handwerkern, die bereit sind, die Geschicklichkeit ihrer Hände in den Dienst Gottes zu stellen, Ämter ebenso wie denen übertrüge, deren Gaben auf der

Kraft der Rede, der Gedanken oder des Schreibens beruhen. Es besteht kein Grund, Menschen, die ihre manuelle Kunstfertigkeit von sich aus in den Dienst der Kirche stellen möchten, nicht zu Gemeindeältesten zu ernennen.

Die Liste der Gaben, die Paulus nennt, ist sehr aufschlußreich; wir erfahren dabei eine Menge über Wesen und Wirken der Frühkirche.

Er beginnt mit zwei ähnlich klingenden Begriffen: Weisheit und Erkenntnis. Weisheit ist im Griechischen jene sophia, die von Klemens von Alexandrien als „das Wissen um Menschliches und Göttliches und ihre Zusammenhänge" definiert wurde; Aristoteles nannte sophia „das Streben nach dem Besten mit Hilfe der besten Mittel". Bei dieser Weisheit handelt es sich um nichts Geringeres als um die höchste Art des Wissens von Gott, das weniger auf Verstandesschlüssen als auf dem Einssein mit ihm beruht. Erkenntnis, gnosis, bezieht sich dagegen mehr auf die Praxis, d. h. auf das, was in jeder gegebenen Situation zu tun ist. Es handelt sich dabei also gewissermaßen um eine praktische Anwendung der sophia auf das menschliche Leben. Beides zusammen ist erforderlich: Weisheit, die durch die Gemeinschaft mit ihm um Gott weiß, und Erkenntnis, kraft derer diese Weisheit im Alltag der Welt und der Kirche praktisch umgesetzt wird.

Als nächstes nennt Paulus den Glauben. Es handelt sich dabei um einen kraftvollen Glauben, der Geistliches verwirklicht, der – nach alter Ausdrucksweise – Berge versetzen kann. Solch ein Glaube ist keine nur intellektuelle Überzeugung von der Wahrheit einer Sache, sondern die Bereitschaft zu etwas, was die Menschen veranlaßt, alles, was sie sind und haben, dafür einzusetzen. Es ist ein Glaube, der die Menschen festigt und der bewirkt, daß Visionen in die Tat umgesetzt werden.

Anschließend spricht Paulus von der Gabe, gesund zu machen. Die Frühkirche wirkte in einer Welt, in der Heilungswunder nicht außergewöhnlich waren. Kranke Juden gingen lieber zu einem Rabbi als zum Arzt, und die Aussicht, daß sie wieder gesund wurden, war verhältnismäßig groß. Der griechische Gott des Heilwesens war Äskulap, dessen Kult sich bald durch das ganze Land verbreitete. Die Menschen suchten die ihm geweihten Tempel auf und verbrachten dort gewöhnlich ganze Nächte, um gesund zu werden, weithin mit Erfolg. Noch heute kann man in den Ruinen dieser Tempel Votivtafeln und Inschriften finden zur Erinnerung an die erfolgte Genesung; Kosten und Mühen, wie sie mit der Errichtung solcher Tafeln verbunden waren, nahm sicherlich niemand ohne Grund auf sich. An dem berühmtesten Kultort dieses Gottes, im Tempel zu Epidaurus, befindet sich eine Inschrift, auf der von einem gewissen Alketas, einem Blinden, die Rede ist, der „ein Traumgesicht hatte. Der Gott schien auf ihn zuzukommen und ihm die Augen zu öffnen. Als erstes erblickte er die Bäume auf dem Tempelgelände. Bei Tagesanbruch zog er geheilt von dannen." Im Äskulaptempel zu Rom befindet sich die Inschrift: „Auf Grund eines Orakels des Gottes mischte der blinde Soldat Verlerius Aper das Blut eines weißen Hahns mit Honig und salbte damit drei Tage lang seine Augen. So erhielt er sein Augenlicht wieder und stattete dem Gott öffentlich seinen Dank ab." Es besteht nicht der geringste Zweifel daran, daß es die Gabe des Heilens auch in der Frühkirche gab; Paulus hätte sie nicht angeführt, wenn sie nicht eindrücklich vorhanden gewesen wäre. Im Jakobusbrief (5, 14) heißt es, wenn jemand krank sei, solle er die Ältesten der Gemeinde zu sich rufen, daß sie über ihm beten und ihn salben mit Öl. Bis ins neunte Jahrhundert diente demgemäß auch das Sakrament der Ölung der Heilung von Menschen; erst dann wurde es als Sakrament der letzten Ölung eine Sterbevorbereitung. Ganz verlorengegangen ist die Gabe des Heilens in der Kirche niemals, und heute entdeckt man sie erfreulicherweise völlig neu. Allzulange hat die Kirche die Menschen in Leib und Seele aufgespalten und sich wohl für die letztere, nicht aber für ihren Körper verantwortlich gefühlt, entgegen der alten Forderung Montaignes: „Wir haben nicht den Geist oder den Körper zu erziehen, sondern den ganzen Menschen und sollten ihn daher nicht in zwei Hälften spalten." Eine der wichtigen Wiederentdeckungen unserer Epoche besteht darin, daß wir wieder lernen, den Menschen als ein Ganzes zu sehen, und der Tag wird kommen, an dem Arzt und Seelsorger wieder allgemein Hand in Hand arbeiten werden.

Als nächstes nennt Paulus die Kraft, Wunder zu tun. Mit großer Wahrscheinlichkeit ist das ein Hinweis auf Geisterbeschwörungen. Damals wurden viele, häufig sogar alle Krankheiten, insbesondere Geisteskrankheiten dem Wirken von bösen Geistern zugeschrieben, weshalb die Kirche es als eine ihrer Aufgaben ansah, diese Geister auszutreiben. Auch heute noch kommt den Geisterbeschwörungen eine nicht zu unterschätzende Rolle zu, mindestens im Bereich der Missionstätigkeit. Im übrigen ist es zu allen Zeiten Aufgabe

der Kirche gewesen, Geisteskranke und Geistesgestörte mit der ihr eigenen Gnadengabe beizustehen.
Weiter erwähnt Paulus die Weissagung. Wir würden eine bessere Vorstellung von der Bedeutung dieses Wortes bekommen, wenn wir es mit Predigen übersetzten; das Wort Weissagung ruft in uns zu sehr die Gedankenassoziation zu Zukunftsdeutung hervor. Dabei ist Weissagung zu allen Zeiten mehr Weitersagen als Vorhersage gewesen, und zwar Weitersagen im Sinne echter Propheten. Diese führen ein so gottnahes Leben, daß sie den Geist, das Herz, den Willen und die Absichten Gottes erkennen und daher imstande sind, die Menschen daran teilhaben zu lassen, indem sie Gottes Wort in menschlichen Worten nachsprechen. Weil das so ist, haben Propheten eine doppelte Aufgabe: a) sie mahnen und tadeln die Menschen und sagen ihnen, inwieweit ihre Handlungsweise nicht dem Willen Gottes entspricht. b) Sie raten den Menschen und versuchen sie in die Richtung zu lenken, die sie nach Gottes Willen gehen sollen.
Paulus nennt sodann die Fähigkeit, die Geister zu unterscheiden. In der damaligen Gesellschaft und ihrer spannungsgeladenen Atmosphäre, in der die ungewöhnlichsten Offenbarungen als ganz normal erschienen, mußte man unbedingt zwischen Wirklichem und bloß Fiktivem unterscheiden, zwischen Echtem und Unechtem, zwischen Göttlichem und Teuflischem. Auch heute noch läßt sich bei ungewöhnlichen Erscheinungen, die außerhalb des gewohnten Gesichtskreises der Menschen liegen, nur sehr schwer sagen, ob sie von Gott kommen oder nicht. Wir sollten uns dabei stets von dem Grundsatz leiten lassen, daß wir, statt vorschnell zu urteilen, uns zunächst einmal bemühen sollten, sie zu verstehen.
Als letztes führt Paulus die Gabe des Zungenredens an und die Fähigkeit, sie auszulegen. Das Zungenreden verursachte in der Gemeinde zu Korinth, wie wir noch sehen werden, große Verwirrung. Obwohl das Zungenreden auch heute noch existiert und gerade neuerdings ein pfingstlerisches Comeback hat, ist es den meisten Menschen fremd. Beim Zungenreden ging es um folgendes: Im Gottesdienst geriet der eine oder der andere in Ekstase und brach dann in einen Schwall unverständlicher Laute, oft in einer unbekannten Sprache, aus. Die Gabe solchen Zungenredens war höchst begehrt, weil man annahm, daß sie auf den unmittelbaren Einfluß des Geistes Gottes zurückzuführen sei. Den Versammelten blieb das Gestammel natürlich meist völlig unklar. Manchmal konnten die in Zungen Redenden selbst deuten, was aus ihnen heraus-

gequollen war; gewöhnlich jedoch bedurfte es eines anderen, der die besondere Gabe hatte, „Zungen auszulegen". Paulus hat die Gabe des Zungenredens niemals in Frage gestellt; doch war er sich ihrer Gefahren durchaus bewußt, weil echte Ekstase und hysterische Selbsthypnose sich nur schwer unterscheiden lassen.
Alles in allem ersteht vor uns das Bild einer sehr lebendigen Gemeinde. Es geschah etwas; ja, es geschahen erstaunliche Dinge. Das Leben dort war – von den Mißständen abgesehen – ein sehr intensives und sensibles Leben. Oberflächlich, träge und langweilig ging es in der Frühkirche jedenfalls nicht zu. Paulus wußte, daß dieses vielfältige geistliche Leben das Werk des durch Christus gesandten Heiligen Geistes war.

DER LEIB CHRISTI

1. Korinther 12, 12–31

Denn gleichwie e i n Leib ist und hat doch viele Glieder, alle Glieder aber des Leibes, wiewohl ihrer viel sind, doch e i n Leib sind: so auch Christus. Denn wir sind durch e i n e n Geist alle zu e i n e m Leibe getauft, wir seien Juden oder Griechen, Unfreie oder Freie, und sind alle mit e i n e m Geist getränkt. Denn auch der Leib ist nicht e i n Glied, sondern viele. Wenn aber der Fuß spräche: Ich bin keine Hand, darum bin ich des Leibes Glied nicht, sollte er um deswillen nicht des Leibes Glied sein? Und wenn das Ohr spräche: Ich bin kein Auge, darum bin ich nicht des Leibes Glied, sollte es um deswillen nicht des Leibes Glied sein? Wenn der ganze Leib Auge wäre, wo bliebe das Gehör? Wenn er ganz Gehör wäre, wo bliebe der Geruch? Nun aber hat Gott die Glieder gesetzt, ein jegliches am Leibe besonders, wie er gewollt hat. Wenn aber alle Glieder e i n Glied wären, wo bliebe der Leib? Nun aber sind der Glieder viele, aber der Leib ist e i n e r. Es kann das Auge nicht sagen zu der Hand: Ich bedarf dein nicht; oder wiederum das Haupt zu den Füßen: Ich bedarf euer nicht. Sondern vielmehr die Glieder des Leibes, die uns dünken die schwächsten zu sein, sind die nötigsten; und die uns dünken am wenigsten ehrbar zu sein, die umkleiden wir mit besonderer Ehre; und die uns übel anstehen, die schmückt man am meisten. Denn die uns wohl anstehen,

die bedürfen's nicht. Aber Gott hat den Leib zusammengefügt und dem geringeren Glied höhere Ehre gegeben, auf daß nicht eine Spaltung im Leibe sei, sondern die Glieder füreinander gleich sorgen. Und wenn e i n Glied leidet, so leiden alle Glieder mit, und wenn e i n Glied wird herrlich gehalten, so freuen sich alle Glieder mit.
Ihr seid aber der Leib Christi und Glieder, ein jeglicher nach seinem Teil. Und Gott hat gesetzt in der Gemeinde aufs erste Apostel, aufs andre Propheten, aufs dritte Lehrer, danach Wundertäter, danach Gaben, gesund zu machen, Helfer, Regierer, mancherlei Zungen. Sind sie alle Apostel? Sind sie alle Propheten? Sind sie alle Lehrer? Sind sie alle Wundertäter? Haben sie alle Gaben, gesund zu machen? Reden sie alle in Zungen? Können sie alle auslegen? Strebet aber nach den besten Gaben.
Und ich will euch noch einen köstlicheren Weg zeigen.

In diesem Abschnitt haben wir eins der berühmtesten Gleichnisse von der Einheit der Kirche vor uns. Zu allen Zeiten hat die Art, in der die einzelnen Teile des menschlichen Körpers zusammenwirken, die Menschen fasziniert. Lange vor Paulus hatte Plato gesagt, der Kopf sei die Zitadelle des Menschen, der Hals die Landenge zwischen Kopf und Leib, das Herz die Quelle des Leibes, die Poren die Pfade des Leibes und die Adern die Kanäle des Körpers. Nun besteht der Körper aus vielen Teilen, die in sich eine Wesenseinheit bilden. Schon Plato hat darauf hingewiesen, daß wir nicht sagen: „Mein Finger schmerzt mich", sondern: „Ich habe Schmerzen." Das Ich, die Persönlichkeit verbindet die vielen verschiedenen Körperteile zu einer Einheit. Was das Ich, die Persönlichkeit für den Körper ist, das ist Christus für die Gemeinde; er verbindet die vielen verschiedenen Glieder und macht sie zu einer Einheit.
Und dann beginnt Paulus das Thema von einer anderen Seite zu betrachten. „Ihr seid der Leib Christi", sagt er. Das ist ein verpflichtender Gedanke. Jesus Christus ist leiblich nicht mehr auf dieser Welt; er muß daher, wenn er will, daß etwas für ihn geschieht auf der Welt, Menschen finden, die dies tun. Wenn er will, daß Kinder unterrichtet werden, muß er Lehrer finden, die sie unterweisen. Wenn er will, daß ein Kranker gesund wird, muß er einen Arzt finden, der das Werk verrichtet. Wenn er will, daß die Geschichte seines Lebens und Wirkens erzählt wird, muß er jemanden finden, der sie erzählt. Wir müssen buchstäblich der Leib Christi sein, Hände,

die sein Werk verrichten, Füße, die seine Aufträge ausrichten, eine Stimme, die für ihn spricht. Ein Glied des Leibes Christi auf Erden zu sein, ist die größte Herrlichkeit der Christen.

Paulus entwirft hier ein Bild von der Einheit, die die Gemeinde bilden sollte, um ihrer eigentlichen Aufgabe gerecht werden zu können. Wie der Körper nur gesund und leistungsfähig ist, wenn alle Körperteile gut funktionieren, wie die einzelnen Glieder nicht eifersüchtig aufeinander sind, wie jeder Körperteil die ihm obliegende Funktion erfüllt und wie nur dadurch der Körper gesund bleibt, so soll es auch in der Gemeinde, dem Leibe Christi, sich verhalten.

1. Wir sollen uns bewußt sein, daß wir *uns gegenseitig nötig* haben, daß wir aufeinander angewiesen sind; Absonderung darf es in der Gemeinde nicht geben. Leider kommt es viel zu oft vor, daß jemand von der Arbeit, die er ausübt, so eingenommen, von ihrer Wichtigkeit so überzeugt ist, daß er darüber andere, die etwas anderes tun, völlig übersieht oder aber kritisiert. Wenn die Kirche ein gesunder Leib sein soll, dann bedarf sie der Mitwirkung aller.

2. Wir sollen einander *achten und respektieren*. Wie sich beim Körper nicht die Frage nach der relativen Wichtigkeit der einzelnen Glieder stellt, weil bei Funktionsuntüchtigkeit eines Organs der ganze Körper in Unordnung gerät, so verhält es sich auch mit der Kirche. „Vor Gott zählt jeder Dienst gleichermaßen." Sobald wir uns unsere eigene Bedeutung in der Kirche zu vergegenwärtigen beginnen, ist es aus mit echter christlicher Arbeit.

3. Wir sollten *Mitgefühl füreinander* haben. Wenn ein Körperteil erkrankt, werden alle anderen Teile davon in Mitleidenschaft gezogen. Wer nicht über seinen eigenen Kreis hinauszublicken vermag, sei es die eigene Kirchengemeinde oder (noch schlimmer) die eigene Familie, der weiß noch nichts von dem einen Geist in der Kirche oder von dem Einssein der Gotteskinder.

Am Schluß des Abschnitts spricht Paulus von den verschiedenen Formen und Vertretern des Dienens in der Gemeinde:

1. An erster Stelle nennt er die *Apostel*, die fraglos die wichtigste Rolle in der werdenden Kirche spielten. Ihre Autorität war nicht auf bestimmte Orte beschränkt — waren sie doch nicht seßhaft —, ihr Wort galt vielmehr in allen Gemeinden. Woran lag das? Wesentliches Merkmal der Apostel war, daß sie Jesus während seines Erdenlebens begleitet hatten und Zeugen seiner Auferstehung waren (Apg. 1, 22). Die Apostel hatten engsten Kontakt zu Jesus gehabt, sowohl in den Tagen

seines Fleisches als auch in der Zeit seiner Kraft nach der Auferstehung. Jesus hat nie ein Wort zu Papier gebracht, hat kein einziges Buch hinterlassen, sondern schrieb seine Botschaft in die Herzen von Menschen; diese Menschen waren im besonderen die Apostel. Deren Vollmacht beruhte auf der Tatsache, daß sie Jesus, von ihm dazu erwählt, begleitet haben. Nur der lebendig gegenwärtige Jesus Christus verleiht den Menschen apostolische Vollmacht, einerlei, welcher kirchlichen Denomination sie angehören.

2. Von den P r o p h e t e n haben wir bereits im vorigen Abschnitt gesprochen. Doch jetzt nennt Paulus noch die L e h r e r, die dazu bestellt waren, die von den Evangelisten und Aposteln für den christlichen Glauben Gewonnenen im einzelnen zu unterweisen. Wie wichtig diese Aufgabe war, wird uns klar, wenn wir bedenken, daß das älteste Evangelium, das Markusevangelium, erst etwa um das Jahr 60 entstanden ist, also erst etwa 30 Jahre nach der Kreuzigung Jesu. Versetzen wir uns außerdem in die damalige Zeit zurück, in der die wenigen handgeschriebenen Bücher, die es gab, so teuer waren, daß einfache Menschen überhaupt keine Aussicht hatten, jemals ein Buch zu besitzen, so verstehen wir, daß die Geschichten Jesu und seine Lehren zwangsläufig mündlich vermittelt werden mußten. Eben dies war die Aufgabe der Lehrer, wobei wir nicht vergessen dürfen: Schüler können von guten Lehrern mehr lernen als aus jedem Buch. Obwohl es heute Bücher, auch wohlfeile, in Hülle und Fülle gibt, kann man gewiß sagen, daß wir den lebendigen Christus zutiefst nur durch Menschen kennenlernen.

3. Paulus spricht von H e l f e r n. Deren Aufgabe bestand darin, Armen, Waisen, Witwen und Fremden beizustehen. Von Anfang an hat der christliche Glaube sich in der Praxis des Alltags ausgewirkt. Manch einer, der als ein schlechter Redner und Lehrer gilt, ist vielen ein guter Helfer geworden.

4. Paulus führt auch R e g i e r e r auf. Das entsprechende griechische Wort, k y b e r n e s i s, ist ein interessantes Wort: Das Steuern eines Schiffes durch den Steuermann wird so bezeichnet, der es durch Klippen und an Sandbänken vorbei in den Hafen steuert. (Vgl. den modernen Ausdruck Kybernetik = Regelungs- und Steuerungswissenschaft.) Bei den Menschen, auf die Paulus mit diesem Wort hinweist, handelt es sich um Männer, die sich um die Regelung der Gemeindeangelegenheiten kümmerten — eine äußerst wichtige Arbeit; konnten die im Scheinwerferlicht der Öffentlichkeit stehenden Prediger und Lehrer ihr Werk doch nur dann verrichten, wenn hinter

ihnen Männer standen, die alle routinemäßig anfallenden Gemeindearbeiten durchführten. Wie es Körperteile gibt, die unsichtbar und doch wichtiger sind als manche anderen, so gibt es auch in der Kirche Menschen, ohne deren stillen Dienst die kirchliche Arbeit nicht bewältigt werden könnte.
Am Schluß spricht Paulus von einer Gabe, die größer ist als alle übrigen, und zwar im Blick auf die Gefahr, daß Menschen mit verschiedenen Gaben unwillkürlich verschiedene Standpunkte einnehmen, wodurch die Arbeit am Ganzen vielfach behindert wird. Nur eins vermag die Gemeinde zu einer Einheit verbinden –: die Liebe, deren Lobgesang Paulus jetzt anstimmt.

HYMNE AUF DIE LIEBE

1. Korinther 13

Wenn ich mit Menschen- und mit Engelzungen redete und hätte der Liebe nicht, so wäre ich ein tönend Erz oder eine klingende Schelle. Und wenn ich weissagen könnte und wüßte alle Geheimnisse und alle Erkenntnis und hätte allen Glauben, so daß ich Berge versetzte, und hätte der Liebe nicht, so wäre ich nichts. Und wenn ich alle meine Habe den Armen gäbe und ließe meinen Leib brennen und hätte der Liebe nicht, so wäre mir's nichts nütze.
Die Liebe ist langmütig und freundlich, die Liebe eifert nicht, die Liebe treibt nicht Mutwillen, sie blähet sich nicht, sie stellet sich nicht ungebärdig, sie suchet nicht das Ihre, sie läßt sich nicht erbittern, sie rechnet das Böse nicht zu, sie freuet sich nicht der Ungerechtigkeit, sie freuet sich aber der Wahrheit; sie verträgt alles, sie glaubet alles, sie hoffet alles, sie duldet alles.
Die Liebe höret nimmer auf, so doch die Weissagungen aufhören werden und das Zungenreden aufhören wird und die Erkenntnis aufhören wird. Denn unser Wissen ist Stückwerk, und unser Weissagen ist Stückwerk. Wenn aber kommen wird das Vollkommene, so wird das Stückwerk aufhören. Da ich ein Kind war, da redete ich wie ein Kind und war klug wie ein Kind und hatte kindliche Anschläge; da ich aber ein Mann ward, tat ich ab, was kindlich war. Wir sehen jetzt durch einen Spiegel in einem dunklen Wort; dann aber von Ange-

sicht zu Angesicht. Jetzt erkenne ich stückweise; dann aber werde ich erkennen, gleichwie ich erkannt bin. Nun aber bleibt Glaube, Hoffnung, Liebe, diese drei; aber die Liebe ist die größte unter ihnen.

Für viele Menschen ist dieses das schönste Kapitel des ganzen Neuen Testaments. Es empfiehlt sich daher, daß wir uns mit diesen Worten (zu deren vollständiger Erschließung ein ganzes Leben nicht ausreicht) länger beschäftigen.
Paulus beginnt mit der Behauptung, auch wenn die Menschen noch so viele Geistesgaben besäßen, seien diese unnütz, wenn zu ihnen nicht die Liebe hinzukomme. 1. Sie können die Gabe des Zungenredens haben. Bei heidnischen Kultveranstaltungen, vor allem beim Dionysoskult und beim Kult der Kybele waren Trompetengeschmetter und Zimbelklang charakteristische Begleiterscheinungen. Ohne Liebe war selbst die begehrte Gabe des Zungenredens nicht besser als der Lärm bei solchen heidnischen Festen. 2. Sie können die Gabe der Weissagung haben, wobei es sich (wie wir bereits festgestellt haben) um eine Gabe handelte, die dem Predigen sehr nahe kam. Es gibt zwei Arten von Predigern. Während die einen kein anderes Ziel kennen, als die Seelen der Menschen zu retten und mit der ganzen Kraft ihrer Liebe um sie zu werben — das galt für niemanden mehr als für Paulus —, gibt es andererseits auch solche, die ihre Zuhörer gewissermaßen den Flammen der Hölle ausliefern und damit den Eindruck erwecken, als würden sie sich über ihre Verdammnis ebenso freuen wie über ihre Rettung. Als ein Angehöriger der Griechisch-Orthodoxen Kirche, die außerordentlich unter dem Islam zu leiden hatte, einen seiner Hörer einmal fragte, warum es wohl so viele Mohammedaner gäbe, erwiderte der Betreffende: „Um die Hölle mit ihnen zu füllen." Predigten voller Gerichtsdrohungen, aber ohne Liebe, können die Menschen wohl erschrekken, nicht aber retten. 3. Sie können intellektuelles Wissen besitzen. Damit ist stets die Gefahr geistigen Hochmuts verbunden, die Neigung, auf andere hinabzublicken, die nicht so „gebildet" sind. Nur Wissen, dessen objektive Aussagen vom Feuer der Liebe durchwärmt ist, vermag die Menschen zu retten. 4. Auch leidenschaftlicher Glaube ohne Liebe ist unnütz; ja er kann sogar grausam sein. Ein Beispiel für letzteres: Ein Mann, der bei einer ärztlichen Untersuchung erfuhr, daß sein Herz sehr geschwächt sei und er sich Ruhe gönnen müsse, rief daraufhin seinen Arbeitgeber, einen angesehenen Christen, an, um ihn zu informieren, erhielt jedoch nur zur

Antwort: „Ich besitze eine innere Kraft, die mich weitermachen läßt." Glaube ohne Liebe hat etwas Verletzendes, Schneidendes. 5. Auch sogenannte Mildtätigkeit ohne Liebe ist unnütz; es gibt nichts Demütigenderes als diese Zerrform der Nächstenliebe. Wer nur aus Pflichtgefühl etwas gibt, wer sich wunders wie vorkommt, wenn er den Armen die Brocken seines Wohlstandes wie einem Hunde vorwirft, wer seine Gabe gar mit Ermahnungen oder Vorwürfen garniert, der zeigt damit keine Nächstenliebe, sondern nur Hochmut. Hochmut aber ist stets grausam, weil er keine Liebe kennt. 6. Auch den Leib brennen lassen, ist unnütz, wenn nicht Liebe dahintersteht. Möglicherweise hat Paulus bei diesen Worten an Schadrach, Meschach und Abed-Nego, die drei Männer im Feuerofen, gedacht (Dan. 3), wahrscheinlich aber auch an ein berühmtes Denkmal in Athen, an das sogenannte Indische Grabmal. Ein Inder, der sich selbst öffentlich verbrannte, hatte zuvor veranlaßt, daß sein Grabmal mit der Inschrift versehen würde: „Hier liegt Zarmano-chegas, ein Inder aus Bargosa, der sich nach der Sitte der Inder unsterblich gemacht hat." Es ist denkbar, daß Paulus außerdem an gewisse Christen gedacht hat, die Verfolgungen geradezu herausforderten. Wenn jedoch Stolz, Zurschaustellung oder Selbstverherrlichung die Motive dafür sind, daß jemand sein Leben für Christus läßt, dann ist auch der Märtyrertod unnütz. Es ist keineswegs zynisch gemeint, wenn wir sagen, daß manche anscheinend heiligen Taten Äußerungen des Hochmuts, nicht aber der Frömmigkeit und der Liebe sind.

Kaum eine andere Stelle der Heiligen Schrift fordert uns so sehr wie dieser Abschnitt zur Selbstprüfung auf.

VOM WESEN DER CHRISTLICHEN LIEBE

1. Korinther 13

In den Versen 4 bis 7 zählt Paulus fünfzehn charakteristische Merkmale der christlichen Liebe auf:

Die Liebe ist langmütig. Das griechische Wort makrothymein, das dafür im Neuen Testament gebraucht wird, bezieht sich ausschließlich auf die Geduld, die Menschen entgegengebracht wird, nicht auf solche gegenüber gegebenen Verhältnissen. Chrysostomos, der größte Prediger der griechischen Kirche im 4. Jahrhundert, hat dazu gesagt, dieses Wort werde immer dann benutzt, wenn einem Menschen Unrecht geschehen sei und es durchaus in dessen Macht stehe, sich zu rächen, er davon aber keinen Gebrauch mache. Langmut ist das Wort, das für alle Menschen gilt, die sich nur sehr schwer erzürnen lassen; es ist auch das Wort, das das Verhältnis Gottes zu den Menschen kennzeichnet. Auch wir müssen uns heute im Umgang mit den Menschen, selbst wenn diese sich uns gegenüber ablehnend oder gar verletzend verhalten, in Langmut üben, ebenso wie Gott es uns gegenüber tut. Das ist eine schlichte Wahrheit. Und ganz sicher ist, daß Langmut ein Zeichen nicht von Schwäche, sondern von Stärke ist; sie ist auch kein Merkmal des Defaitismus, sondern der einzige Weg, der zum Sieg führt. Wiederholt hat man darauf hingewiesen, daß kein Mensch Abraham Lincoln, dem (1865 ermordeten) Präsidenten der Vereinigten Staaten, mit solcher Verachtung begegnet sei wie der Politiker Stanton, der ihn einen „gemeinen, verschlagenen Hanswurst" nannte und ihm den Spitznamen „Urgorilla" gab; der Forschungsreisende Du Chaillu sei ein Tor, daß er halb Afrika auf der Jagd nach einem einzufangenden Gorilla durchstreife, während er doch bloß nach Springfield (Illinois) zu gehen brauche, wo der Präsident zu jener Zeit lebte. Lincoln schwieg zu all diesen Anwürfen. Er machte Stanton zum Kriegsminister, weil er der beste Mann für diesen Posten war, und behandelte ihn mit äußerster Zuvorkommenheit. Die Jahre gingen ins Land. Dann kam der Abend, an dem die Kugel des Fanatikers Booth Lincoln im Theater tödlich traf. In dem kleinen Zimmer, in das der tote Präsident gebracht wurde, stand an jenem Abend auch Stanton. Er blickte auf das stille, zerfurchte Gesicht des toten Lincoln und sagte unter Tränen: „Dort liegt der größte Staatsmann, den es je gegeben hat." Die Langmut der Liebe hatte schließlich doch gesiegt.

Die Liebe ist freundlich. Origenes, ein sehr bedeutender Theologe des christlichen Altertums, sagte sehr zutreffend, dieses Attribut bedeute, daß die Liebe „gütig gegen jedermann" sei, und der lateinische Kirchenlehrer Hieronymus sprach von „Wohlwollen" der Liebe. Vielfach begegnet man einem Christentum, das so gut wie keine Freundlichkeit kennt. So gab es zum Beispiel seinerzeit kaum einen gottesfürchtigeren Mann als Philipp II. von Spanien. Trotzdem war er der Begründer der spanischen Inquisition, weil er glaubte, Gott zu dienen, wenn er alle umbringen ließ, die in Glaubensfragen anders dachten als er. Und der englische Kardinal Pole behauptete, Mord und Ehebruch seien nicht so verabscheuungswürdig wie Ketzerei. Wenn auch nicht mit der Verfolgungswut, von der jene Männer besessen waren, so doch mit ähnlicher Intoleranz zeigen auch heute noch viele „gute" Menschen die Unart, alle übrigen ständig abfällig zu kritisieren. Sehr viele eifrige Kirchgänger unserer Tage hätten wahrscheinlich damals die Partei der Herrschenden ergriffen und nicht wie Jesus geurteilt, wenn sie über die Frau zu befinden gehabt hätten, die beim Ehebruch ertappt worden war.

Die Liebe eifert nicht. Es heißt, in Wirklichkeit gebe es auf der ganzen Welt nur zwei Gruppen von Menschen: die Klasse der Millionäre und die Klasse derer, die es gern sein möchten. Es gibt zwei Spielarten des Neides. Die einen sehnen sich nach ebensoviel, wie andere es besitzen – eine Erscheinung, die nur allzu menschlich ist und sich wohl kaum ganz vermeiden läßt. Die andere Spielart ist schlimmer und gefährlicher: die damit behafteten Menschen mißgönnen dem anderen das, was sie selbst nicht besitzen. Diesen Menschen liegt nicht so sehr daran, etwas für sich selbst zu besitzen, als vielmehr daran, daß der andere nichts hat. Eine niedrigere Gesinnung als diese ist kaum denkbar.

Die Liebe treibt nicht Mutwillen. Ein Kennzeichen echter Liebe ist, daß sie selbst in den Hintergrund tritt. Ein Mensch, der wahrhaft liebt, ist stets mehr von seiner Unwürdigkeit als von seinem Verdienst überzeugt. In einem modernen englischen Roman wird u. a. ein Junge geschildert, der jedesmal, wenn er in der Schule ein wenig geglänzt hatte, zu Hause seine Mutter fragte: „Bin ich nicht ein Wunderkind?" Manche Menschen haben die Vorstellung, sie erwiesen dem anderen mit ihrer Liebe eine Gunst. Wer jedoch wirklich liebt, wird das Wunder, ebenfalls geliebt zu werden, niemals ganz fassen können. Wahre Liebe ist stets demütige Liebe, weil sie sich dessen bewußt ist, daß das, was sie dem geliebten Menschen zu schenken vermag, niemals genug für ihn ist.

Die Liebe blähet sich nicht. Napoleon hat sich zwar stets für die Heiligkeit der Familie eingesetzt, wie er auch öffentliche Gottesdienste für unbedingt erforderlich hielt – doch nur für andere; von sich selbst behauptete er: „Ich bin kein Mensch wie andere; für mich gelten die allgemeinen Sittengesetze nicht." Wirklich große Menschen werden sich selbst niemals für besonders bedeutend halten. William Carey zum Beispiel, der Begründer der weltweiten Baptistischen Missionsgesellschaft, war nicht nur einer der erfolgreichsten Missionare, sondern auch eines der größten Sprachgenies, die es je gegeben hat; einzelne Teile der Bibel hat er in nicht weniger als 34 indische Dialekte übersetzt. Er hatte als einfacher Flickschuster begonnen. Als er nach Indien kam, nahm man ihn dort nur widerstrebend und einigermaßen geringschätzig auf. Auf einer Gesellschaft bemerkte ein Snob, der ihn demütigen wollte, so laut, daß alle Anwesenden es hören konnten: „Waren Sie früher nicht Schuhmacher, Mr. Carey?“ „Nein, Euer Lordschaft“, erwiderte Carey, „nicht Schuhmacher, sondern bloß Flickschuster.“ Niemand kann Leute leiden, die sich selbst für „bedeutend“ halten. Menschen, die mit einer winzig kleinen Amtsgewalt ausgestattet sind und diese wie etwas Besonderes handhaben oder zur Schau stellen, bieten meist einen traurigen wo nicht gar lächerlichen Anblick.

Die Liebe stellet sich nicht ungebärdig. Im Griechischen gibt es für Nachsicht und Liebenswürdigkeit nur ein Wort. Es gibt Menschen, denen es geradezu ein Vergnügen bereitet, ihren Mitmenschen dies und das möglichst unverblümt, wo nicht gar brutal, zu sagen. Solche Menschen besitzen wohl eine gewisse Stärke; aber alles, was anziehend macht, fehlt ihnen. Ein englischer Bischof hat einmal von einem seiner Schüler gesagt: „Wo er auch hinkommen mag, sein Gesicht wird überall für ihn predigen.“ Auch eine Sympathie erweckende Ausgeglichenheit, um nicht zu sagen Charme, gehört zur Liebe. Zwar sind Zuvorkommenheit, Taktgefühl, Höflichkeit und dergleichen vielleicht nicht die wichtigsten christlichen Tugenden, sicher aber sehr liebenswerte.

Die Liebe suchet nicht das Ihre. Es gibt letztlich nur zwei verschiedene Menschentypen: die einen denken unausgesetzt an ihre Rechte, die anderen vorwiegend an ihre Pflichten; die einen bestehen dauernd auf ihren Privilegien; die anderen sind sich stets ihrer Verantwortung gegenüber den Mitmenschen bewußt; die einen denken immer daran, was das Leben ihnen schuldig ist; die anderen vergessen nie, was sie dem Leben schuldig sind. Sobald wir anfangen, an das zu denken, was uns „zusteht“, entfernen wir uns mit Sicherheit von dem, was christliche Liebe ist.

Die Liebe läßt sich nicht erbittern. Das heißt nichts anderes, als daß christliche Liebe sich niemals zum Bösen reizen läßt. Entrüstung und Erbitterung sind stets Zeichen der Unterlegenheit; wenn wir bestimmten Menschen gegenüber unsere Beherrschung verlieren, haben wir alles verloren. Der englische Schriftsteller Rudyard Kipling hat einmal gesagt, ob jemand in der Lage sei, eine Bewährungsprobe zu bestehen, erweise sich erst, wenn andere den Kopf verlören und ihm Vorwürfe machten, während er als einziger besonnen und ruhig bleibe, wenn er dem Haß keinen Einlaß gewähre, auch wenn man ihn selber hasse. Wer sich selbst beherrscht, kann auch mit allem übrigen fertig werden.

Die Liebe rechnet das Böse nicht zu. Das Wort „zurechnen“ heißt im Griechischen logizesthai. Es ist der Kaufmannssprache entnommen und besagt, daß ein Posten ins Hauptbuch eingetragen wird, damit er nicht vergessen werde. Genau so machen es auch viele Menschen im Umgang mit anderen. Ein wichtiger Punkt der Kunst zu leben besteht doch darin, daß wir vergessen lernen, was wir vergessen müssen. Sonst sind wir nicht anders als jene Polynesier, die ihre Zeit zum großen Teil mit Kämpfen und Feiern zubringen und von denen es heißt, es sei bei ihnen üblich, „daß jeder Mann die Erinnerung an seine Feinde wachhält. Von den Dächern ihrer Hütten hängen Gegenstände herab, die sie an das ihnen widerfahrene Unrecht erinnern sollen — mag es nun ein wirkliches oder nur ein eingebildetes Unrecht sein.“ Es gibt viele Menschen, die ihren Zorn geradezu hätscheln, um ihn frischzuhalten; sie brüten solange über das ihnen geschehene Unrecht nach, bis sie nicht mehr davon loskommen. Die christliche Liebe dagegen beherzigt die große Lehre des Vergessenkönnens.

Die Liebe freuet sich nicht der Ungerechtigkeit. Dieser Satz besagt, daß echte Liebe kein Gefallen am Unrecht findet. Letzteres bezieht sich weniger auf die Genugtuung, die ein Mensch womöglich empfindet, wenn er selbst Unrecht tut, als vielmehr auf die Schadenfreude, die die meisten empfinden, wenn sie etwas Nachteiliges über jemand anders hören. Es ist ein merkwürdiger Zug der menschlichen Natur, daß wir sehr oft lieber vom Unglück hören, das andere betroffen hat, als von deren Wohlergehen; pikante Geschichten über die Schwächen unserer Mitmenschen interessieren uns meist mehr als deren gute Taten. Die christliche Liebe kennt solche Schadenfreude und solchen Klatsch nicht.

Die Liebe freuet sich der Wahrheit. Das ist gar nicht so einfach, wie es klingt. Zeitweilig liegt uns nämlich nichts daran, daß die Wahrheit siegt; und noch häufiger kommt es vor, daß wir die Wahrheit nicht einmal hören wollen. Die christliche Liebe dagegen verabscheut es, die Wahrheit zu verschleiern; sie will nichts verbergen und ist froh, wenn die Wahrheit siegt.

Die Liebe verträgt alles. Dieser Satz besagt u. a., daß die Liebe sich schützend vor jemanden stellt, daß sie die Vergehen und Fehler anderer nicht ans Tageslicht zerrt; ihr liegt daran, die Dinge in aller Stille wieder in Ordnung zu bringen, statt sie öffentlich anzuprangern. Hauptsächlich aber will Paulus mit diesem Satz sagen, daß die Liebe jede zugefügte Beleidigung zu ertragen vermag, jede Kränkung, jede Enttäuschung. Es ist damit jene Liebe gemeint, die Jesus besaß: Wenn deine Feinde dich hassen, verachten und verleumden, wenn deine Freunde sich als treulos erweisen, — immer wieder vergibst du ihnen; denn dein Herz kennt nur Liebe.

Die Liebe glaubet alles. Dieses Merkmal der Liebe hat zwei Aspekte: 1. Im Hinblick auf Gott besagt der Satz, daß die Liebe Gott bei seinem Wort nimmt, daß sie vorbehaltlos an seine Verheißungen glaubt, daß sie jedes Versprechen, das mit den Worten „Wer unter euch" beginnt, auf sich selbst bezieht und sagt: „Damit bin ich gemeint." Diese Liebe erwächst aus einem Glauben, der „darauf schwört, daß es einen Gott gibt". 2. Im Hinblick auf unsere Mitmenschen besagt der Satz, daß die Liebe vom andern stets das Beste annimmt. Tatsächlich machen wir die Menschen vielfach zu dem, wofür wir sie halten. Wenn wir ihnen zeigen, daß wir ihnen mißtrauen, wenn wir sie laufend verdächtigen, machen wir unzuverlässige Menschen aus ihnen, die unser Vertrauen dann in der Tat nicht verdienen. Wenn wir ihnen dagegen zeigen, daß wir ihnen Vertrauen schenken, solange sie nicht ehrlos handeln, dann machen wir sie zu vertrauenswürdigen Menschen. Die Liebe, die alles glaubt, adelt sogar den Unedlen, weil ihr Glaube früher oder später das Gute in ihm bewirkt.

Die Liebe hoffet alles. Jesus glaubte, daß kein Mensch ganz ohne Hoffnung sei. Ein nachmals bedeutender Theologe, dem das Lernen in der Schulzeit recht schwer fiel, erinnert sich an folgendes Erlebnis: Eines Tages besuchte ein vornehmer Herr die Schule. Dabei wies der Lehrer auf ihn, den damaligen Schüler, mit den Worten hin: „Das ist der Dümmste in der ganzen Schule." Bevor der hohe Gast die Schule wieder verließ, kam er zu dem Jungen und sagte freundlich zu ihm: „Laß gut sein, mein Junge. Vielleicht wirst du eines Tages noch ein bedeutender Gelehrter. Laß dich durch die Worte des Lehrers nicht entmutigen, sondern anspornen. Streng dich nur immer wieder von neuem an!" Der Lehrer war ohne, der Besucher dagegen voller Hoffnung, und — wer weiß? — vielleicht ist es sein Zuspruch gewesen, der dem Jungen Hoffnung gegeben und ihm damit ermöglicht hat, der zu werden, der er dann eines Tages tatsächlich wurde.

Die Liebe duldet alles. Das an dieser Stelle des griechischen Textes verwendete Verb gehört zu den bedeutungsvollen und wichtigen Wörtern der griechischen Sprache; ob-

wohl es im allgemeinen mit „ertragen" oder „erdulden" übersetzt wird, ist damit nicht etwas Passives gemeint, sondern etwas Aktives. Gemeint ist also hier jemand, der die Dinge, indem er sie auf sich nimmt, überwindet und verwandelt. Man hat diese Eigenschaft als ein „mannhaftes Durchstehen von Heimsuchungen" bezeichnet. Jemand, der sein Augenlicht verloren hatte und in der Liebe enttäuscht worden war, schrieb einmal, er wolle sich in Gottes Willen schicken, „nicht stumm entsagend, sondern mit heiliger Freude; nicht nur ohne Groll, sondern lobpreisend". Die Liebe vermag alles zu ertragen, nicht im passiven Verzicht, sondern voller Seelenstärke, weil sie gewiß ist, daß Gott selbst die Liebe ist und daß „die Hand des Vaters seinem Kind nie ohne Grund Schmerz zufügen und schuld an seinen Tränen sein wird". Diese Liebe freilich kann uns nur Gott selber schenken.
Noch etwas muß gesagt werden, wenn wir vom Wesen der Liebe sprechen, wie Paulus sie beschreibt: In Jesus Christus und seinem Leben ist sie als lebendige Wirklichkeit Fleisch geworden.

DIE VORRANGSTELLUNG DER LIEBE

1. Korinther 13

In 1. Korinther 13 macht Paulus in den Versen 8 bis 13 drei entscheidende Aussagen über die christliche Liebe:
1. Paulus betont ihre absolute Beständigkeit. Wenn alle Dinge, deren sich die Menschen rühmen und auf die sie stolz sind, längst vergangen sind, wird diese Liebe immer noch andauern. In einer der schönsten Dichtungen der Heiligen Schrift, im Hohenlied Salomos heißt es, „daß auch viele Wasser nicht mögen die Liebe auslöschen, noch die Ströme sie ertränken" (8, 7). Einzig die Liebe ist unbesiegbar. Das ist einer der wesentlichen Gründe für den Unsterblichkeitsglauben. Wo Liebe herrscht, da erhält das Leben einen Bezug, gegen den alle Stürme der Zeit nichts vermögen. Sie dauert über den Tod hinaus.
2. Paulus betont ihre absolute Vollkommenheit. Was wir Menschen sehen, ist nur ein Spiegelbild. Das leuchtet den Korinthern noch viel mehr ein als uns; denn Korinth war berühmt für seine Spiegelfabrikation. (Der moderne Spiegel mit seinen vollkommenen Reflexen ist allerdings erst eine Erfindung des 13. Jahrhunderts.) Die korinthischen Spiegel

wurden aus hochfein poliertem Metall hergestellt, wobei allerdings selbst die besten Stücke die Wirklichkeit nur unvollkommen widerzuspiegeln vermochten. Man kann freilich auch annehmen, daß Paulus mit dieser Wendung gemeint hat, wir sähen wie durch ein Fenster, das mit dünner Tierhaut bespannt sei, wie solche zu jener Zeit üblich waren; alles, was man dadurch sehen konnte, waren schattenhafte Umrisse. (Die Schriftgelehrten kannten ein Sprichwort, demzufolge Mose Gott durch ein solches Fenster gesehen habe.) Nach Paulus sehen wir jedenfalls in diesem Leben nur den Widerschein Gottes, und vieles bleibt uns rätselhaft und verborgen. Diesen Widerschein sehen wir in Gottes Welt, zugleich in den Werken der Menschen, die etwas von dem sagen, der die Menschen erschaffen hat. Diesen Widerschein sehen wir vor allem in den Evangelien und in Jesus Christus. Obwohl in diesem die Offenbarung Gottes vollkommen ist, vermag unser Geist sie nur unvollkommen zu erfassen, weil der Endliche den Unendlichen niemals begreifen wird. Unser Wissen ist wie das Wissen eines Kindes. Auf dem Wege der Liebe jedoch werden wir sicher bis ans Ende geführt. Dann wird der Schleier beiseite gezogen; dann werden wir Gott von Angesicht zu Angesicht sehen und ihn erkennen, so wie er uns jetzt erkannt hat. Ohne Liebe aber werden wir nicht dahin gelangen; denn Gott ist die Liebe, und nur wer liebt, vermag Gott zu sehen.

3. Paulus betont die unbedingte Vorrangstellung der Liebe. So wesentlich Glaube und Hoffnung auch sind, noch wesentlicher ist die Liebe. Glaube ohne Liebe ist kalt, und Hoffnung ohne Liebe ist angefochten, ja schrecklich. Die Liebe ist das Feuer, das den Glauben anfacht; die Liebe ist das Licht, das Hoffnung zur Gewißheit macht.

RECHTE UND FALSCHE ANWENDUNG DER GEISTLICHEN GABEN

1. Korinther 14, 1–19

Strebet nach der Liebe! Befleißiget euch der geistlichen Gaben, am meisten aber, daß ihr weissagen möget! Denn wer in Zungen redet, der redet nicht für Menschen, sondern für Gott; denn niemand versteht ihn, vielmehr redet er im Geist Geheimnisse. Wer aber weissagt, der redet den Menschen zur Erbauung und zur Er-

mahnung und zur Tröstung. Wer in Zungen redet, der erbaut sich selbst; wer aber weissagt, der erbaut die Gemeinde. Ich wollte, daß ihr alle in Zungen reden könntet; aber noch viel mehr, daß ihr weissagtet. Denn der da weissagt, ist größer, als der in Zungen redet; es sei denn, daß er's auch auslege, auf daß die Gemeinde dadurch erbaut werde. Nun aber, liebe Brüder, wenn ich zu euch käme und redete in Zungen, was wäre ich euch nütze, wenn ich nicht zu euch redete Worte entweder der Offenbarung oder der Erkenntnis oder der Weissagung oder der Lehre? Verhält sich's doch auch so mit den Dingen, die da tönen und doch nicht leben, es sei eine Pfeife oder eine Harfe: wenn sie nicht unterschiedliche Töne von sich geben, wie kann man erkennen, was da gepfiffen und geharfet wird? Und wenn die Posaune einen undeutlichen Ton gibt, wer wird sich zum Streit rüsten? So auch ihr, wenn ihr in Zungen redet und nicht mit deutlichen Worten, wie kann man wissen, was geredet ist? Ihr werdet in den Wind reden. Es ist mancherlei Art der Sprache in der Welt, und nichts ist ohne Sprache. Wenn ich nun nicht weiß der Sprache Bedeutung, werde ich den nicht verstehen, der da redet, und der da redet, wird mich nicht verstehen. So auch ihr: da ihr euch befleißiget der geistlichen Gaben, trachtet danach, daß ihr sie reichlich habet, auf daß ihr die Gemeinde erbaut. Darum, welcher in Zungen redet, der bete, daß er's auch auslegen könne. Denn wenn ich in Zungen bete, so betet mein Geist; aber was ich im Sinn habe, bleibt ohne Frucht. Wie soll es aber denn sein? Ich will beten im Geist und will auch verständlich beten; ich will Psalmen singen im Geist und will Psalmen auch verständlich singen. Wenn du lobpreist im Geist, wie soll der, der dabeisteht und begreift es nicht, das Amen sagen auf deine Danksagung, da er doch nicht weiß, was du sagst? Du danksagest wohl fein; aber der andere wird nicht davon erbaut. Ich danke Gott, daß ich mehr in Zungen rede als ihr alle. Aber ich will in der Gemeinde lieber fünf Worte reden mit verständlichem Sinn, auf daß ich auch andere unterweise, als zehntausend Worte in Zungen.

Das ganze 14. Kapitel ist insofern schwierig für uns, weil darin ein Phänomen behandelt wird, das für die meisten heutigen Menschen außerhalb ihres Erfahrungsbereichs liegt.

Paulus vergleicht hier zwei geistliche Gaben miteinander. Da ist zunächst einmal das Z u n g e n r e d e n, das in der Frühkirche nichts Ungewöhnliches war. Es gab Menschen, die in derartige Ekstase und Verzückung geraten konnten, daß dabei ein unkontrollierbarer Schwall unverständlicher Worte aus ihnen herausquoll; konnten diese Worte nicht ausgelegt und übersetzt werden, dann erfuhr niemand, auch der Betreffende selber nicht, was sie bedeuteten. Diese Gabe war in der Frühkirche, so merkwürdig es uns vorkommt, äußerst begehrt, obwohl sie, zumal sie nur wenigen zuteil wurde, leicht zu geistlichem Hochmut führen konnte. Im übrigen war sie nicht ungefährlich, weil sie Selbsthypnose und bewußte Hysterie beinhalten konnte, was zu falschem, illusionärem Zungenreden führte. Über die Gabe des Zungenredens stellt Paulus deshalb die der W e i s s a g u n g, wobei festzustellen ist, daß das Wort w e i s s a g e n im allgemeinen soviel wie Nachsprechen des klaren Wortes Gottes bedeutet. Es geht also hier nicht um die Vorhersage der Zukunft, sondern um das Bekunden des Willens und der Botschaft Gottes. (Das Wort „predigen" kommt der Bedeutung sehr nahe; doch ziehen wir in diesem Fall vor, vom Nachsprechen oder Kundtun der Wahrheit Gottes zu reden, dessen Überlegenheit gegenüber dem Zungenreden in diesem Kapitel eindeutig zum Ausdruck kommt.)

Die Gedankengänge des Paulus lassen sich am besten verfolgen, wenn wir den Abschnitt als Ganzes erörtern.

Zunächst erklärt Paulus, wer in Zungen rede, der rede für Gott, nicht aber für die Menschen; denn diese verstünden das Lallen nicht. Wer in Zungen redet, wird dadurch selbst wohl um eine geistliche Erfahrung reicher; die Gemeinde jedoch bereichert er dadurch nicht. Wohl aber bewirkt das Aus- und Nachsprechen der Wahrheit Gottes eine Bereicherung der Menschen, weil sie dadurch verstehen, was zu ihnen gesprochen wurde.

Paulus versucht das Gesagte an verschiedenen Beispielen noch deutlicher zu machen. Was würde es ihnen nützen, wenn er zu ihnen käme und in Zungen redete, also in unverständlichen Lauten etwas lallte? Sie hätten keine Ahnung, wovon er spräche. Wenn man sich beim Spielen auf Musikinstrumenten nach den Harmoniegesetzen richtet, entstehen Melodien, sonst kommt nur ein Durcheinander von Tönen zustande. Nach dem Klang der Trompete können Soldaten sich beispielsweise richten, wenn die üblichen Signale zum Vormarsch, zum Rückmarsch, zum Zapfenstreich und zum Wecken geblasen werden, nicht jedoch, wenn ein sinnloses Gemisch von Tönen erzeugt wird. Es gibt viele sprachliche Ausdrucksmöglichkeiten; wenn jedoch Menschen verschiedener Sprache sich begegnen und einer die Sprache des andern nicht versteht, dann ist das, was sie sprechen, jeweils unverständliches Kauderwelsch für den anderen, und bei ihrer Begegnung kommt nichts heraus. Damit lehnt auch Paulus das Zungenreden nicht ab; besitzt er doch selbst die Gabe des Zungenredens, mehr als alle anderen. Dennoch bleibt er dabei, daß auch diese, wie jede wertvolle Gabe dazu da ist, daß sie der Gemeinde nützt. Die Gabe des Zungenredens ist aber unnütz, wenn das Gestammel nicht gedeutet wird. Wer spricht, betet oder singt, soll es nicht nur mit der Begeisterung tun, die der Heilige Geist gibt, sondern auch mit nüchternem Verstand; er muß wissen, worum es geht, und die anderen müssen ihn verstehen können. Und so kommt Paulus zu dem Schluß, daß es in der Gemeinde besser ist, fünf vernünftige Sätze zu sprechen als in einen Schwall unverständlichen Gestammels auszubrechen.

Aus diesem schwierigen Abschnitt ergeben sich uns wichtige Lehren.

In Vers 3 sagt Paulus kurz und bündig, worin der Zweck allen Lehrens und Predigens besteht: 1. In der Erbauung. Lehren und Predigen dient der besseren Erkenntnis der christlichen Wahrheit und hilft den Menschen, ein christliches Leben zu führen. Es soll sie geistig fördern und ihnen helfen, die richtigen Entscheidungen im Leben zu treffen; es soll sie trösten und stärken. 2. Im Mutmachen. Überall gibt es deprimierte, mutlose Menschen, weil ihre Träume sich nicht verwirklichen, weil alle Anstrengungen zu nichts zu führen scheinen oder weil sich bei einer Selbstprüfung herausstellt, wie unzulänglich sie sind, wie sehr sie ständig versagen. In der christlichen Gemeinschaft sollten die Menschen etwas finden, was ihnen Kraft gibt, was sie den Kopf heben läßt. Predigten sollen die Menschen nicht bedrücken, auch wenn ihnen zunächst ihre Sündhaftigkeit vorgehalten wird; sie taugen nichts, wenn nicht auch auf die Gnade Gottes hingewiesen wird, mit dessen Hilfe sie die Sünde überwinden können. 3. In der Tröstung. Alle Lehre und jede Predigt soll die Menschen trösten. Kein Tag vergeht, an dem nicht irgendeinem Menschen irgendein Leid widerfährt. Innerhalb der christlichen Gemeinschaft sollen die Menschen sich einander anvertrauen und sich gegenseitig aufzurichten und zu trösten verstehen.

In Vers 5 erfahren wir, worin Paulus die Substanz seines Lehrens und seiner Verkündigung erblickt, nämlich darin, daß es sich dabei um eine unmittelbare Offenbarung Gottes handelt.

1. Wir können nur nachsprechen, was Gott uns gesagt hat. Wer als Prediger nicht auf Gottes Stimme lauscht, bevor er zu den Menschen spricht, weiß nicht, was Predigen heißt. Wir sind nur Mittler der Wahrheit, die wir empfangen haben, um sie an die Menschen weiterzugeben. 2. Vielleicht werden uns besondere Erkenntnisse zuteil. Niemand kann auf allen Gebieten Experte sein, und daher ist jede Unterweisung, jede Predigt dann am besten, wenn wir ganz schlicht bezeugen, was wir selbst aufgrund unserer Erfahrungen als wahr erkannt haben. 3. Predigen und Lehren besteht im Nachsprechen von Wahrheiten. In der Frühkirche bestand die Predigt zunächst ganz schlicht im Aussprechen der Fakten des christlichen Glaubens. Es gibt Dinge, über die auch heute nicht diskutiert zu werden braucht. Wir sollten daher stets mit den Tatsachen über Christus und den christlichen Glauben beginnen. 4. Die Unterweisung schließt sich daran an; denn irgendwann kommt der Zeitpunkt, an dem wir fragen: „Was besagen diese Tatsachen? Worin besteht ihre Bedeutung?" Weil wir denkende Wesen sind, schließt unser Glaube Theologie mit ein. Möglicherweise bricht der Glaube mancher Menschen mitsamt ihrer Glaubenstreue nur deshalb zusammen, weil sie alle damit zusammenhängende Fragen nicht oder nicht gründlich genug durchdacht haben.

Zwei allgemeingültige Grundsätze im Hinblick auf den christlichen Gottesdienst ergeben sich aus diesem Abschnitt:

1. Wir sollen Gott nicht auf egoistische Weise loben und danken. Niemand, der einen Gottesdienst leitet oder daran mitwirkt, hat ein Recht dazu, ihn so zu gestalten, wie es seinem persönlichen Geschmack oder seiner Vorliebe für etwas entspricht. Wir müssen stets an die ganze Gemeinschaft denken. „Haben alle etwas davon?" ist die entscheidende Frage bei der Gottesdienstgestaltung. Nicht die Frage: „Werden meine besonderen Gaben dadurch zur Geltung kommen?" ist von Belang; wichtig ist allein die Frage: „Werden alle Versammelten sich untereinander und auch Gott näherkommen?"

2. Der Gottesdienst muß verständlich sein. Alles Große ist seinem Wesen nach einfach, und die schlichteste Ausdrucksweise ist immer auch die edelste. Letztlich kann nur das trösten, was der menschliche Geist unmittelbar zu erfassen in der Lage ist; nur, was ich geistig ganz in mich aufgenommen habe, kann mir Kraft geben im Leben.

FALSCHER UND WAHRER GOTTESDIENST IN IHREN AUSWIRKUNGEN

1. Korinther 14, 20—25

Liebe Brüder, werdet nicht Kinder, wenn es zu verstehen gilt. Wenn es aber etwas Böses gilt, dann seid wie Kinder. Im Verstehen aber seid vollkommen. Im Gesetz steht geschrieben (Jes. 28, 11. 12): „Ich will in andern Zungen und mit andern Lippen reden zu diesem Volk, und sie werden mich auch so nicht hören, spricht der Herr." Darum dient die Zungenrede zum Zeichen nicht den Gläubigen, sondern den Ungläubigen; die Weissagung aber nicht den Ungläubigen, sondern den Gläubigen. Wenn nun die ganze Gemeinde zusammenkäme an einen Ort und redeten alle in Zungen, es kämen aber hinein Unkundige oder Ungläubige, würden sie nicht sagen, ihr wäret von Sinnen? Wenn sie aber alle weissagten und käme dann ein Ungläubiger oder Unkundiger hinein, der würde von ihnen allen ins Gericht genommen und von allen überführt; das Verborgene seines Herzens würde offenbar, und so würde er auf sein Angesicht fallen, Gott anbeten und bekennen, daß Gott wahrhaftig in euch ist.

Auch in diesem Abschnitt befaßt Paulus sich noch mit der Frage des Zungenredens, indem er zunächst die Korinther auffordert, sich nicht wie Kinder zu gebärden. Bei der Vorliebe für das Zungenreden handelte es sich in der Tat vielfach um so etwas wie kindische Prahlerei, wie altkluge Großtuerei.
Als erstes Argument zitiert Paulus nach Art der geschulten Rabbinen eine Stelle des Alten Testamentes, Jesaja 28, 9—12, wo Gott den Menschen durch den Propheten droht. Obwohl Jesaja in ihrer eigenen Sprache (hebräisch) zu ihnen gesprochen hat, haben sie ihn weder verstanden noch auf ihn gehört. Wegen ihres Ungehorsams werden die Assyrer über sie kommen und ihre Städte erobern, und dann werden sie auf eine fremde Zunge hören müssen, mit der die Sieger unverständliche Dinge zu ihnen sagen. Doch selbst diese schreckliche Erfahrung wird nicht bewirken, daß die Ungläubigen sich Gott zuwenden. Paulus sagt hier also, Zungenreden sei für verstockte, ungläubige Menschen bestimmt und letztlich wirkungslos.

Danach wählt Paulus ein Argument, das dem praktischen Leben entnommen ist. Wer als Fremder oder Unkundiger in eine Gemeindeversammlung käme, in der alle in Zungen redeten, der müsse sich wie im Irrenhaus vorkommen. Ganz anders sähe es dagegen aus, wenn die Christen den Willen und das Wort Gottes mit klaren Worten allgemeinverständlich verkündeten; dann würden die Menschen unmittelbar mit Gott und mit sich selbst konfrontiert.

In den Versen 24 und 25 wird dann sehr anschaulich gesagt, welche Wirkungen die echte christliche Verkündigung hat und was geschieht, wenn der Wille und das Wort Gottes verständlich ausgesprochen werden:

1. Den Menschen wird ihre Sünde zum Bewußtsein gebracht. Erschrocken stellen sie fest, wer sie sind. Der verwöhnte Liebling Athens, Alkibiades, sagte mitunter zu dem ihm befreundeten Sokrates: „Ich hasse dich; denn jedesmal, wenn ich dir begegne, kommt mir zum Bewußtsein, wer ich selbst bin." „Kommt", sagte die Samariterin, „sehet einen Menschen, der mir gesagt hat alles, was ich getan habe" (Joh. 4, 29). Die Botschaft Gottes bewirkt zunächst, daß wir Menschen uns bewußt werden: wir alle sind Sünder.

2. Die Menschen werden ins Gericht genommen. Sie erkennen, daß sie das, was sie getan haben, auch verantworten müssen. Auch wer sich bisher keine Gedanken über seine Zukunft gemacht, wer in den Tag hinein gelebt hat und impulsiv allen Vergnügungen nachgegangen ist, die sich ihm boten, erkennt jetzt, daß sein Leben einmal ein Ende haben wird, ein Ende, an dem Gott steht.

3. Den Menschen wird das Verborgene ihres Herzens offenbar. Dieses Verborgene ist etwas, was wir für gewöhnlich nicht erkennen, weil wir der Konfrontation mit unserem Herzen aus dem Wege gehen. Nichtssehenwollen ist die schlimmste Blindheit, die es gibt. Die christliche Botschaft zwingt uns dazu, in schonungslos demütigender Aufrichtigkeit uns selbst ins Gesicht zu schauen.

4. Die Menschen lernen, die Knie vor Gott zu beugen. Das erste, was wir als Christen tun müssen, ist, daß wir vor Gott niederfallen, daß wir uns vor ihm erniedrigen, d. h. uns ihm auf den Knien nähern. Wer sich und seinem verborgenen Ich ins Gesicht gesehen hat, kann gar nicht anders, als knien und beten: „Gott sei mir armem Sünder gnädig."

Die Menschen verlassen den rechten Gottesdienst in der Gewißheit, vor Gott gestanden zu haben. Nach jedem Gottesdienst sollten wir uns daher die Frage stellen: „Hat er mich Gott nähergebracht?“ Wenn wir uns Gott tatsächlich nahe gefühlt haben, dann haben wir wirklich am Gottes-Dienst teilgenommen.

PRAKTISCHE RATSCHLÄGE

1. Korinther 14, 26–33

Wie ist es denn nun, liebe Brüder? Wenn ihr zusammenkommt, so hat ein jeglicher einen Psalm, er hat eine Lehre, er hat Offenbarung, er hat Zungenrede, er hat Auslegung. Lasset es alles geschehen zur Erbauung! Wenn jemand in Zungen redet, so seien es ihrer zwei oder aufs meiste drei, und einer nach dem andern; und einer lege es aus. Ist aber kein Ausleger da, so schweige er in der Gemeinde und rede für sich selber und für Gott. Propheten aber lasset reden zwei oder drei, und die andern lasset die Rede prüfen. Wenn aber eine Offenbarung geschieht einem andern, der da sitzt, so schweige der erste. Ihr könnet alle weissagen, einer nach dem andern, auf daß sie alle lernen und alle ermahnt werden. Und die Geister der Propheten sind den Propheten untertan. Denn Gott ist nicht ein Gott der Unordnung, sondern des Friedens.

Am Ende dieses Abschnitts erteilt Paulus sehr praktische Ratschläge. Er will, daß alle, die eine Gabe besitzen, auch Gelegenheit erhalten, diese anzuwenden; ebenso entschlossen setzt er sich indessen auch dafür ein, daß die gottesdienstlichen Handlungen nicht in einen Wettstreit ausarten; nur Zwei oder Drei sollen jeweils in Zungen reden, und auch nur dann, wenn jemand da ist, der diese deuten kann. Die prophetische Gabe, die Wahrheit Gottes nachzusprechen, haben zwar alle; doch wieder sollen höchstens Zwei oder Drei jeweils davon Gebrauch machen. Und wenn jemand in der Gemeindeversammlung ist, der da glaubt, er habe eine besondere Botschaft von Gott empfangen, dann soll derjenige, der gerade predigt, ihm Gelegenheit geben, diese auszusprechen; er kann dies umso eher tun, als er als Prediger ja fähig ist, seinen eigenen Geist zu disziplinieren. Es soll wohl Freiheit, nicht aber Unordnung herrschen. Dem Gott des Friedens sollen wir in Frieden lobsingen und danken.

Dieser Teil des Briefes ist deshalb besonders interessant, weil er im Blick auf den Gemeindegottesdienst der Frühkirche vieles erhellt. Gemessen an unseren Vorstellungen herrschte eine uns völlig fremde Freiheit, eine Zwang- und Formlosigkeit beim Gottesdienst. Daraus ergeben sich für uns zwei wichtige Fragen:

1. Berufsgeistliche kannte die Frühkirche nicht. Zwar besaßen die Apostel eine besondere Vollmacht und Autorität in der Gesamtkirche; doch gab es zu diesem Zeitpunkt noch keine von Berufs wegen ausgeübten geistlichen Ämter in den Gemeinden; dieses oder jenes geistliche Amt konnte jeder ausüben, der eine entsprechende Gabe besaß. Hat die Kirche gut daran getan oder nicht, daß sie später die Institution der Berufsgeistlichen schuf? Zweifellos ist es in einer Zeit, in der wir so weitgehend von materiellen Dingen in Anspruch genommen werden, wichtig, daß es Menschen gibt, die ein beispielhaft gottnahes Leben führen und die wissens- und erfahrungsmäßig imstande sind, ihren Mitmenschen den Willen und das Wort Gottes zu verkündigen sowie die Tröstungen zu vermitteln, die Gott uns zu geben vermag. Andererseits läßt sich nicht leugnen, daß kirchliche Amtsträger zuweilen in die Lage geraten, auch dann etwas sagen zu müssen, wenn es sie nicht von innen her dazu drängt. Das ist eine unbestreitbare Gefahr des beamteten Kanzeldienstes und der Berufsseelsorge. Wie auch immer, auf jeden Fall müßte es möglich sein, daß jemand, der seinen Mitmenschen wirklich etwas zu sagen hat, dies ohne Rücksicht auf kirchliche Vorschriften und Traditionen tun dürfte; es ist sicher falsch zu denken, nur „Geistliche" könnten den Menschen die Wahrheit Gottes nahebringen.

2. Die Gottesdienstordnung der Frühkirche war von einer Flexibilität, an der es heute vollständig fehlt. Im Anfang ging es so zwanglos zu, daß jeder, der etwas zu sagen hatte, dies auch aussprechen konnte. Vielleicht legen wir heute allzu großes Gewicht auf Würde und Ordnung des Gottesdienstes; ja, vielleicht sind wir schon zu Sklaven der Gottesdienstordnung geworden. In der Frühkirche war jeder von dem Gefühl durchdrungen, nicht nur das Recht, sondern auch die Pflicht zu haben, etwas zum Gottesdienst beizutragen. Die Menschen kamen nicht nur in der Absicht, stumme Zuhörer zu sein, um etwas zu empfangen, sondern auch mit der, um etwas zu geben. Natürlich waren damit auch Gefahren verbunden, so wie hier in Korinth, wo manche allzusehr in den Klang der eigenen Stimme verliebt zu sein schienen. Trotz alledem aber muß die Kirche damals wesentlich mehr eine Angelegenheit aller

gewesen sein. Es ist durchaus möglich, daß die Kirche etwas eingebüßt hat, als sie so viele Dinge an ordinierte Berufsprediger delegierte und nur so wenig in den Händen von Gemeindemitgliedern beließ. Vielleicht ist hier nicht so sehr die Geistlichkeit dafür zu tadeln, daß sie jene Rechte an sich gerissen habe, als vielmehr die Laien, die darauf verzichtet haben; denn leider gab und gibt es viele Kirchenangehörige, die mehr daran denken, was die Kirche für sie tun könnte, als daran, was sie für die Kirche tun könnten, Menschen, die schnell mit Kritik bei der Hand sind, aber nur sehr selten mit der Bereitschaft, selbst an der kirchlichen Arbeit mitzuwirken.

VERBOTENE NEUERUNGEN

1. Korinther 14, 34—40

Wie in allen Gemeinden der Heiligen lasset die Frauen schweigen in der Gemeinde; denn es soll ihnen nicht zugelassen werden, daß sie reden, sondern sie sollen sich unterordnen, wie auch das Gesetz sagt. Wollen sie aber etwas lernen, so lasset sie daheim ihre Männer fragen. Es steht der Frau übel an, in der Gemeinde zu reden. Oder ist von euch das Wort Gottes ausgegangen? Oder ist's allein zu euch gekommen?
So sich jemand läßt dünken, er sei ein Prophet oder vom Geist erfüllt, der erkenne, daß es des Herrn Gebot ist, was ich euch schreibe. Wer aber das nicht anerkennt, der wird auch nicht anerkannt. Darum, liebe Brüder, befleißiget euch des Weissagens und wehret nicht, in Zungen zu reden. Lasset aber alles ehrbar und ordentlich zugehen.

In Korinth schienen in der Gemeinde Neuerungen im Gange zu sein, die Paulus mißfielen. Er fragte daher die Korinther, welches Recht sie dazu zu haben glauben. Waren sie etwa die Begründer der christlichen Kirche? War das Evangelium mit seiner Wahrheit allein zu ihnen gekommen? Nein, sie hätten es übernommen und müßten sich daher der Tradition fügen.
Niemand vermag sich von den Vorstellungen des Zeitalters und der Gesellschaft, in der er aufgewachsen ist, gänzlich freizumachen. So vertritt auch Paulus hinsichtlich der Stellung der Frauen innerhalb der Gemeinde Ansichten, die ihm von früh auf vertraut waren. Wir haben bereits an anderer Stelle

festgestellt, daß Frauen im öffentlichen Leben in der Antike wenig galten. „Den Frauen geziemt es zu schweigen", hatte der griechische Tragödiendichter Sophokles gesagt. Abgesehen von den ganz armen Frauen oder solchen, die einen lockeren Lebenswandel führten, lebten die Frauen in Griechenland sehr zurückgezogen. Noch weniger Geltung hatten die Frauen bei den Juden. Viele rabbinische Aussprüche zeugen von ihrem geringen Ansehen, so dieser: „Ebensogut wie das Gesetz könnte man die Frauen auch Gottlosigkeit lehren." Frauen im Gesetz zu unterweisen, hieß weithin „Perlen vor die Säue werfen". Im Talmud rechnen zu den Plagen der Menschheit auch „geschwätzige und neugierige Witwen und Jungfrauen, die ihre Zeit mit Beten vergeuden". In einer Gesellschaft mit derartigen Auffassungen lebte Paulus. Als er dies schrieb, dachte er überdies vor allem an die laxe Moral in Korinth sowie daran, daß nichts, aber auch nichts geschehen dürfe, was die dortige junge Gemeinde auch nur in den geringsten Verdacht der Laxheit bringen könnte. (Im Blick auf diesen zeitgebundenen Bezug wäre es unangebracht, wollten wir die betreffenden Worte des Paulus aus ihrem Zusammenhang reißen und daraus eine allgemeingültige Kirchenvorschrift machen.) Auch den weiteren Worten des Paulus haftet eine gewisse Strenge an; ist er doch überzeugt, daß andere Menschen, auch wenn sie über geistliche Gaben verfügen, nicht berechtigt sind, sich gegen seine Autorität zu empören, weil nämlich der Rat, den er erteilt, und die Vorschriften, die er macht, auf Jesus Christus und dessen Geist zurückgehen. Wer sich weigert, das anzuerkennen, muß seiner Unwissenheit überlassen bleiben.

Zum Schluß weist Paulus nochmals darauf hin, daß ihm nicht daran liegt, die Gaben irgend eines Menschen zu unterdrükken; ihm geht es lediglich um eine vernünftige Ordnung in der Gemeinde. Die Menschen haben ihre Gaben von Gott nicht um ihrer selbst willen, sondern um der Gemeinde willen empfangen, nicht zu ihrem eigenen Ruhm, sondern zum größeren Ruhme Gottes. Wer in seinem Herzen stets sagen kann: „Ehre sei Gott", der wird seine Gaben innerhalb und außerhalb der Gemeinde richtig gebrauchen.

Wir kommen jetzt zu 1. Korinther 15, einem der wunderbarsten Kapitel des Neuen Testamentes, das leider oft dadurch als schwierig erscheint, daß aus ihm ein Ausdruck unseres Glaubensbekenntnisses abgeleitet wurde, dem zuzustimmen vielen Menschen Not bereitet; es handelt sich um die Auferstehung des Leibes (Fleisches). Vor dem damaligen Hintergrund freilich ist das Kapitel weit weniger problematisch; außerdem sollten wir folgendes bedenken:

1. Die Korinther leugneten nicht etwa die Auferstehung Jesu Christi, wohl aber die Auferstehung des Leibes. Paulus bleibt dabei: wer die Möglichkeit der Auferstehung des Leibes leugnet, der leugnet damit gleichzeitig die Auferstehung Jesu Christi und entleert die christliche Botschaft ihrer Wahrheit und das Leben der Christen seiner Wirklichkeit.

2. Die christlichen Gemeinden der Frühzeit müssen stets vor dem doppelten Hintergrund der Griechen und der Juden gesehen werden. Was letztere anbelangt, so leugneten die Sadduzäer stets, daß es ein Leben nach dem Tode gebe. Es bestand also dazumal eine jüdische Denkrichtung, derzufolge sowohl die Unsterblichkeit der Seele als auch die Auferstehung des Leibes bestritten wurden (Apg. 23, 8). Auch im Alten Testament läßt sich kaum eine konkrete Hoffnung auf ein Leben nach dem Tode feststellen. Nach allgemeiner alttestamentlicher Vorstellung kamen alle Menschen nach dem Tode in das Schattenreich Sheol, das fälschlicherweise oft mit „Hölle" übersetzt wird. Sheol war, wie der griechische Hades, ein graues Land unterhalb der Welt, wo die Toten ein schemenhaftes Schattendasein führten, kraft- und lichtlos, von Gott und den Menschen gleichermaßen geschieden. Das Alte Testament ist voller düsterer Aussagen über das, was nach dem Tode sein wird: „Denn im Tode gedenkt man deiner nicht; wer wird dir bei den Toten danken?" (Ps. 6, 6). „Was nützt dir mein Blut, wenn ich zur Grube fahre? Wird dir auch der Staub danken und deine Treue verkünden?" (Ps. 30, 10). „Wirst du an den Toten Wunder tun, oder werden die Verstorbenen aufstehen und dir danken? Sela. Wird man im Grabe erzählen deine Güte und deine Treue bei den Toten? Werden denn deine Wunder in der Finsternis erkannt oder deine Gerechtigkeit im Lande des Vergessens?" (Ps. 88, 11–13). Sheol war das Land der Finsternis und der vergessenen Toten. „Die Toten werden dich, Herr, nicht loben, keiner, der hinunterfährt in die Stille" (Ps. 115, 17). „Denn die Toten loben dich nicht, und

der Tod rühmt dich nicht, und die in die Grube fahren, warten nicht auf deine Treue" (Jes. 38, 18). „Laß ab von mir, daß ich mich erquicke, ehe ich dahinfahre und nicht mehr bin" (Ps. 39, 14). „Denn wer noch bei den Lebenden weilt, der hat Hoffnung; denn ein lebender Hund ist besser als ein toter Löwe. Denn die Lebenden wissen, daß sie sterben werden, die Toten aber wissen nichts; sie haben auch keinen Lohn mehr, denn ihr Andenken ist vergessen . . . Alles, was dir vor die Hände kommt, es zu tun mit deiner Kraft, das tu; denn bei den Toten, zu denen du fährst, gibt es weder Tun noch Denken, weder Erkenntnis noch Weisheit" (Pred. 9, 4. 5. 10).

Der Alttestamentler J. E. McFadyen hat einmal gesagt, das Fehlen des Unsterblichkeitsglaubens im Alten Testament sei zurückzuführen auf „die Kraft, mit der jene Menschen Gott hier in dieser Welt erfaßten". Und weiter heißt es bei ihm: „Es gibt kaum etwas Wunderbareres in der Religionsgeschichte als die Tatsache, daß Menschen jahrhundertelang ihre Pflicht erfüllt, Schmerz und Leid ertragen und ein vortreffliches Leben geführt haben ohne Hoffnung auf zukünftigen Lohn, sondern nur, weil sie Gottes stets gewiß waren."

Freilich finden sich auch im Alten Testament einige wenige Ausblicke auf ein zukünftiges Leben. Es gab Zeiten, in denen die Menschen empfanden, es müsse etwas geben, was all die unbegreiflichen Urteile der Welt in ihr Gegenteil verkehre, wenn denn Gott Gott sei. So ruft Hiob bekanntlich aus: „Aber ich weiß, daß mein Erlöser lebt, und als der letzte wird er über dem Staub sich erheben. Und ist meine Haut noch so zerschlagen und mein Fleisch dahingeschwunden, so werde ich doch Gott sehen" (Hiob 19, 25–26). Der wahrhaft Fromme empfand, daß er selbst hier eine so enge und innige Gemeinschaft mit Gott haben könne, daß nicht einmal der Tod ihr etwas anzuhaben vermöchte. „Darum freut sich mein Herz, und meine Seele ist fröhlich; auch mein Leib wird sicher liegen. Denn du wirst mich nicht dem Tode überlassen und nicht zugeben, daß dein Heiliger die Grube sehe. Du tust mir kund den Weg zum Leben; vor dir ist Freude die Fülle und Wonne zu deiner Rechten ewiglich" (Ps. 16, 9–11). „Du leitest mich nach deinem Rat und nimmst mich am Ende mit Ehren an" (Ps. 73, 24).

Zweierlei trug dazu bei, daß der Unsterblichkeitsgedanke sich in Israel entwickelte: a) Obwohl Israel das erwählte Volk Gottes war, war seine Geschichte eine einzige Kette von Katastrophen, weshalb die Menschen auf den Gedanken kamen, daß es eine Welt geben müsse, in der das Gleichgewicht wiederhergestellt würde. b) Für viele Jahrhunderte gilt, daß der Mensch als Individuum nicht existierte. Gott war der Gott des Volkes; der einzelne war dabei unwichtig. Im Laufe der Zeit wurde der Glaube jedoch immer mehr zu einem persönlichen Glauben; Gott wurde zum Freund jedes einzelnen Menschen. Und so kam es, daß die Menschen, anfangs unklar noch und nur instinktiv, empfanden: Wer Gott kennt und von Gott erkannt ist, ist damit eine Gemeinschaft eingegangen, die selbst der Tod nicht zerstören kann.

3. Wenn wir uns der griechischen Welt zuwenden, so müssen wir uns über eins im klaren sein: Alles in allem glaubten die Griechen zwar an die Unsterblichkeit der Seele; doch an die Auferstehung des Leibes zu glauben, wäre ihnen nicht einmal im Traum eingefallen. Instinktiv fürchteten die Griechen und die von ihnen beeinflußte Welt den Tod, zumal gerade die Unsterblichkeit der Seele die vollständige Auflösung und das Ausgelöschtwerden des Leibes mit sich brachte. „Der Leib ist ein Grab“, lautete ein griechisches Sprichwort. Und Seneca sagte: „Wenn der Tag kommt, an dem die Mischung aus Göttlichem und Menschlichem hier, wo ich sie erlangt habe, getrennt wird, werde ich meinen Leib verlassen und mein Ich den Göttern zurückgeben.“ Und Epiktet schrieb: „Wenn Gott aufhört, uns mit dem Notwendigen zu versehen, so bläst er das Signal zum Rückzug – er öffnet die Tür und sagt: Komm herein? Doch wohin? Dort, wohin wir gelangen, erwartet uns nichts Schreckliches, sondern alles, was uns lieb und teuer ist: die Elemente. Was Feuer in dir war, wird zu Feuer werden, Erde zu Erde, Wasser zu Wasser.“ Plato sah im Körper „die Antithese der Seele, die Quelle aller Schwachheiten im Gegensatz zu dem, was zur Unabhängigkeit und zum Gutsein fähig ist“. Am deutlichsten wird uns diese Anschauung bei den Stoikern, die in Gott einen feurigen Geist erblickten, reiner als alles Irdische. Einem Funken dieses göttlichen Feuers verdankten die Menschen ihr Leben. Wenn der Mensch starb, löste sich der Leib ganz einfach wieder in die Elemente auf, aus denen er geworden war, und der göttliche Funke kehrte zu Gott zurück. Für die Griechen bedeutete Unsterblichkeit also das Befreitwerden vom Körper. Die Auferstehung des Leibes war für sie daher ebenso unvorstellbar wie eine persönliche Unsterblichkeit, weil alles Leben wieder in Gott, der Quelle allen Lebens, aufging.

4. Ganz anders war der Standpunkt, den Paulus einnahm. Nach seiner, nach christlicher Glaubensvorstellung bleibt die Individualität auch nach dem Tode gewahrt: wir bleiben, die

wir sind. Hier ist noch eine andere Tatsache von Bedeutung. Nach griechischer Auffassung konnte der Leib nicht heilig sein; er war stofflich, die Quelle allen Übels, eine Fessel, ein Handicap, ein Gefängnis der Seele. Nach christlicher Auffassung war und ist der Leib nichts Böses; das konnte er nicht sein, nachdem Jesus, der Sohn Gottes, die Gestalt eines Menschen angenommen hatte. Der Leib, in dem Gott gewohnt hatte, konnte schlechterdings nichts Verächtliches sein; Leben schließt daher nach christlicher Auffassung den ganzen Menschen ein: Körper und Seele. Natürlich läßt sich eine so fundierte Lehre von der Auferstehung von Ungläubigen leicht mißdeuten, ja karikieren. Das tat denn auch der um das Jahr 200 n. Chr. lebende Philosoph Celsus gründlich in seiner Schrift gegen das Christentum. Wie die Toten leibhaftig wieder auferstehen könnten? fragte er. „Das ist wahrhaftig eine Hoffnung von Würmern! Weshalb sollte die Seele des Menschen sich nach einem verwesten Leib sehnen?" Freilich, leicht kann es vorkommen, daß Menschen bei einem Unfall total zerschmettert werden, daß sie an entstellendem Krebs sterben oder daß sie verkrüppeln. Doch Paulus hat nie behauptet, daß wir mit demselben Leibe auferstehen werden, mit dem wir gestorben sind; er sprach vielmehr davon, daß wir einen geistlichen Leib haben würden. Er wollte damit sagen, daß der Mensch als P e r s o n überlebt, und sich eine Person ohne Leib vorzustellen, ist nahezu unmöglich, weil der Leib Ausdruck der Person des Menschen ist. Paulus widerstrebt der heidnische Gedanke, daß mit dem Tode der Mensch von einer Gottheit irgendwie absorbiert werde; er weiß vielmehr, daß das Ich, die Person, die Individualität des Menschen auch nach dem Tode existiert. Er verachtet den Leib nicht; er glaubt vielmehr an die Auferstehung des ganzen Menschen. Niemand kann sagen, wie jenes Leben aussehen wird; doch wissen wir als Christen, daß nicht nur ein Teil des Menschen, sondern der ganze Mensch auferstehen wird. Er wird er selbst sein. Das meint Paulus mit der Auferstehung des Leibes. Leibliches und Seelisches, das, was den Menschen zur Person macht, wird überleben. Allerdings — es wird alles neu sein, Leib und Geist werden sich gleichermaßen von allem Irdischen unterscheiden; denn sie werden gleichermaßen göttlich sein.

1. Korinther 15, 1–11

Ich erinnere euch aber, liebe Brüder, an das Evangelium, das ich euch verkündigt habe, welches ihr auch angenommen habt, in welchem ihr auch stehet, durch welches ihr auch selig werdet, wenn ihr's festgehalten habt, in welcher Gestalt ich es euch verkündigt habe; es wäre denn daß ihr umsonst gläubig geworden wäret. Denn ich habe euch zuvörderst gegeben, was ich auch empfangen habe: daß Christus gestorben ist für unsre Sünden nach der Schrift; und daß er begraben ist; und daß er auferstanden ist am dritten Tage nach der Schrift; und daß er gesehen worden ist von Kephas, danach von den Zwölfen. Danach ist er gesehen worden von mehr als fünfhundert Brüdern auf e i n m a l, von denen die meisten noch heute leben, etliche aber sind entschlafen. Danach ist er gesehen worden von Jakobus, danach von allen Aposteln. Am letzten nach allen ist er auch von mir als einer unzeitigen Geburt gesehen worden. Denn ich bin der geringste unter den Aposteln, der ich nicht wert bin, daß ich ein Apostel heiße, darum daß ich die Gemeinde Gottes verfolgt habe. Aber von Gottes Gnade bin ich, was ich bin. Und seine Gnade an mir ist nicht vergeblich gewesen, sondern ich habe viel mehr gearbeitet als sie alle; nicht aber ich, sondern Gottes Gnade, die mit mir ist. Es sei nun ich oder jene: so predigen wir, und so habt ihr geglaubt.

In diesem Abschnitt wiederholt Paulus nochmals die frohe Botschaft, die er als erster den Korinthern verkündigt hat: die frohe Botschaft von der Auferstehung des Herrn.

In den Versen 1 und 2 macht Paulus eine Reihe sehr bemerkenswerter Aussagen über das Evangelium:

1. Die Korinther haben es e m p f a n g e n und angenommen. Das Evangelium ist etwas, was zu anderen stets dadurch gelangt, daß es ihnen verkündigt wird. Niemand hat es erfunden, und in gewissem Sinne hat auch niemand es je von sich aus entdeckt; wir alle empfangen es. Hier liegt die eigentliche Aufgabe der Kirche, die das Evangelium bewahren und weitergeben soll. Einer der Kirchenväter hat denn auch einmal gesagt: „Nur wer die Kirche zur Mutter hat, kann Gott zum Vater haben." Wir empfangen das Evangelium innerhalb einer Gemeinschaft – der der Kirche.

2. Die Korinther *standen* im Evangelium. Den Menschen Festigkeit zu geben, war dessen erste Aufgabe in einer gefährdeten und unsicheren Welt. In einem Klima der Verlockungen und Versuchungen festigte das Evangelium die Widerstandskraft sowie im Leiden das Vermögen, innerlich standzuhalten und nicht zu erliegen. In Hiob 4,4 heißt es sehr schön: „Deine Rede hat die Strauchelnden aufgerichtet, und die bebenden Knie hast du gekräftigt." Eben dies bewirkt das Wort des Evangeliums.

3. Durch das Evangelium würden sie selig werden, sagt Paulus zu den Korinthern. Bemerkenswert ist dabei, daß das entsprechende griechische Verb im Präsens steht. Das bedeutet: die Rettung, die Erlösung ist etwas von Herrlichkeit zu Herrlichkeit kontinuierlich Fortschreitendes, nicht etwas, was sich auf dieser Welt bereits erfüllt; um den Menschen den ganzen Heilsschatz voll zu erschließen, dazu bedarf es somit einer anderen Welt. Eines der wichtigsten Merkmale christlichen Lebens ist denn auch seine Unerschöpflichkeit, seine Unbegrenztheit. Vieles auf der Welt erschöpft sich früher oder später; was Seligkeit bedeutet, ist unausschöpfbar.

4. Das Evangelium ist etwas, an dem wir *festhalten* sollen. Das Leben ist in vieler Hinsicht dazu angetan, uns unseren Glauben zu rauben. Den Menschen widerfahren unbegreiflich verwirrende Dinge. Es gibt Probleme, für die es keine Lösung, und Fragen, auf die es keine Antwort zu geben scheint; manche dunkle Phasen können wir nur noch im Durchhalten bestehen. Glaube bedeutet stets *Sieg* — einen Sieg der Seele, die Gott nicht losläßt.

5. Das Evangelium ist etwas, was wir nicht *umsonst* empfangen haben, und etwas, womit wir nicht auf gut Glück umgehen können. Wenn unser Glaube zusammenbricht, ist das ein Zeichen dafür, daß wir ihn nicht genügend gepflegt, nicht genügend be- und durchdacht haben. Der Glaube ist für viele Menschen eine recht oberflächliche Angelegenheit. Wir alle neigen dazu, die Glaubensinhalte hinzunehmen, weil man sie uns gelehrt hat, sie sozusagen nur aus zweiter Hand zu erwerben. Wenn wir jedoch nicht davor zurückschrecken, alles selbst zu durchdenken, dann lassen wir vielleicht manches von dem fallen, was da gesagt wurde; doch was bleibt, ist dafür wirklich und unveräußerlich unser Eigentum, das uns niemand nehmen kann.

Bei der Aufzählung derer, denen der auferstandene Christus erschienen ist, sind zwei Namen besonders bezeichnend:

1. Der Auferstandene sei *Kephas* (Simon Petrus) erschienen,

sagt Paulus. Im ältesten Auferstehungsbericht lauten die Worte des Boten am leeren Grab: „Gehet aber hin und saget seinen Jüngern und Petrus . . ." (Mark. 16, 7). In Lukas 24, 34 sagen die Jünger: „Der Herr ist wahrhaftig auferstanden und Simon erschienen." Es mutet seltsam an, daß dem Jünger, der den Herrn so nachdrücklich verleugnet hatte, der Auferstandene als einem der ersten erschien; darin kommt das ganze Wunder der Liebe und Gnade Jesu Christi zum Ausdruck. Andere hätten Petrus vielleicht auf immer gehaßt oder wenigstens links liegen gelassen. Jesus jedoch hatte im Sinn, seinen oft so unberechenbaren Jünger endgültig aufzurichten. Petrus hatte Jesus beschämendes Unrecht zugefügt und darüber geweint; und dieser erstaunliche Jesus hatte dieserhalb nur den einen Wunsch, Petrus in dem quälenden Schmerz seiner Untreue zu trösten. Größere Liebe gibt es nicht als die, mehr an den Kummer des Menschen zu denken, der einem wehgetan hat, als an das einem selbst zugefügte Leid.

2. Der Auferstandene sei Jakobus erschienen, sagt Paulus, womit er zweifellos auf Jakobus, den Bruder des Herrn, hinwies. Aus den Evangelien geht eindeutig hervor, daß Jesus von seinen Angehörigen nicht verstanden wurde, daß man ihm von dieser Seite eher feindlich begegnete. In Markus 3, 21 lesen wir, daß die Seinen Jesus zu halten versuchten, weil sie glaubten, er sei von Sinnen, und in Johannes 7, 5 heißt es, seine Brüder hätten auch nicht an ihn geglaubt. Einer der ältesten Evangelienberichte, der jedoch nicht in den Kanon des Neuen Testamentes aufgenommen wurde, ist das Hebräerevangelium, von dem jedoch nur Reste erhalten geblieben sind. Ein Bruchstück, das durch den lateinischen Kirchenvater Hieronymus auf uns gekommen ist, lautet folgendermaßen: „Als aber der Herr das Leinentuch dem Knecht des Priesters gegeben hatte, ging er zu Jakobus und erschien ihm. Jakobus hatte nämlich geschworen, er werde kein Brot mehr essen von jener Stunde an, in der er den Kelch des Herrn getrunken hatte, bis er ihn von den Entschlafenen auferstanden sähe. Und kurz darauf sagte der Herr: ‚Bringt einen Tisch und Brot!' Und sogleich wird hinzugefügt: er nahm das Brot, segnete es und brach es und gab es Jakobus dem Gerechten und sprach zu ihm: ‚Mein Bruder, iß dein Brot; denn der Menschensohn ist von den Entschlafenen auferstanden.'" Wir können nur vermuten, was sich hinter diesen Worten verbirgt. Vielleicht verwandelten die letzten Tage Jesu die ablehnende Haltung des Jakobus in staunende Bewunderung, so daß er, als das Ende gekommen war, in Gewissensbissen wegen seines

Verhaltens gegenüber dem Bruder geschworen hatte, Hungers zu sterben, wenn dieser nicht zurückkäme und ihm verziehe. Auch hier wieder begegnen wir der überwältigenden Liebe und Gnade Jesu Christi; er kam, um der betrübten Seele des Mannes Frieden zu geben, der ihn einen Verrückten genannt hatte und sein Widersacher gewesen war.

Es gehört zum Erschütterndsten und Eindringlichsten an der Geschichte Jesu, daß unter den ersten, denen er nach der Auferstehung erschien, gerade diejenigen beiden Männer waren, die ihn gekränkt und dies hinterher bereut hatten. Jesus kommt den Zerknirschten und Bußfertigen mehr als nur halb entgegen.

Unser Abschnitt wirft auch auf den Charakter des Paulus ein helles Licht. Für ihn war es das Köstlichste, daß Jesus auch ihm erschienen war. Dieser Augenblick war für ihn der Wendepunkt seines Lebens gewesen und zugleich der dynamische Beginn seiner Zukunft. Vers 9—11 erfahren wir eine Menge über Paulus:

1. Wir erfahren von seiner D e m u t. Er bezeichnet sich als den geringsten der Apostel, dem die Ehre eines Amtes zuteilgeworden ist, dessen er sich nicht würdig fühlte; niemals hätte er deshalb behauptet, aus eigener Kraft geworden zu sein, der er war. Er verdankte alles der Gnade Gottes. Er scheut sich deshalb nicht, auch etwas auszusprechen, was sehr wohl ein gegen ihn gerichteter Spott gewesen sein kann, Paulus scheint nicht von starker Statur und Stimme gewesen zu sein (2. Kor. 10, 10), weshalb die Juden ihn nach seiner Bekehrung möglicherweise verächtlich als eine „Frühgeburt von Mensch“, als eine „unzeitige Geburt“ bezeichnet haben. Paulus war sich seiner Unwürdigkeit stark bewußt. Jedenfalls war er nicht hochmütig und verübelte den Menschen ihre Kritik an ihm und sogar ihren Spott nicht; vielmehr empfand er in seiner Demut sehr wohl, daß er beides verdient hatte.

2. Wir erfahren in diesen Versen aber auch, d a ß e r s i c h s e i n e s p e r s ö n l i c h e n W e r t e s d u r c h a u s b e w u ß t w a r; hatte er doch mehr gearbeitet als alle übrigen. Falsche Bescheidenheit kannte er deshalb nicht; wohl aber sprach er niemals von dem, was er als solcher getan hatte, sondern von dem, was er dank der Gnade Gottes hatte tun können.

3. Wir hören von seinem G e m e i n s c h a f t s s i n n. Er hielt sich nicht für eine Einzelerscheinung mit einer nur ihm anvertrauten Botschaft; vielmehr verkündigte er dasselbe Evangelium wie die anderen Apostel auch. Er fühlte sich in seiner

Größe eng an deren Gemeinschaft sowie an die aller Christen gebunden. Größe, die die Menschen von ihren Mitmenschen trennt, hat stets etwas Unvollkommenes.

WENN CHRISTUS NICHT AUFERSTANDEN WÄRE

1. Korinther 15, 12–19

Wenn aber Christus gepredigt wird, daß er ist von den Toten auferstanden, wie sagen denn etliche unter euch: Es gibt keine Auferstehung der Toten? Gibt es aber keine Auferstehung der Toten, so ist auch Christus nicht auferstanden. Ist aber Christus nicht auferstanden, so ist unsre Predigt vergeblich, so ist auch euer Glaube vergeblich. Wir würden aber auch erfunden als falsche Zeugen Gottes, weil wir wider Gott gezeugt hätten, er habe Christus auferweckt, den er nicht auferweckt hätte, wenn doch die Toten nicht auferstehen. Denn wenn die Toten nicht auferstehen, so ist Christus auch nicht auferstanden. Ist Christus aber nicht auferstanden, so ist euer Glaube nichtig, so seid ihr noch in euren Sünden; so sind auch die, die in Christus entschlafen sind, verloren. Hoffen wir allein in diesem Leben auf Christus, so sind wir die elendesten unter allen Menschen.

Hier geht Paulus zum zentralen Angriff auf seine Widersacher in Korinth vor, die ganz platt behaupteten: „Es gibt keine Auferstehung der Toten." Der Apostel erwidert ihnen darauf: „Wenn ihr diesen Standpunkt vertretet, dann sagt ihr damit, daß auch Christus nicht auferstanden ist. Wenn das aber tatsächlich der Fall ist, dann ist der ganze christliche Glaube vergeblich."

Weshalb hielt Paulus den Glauben an die Auferstehung Jesu für so entscheidend wichtig? Welche Wahrheiten liegen für uns darin beschlossen? Die Auferstehung Jesu beweist viererlei, was die Einstellung der Menschen gegenüber dem Leben entscheidend beeinflußt.

1. Die Auferstehung beweist, daß die Wahrheit stärker ist als die Lüge. Nach dem vierten Evangelium hat Jesus zu seinen Widersachern gesagt: „Nun aber sucht ihr mich zu töten, einen solchen Menschen, der ich euch die Wahrheit gesagt habe" (Joh. 8, 40). Jesus kam zu den Menschen mit der wahren Vorstellung von Gott und vom Gutsein; seine Wider-

sacher aber bewirkten seinen Tod, weil sie nicht wollten, daß ihre persönliche (falsche) Ansicht von Gott und vom Gutsein zerstört würde. Wenn es den Widersachern gelungen wäre, Jesus endgültig zu beseitigen, dann wäre die Lüge stärker geblieben als die Wahrheit. Als in der Reformationszeit der Regent von Schottland einen der führenden protestantischen Männer zu sich befahl und sagte, es werde nicht eher Ruhe im Lande herrschen als bis ein halbes Dutzend von seiner Sorte gehängt oder außer Landes gewiesen wären, erwiderte der tapfere Mann: „Das sind Drohungen, mit denen Ihr Euren Höflingen vielleicht kommen könnt. Mir ist es einerlei, ob ich in der Luft oder in der Erde verfaule . . . Gott sei gepriesen, daß es nicht in Eurer Macht steht, seine Wahrheit zu hängen oder zu verbannen." Die Auferstehung ist die endgültige Gewähr für die Unzerstörbarkeit der Wahrheit.

2. Die Auferstehung beweist, daß das Gute stärker als das Böse ist. Um wieder das vierte Evangelium zu zitieren: dort heißt es, Jesus habe zu seinen Widersachern gesagt: „Ihr habt den Teufel zum Vater" (Joh. 8, 44). Die Mächte, deren Handlanger Jesus gekreuzigt haben, waren die Mächte des Bösen, die auf immer triumphiert hätten, wenn es keine Auferstehung gegeben hätte. „Eins lehrt die Geschichte mit großer Entschiedenheit", hat einmal ein bedeutender Historiker gesagt: „Letztlich beruht die Welt auf sittlichen Grundlagen, die auf die Dauer den Sieg über das Böse davontragen." Dieses Bekenntnis zur sittlichen Weltordnung wäre ohne Fundament, wenn die Auferstehung nicht stattgefunden hätte; niemals wären wir sicher, daß das Gute wirklich stärker ist als das Böse.

3. Die Auferstehung beweist, daß Liebe stärker ist als Haß. Jesus war die fleischgewordene Liebe Gottes, während nahezu giftiger Haß aus denen sprach, die die Kreuzigung Jesu bewirkten. So bitter war der Haß dieser Menschen, daß sie die Güte und Freundlichkeit Jesu der Macht des Teufels zuschrieben. Wenn Jesus nicht auferstanden wäre, so würde das nichts Geringeres bedeuten, als daß der Haß der Menschen letztlich über die Liebe Gottes gesiegt hätte. Die Auferstehung aber ist gerade der Sieg der Liebe über alles, was der Haß der Menschen Jesus hatte zufügen können. Seine Auferstehung ist der unwiderlegbare und endgültige Beweis dafür, daß Liebe stärker ist als Haß.

4. Die Auferstehung Jesu beweist, daß das Leben stärker als der Tod ist. Wäre Jesus gestorben, ohne wieder aufzuerstehen, so würde das heißen, daß der Tod selbst die Be-

sten endgültig zu zerbrechen vermag. Während des Krieges hatte man in einer Londoner Kirche alles für das Erntedankfest vorbereitet. In der Mitte der Gaben befand sich ein Bündel Getreide. Der Gottesdienst konnte jedoch nicht stattfinden, weil in der Nacht zum Erntedankfest bei einem schweren Luftangriff auch die Kirche in Trümmer ging. Monate vergingen; da bemerkte jemand an der Stelle, an der die Kirche gestanden hatte, wie grüne Sprößlinge aus den Trümmern hervorzusprießen begannen, immer größer wurden, blühten und schließlich Korn trugen. Nicht einmal Bomben hatten das keimende Leben in dem Kornbündel zu zerstören vermocht; das Leben in ihm war stärker gewesen als die Zerstörung. Wievielmehr ist die Auferstehung Jesu ein Beweis dafür, daß das Leben in Gott stärker ist als der Tod!

Paulus blieb dabei: Wenn Jesus Christus nicht wirklich auferstanden wäre, dann würde die ganze christliche Botschaft auf einer Lüge basieren, dann wären die, die im Glauben an die Auferstehung dahingeschieden sind, einer Täuschung zum Opfer gefallen, und dann gebe es für die höchsten Werte des Lebens keine Gewähr. „Ohne Auferstehung stürzen die Fundamente und das ganze Gebäude des Glaubens in sich zusammen", sagt Paulus.

DER ERSTLING UNTER DENEN, DIE DA SCHLAFEN

1. Korinther 15, 20–28

Nun aber ist Christus auferstanden von den Toten und der Erstling geworden unter denen, die da schlafen. Denn da durch einen Menschen der Tod gekommen ist, so kommt auch durch einen Menschen die Auferstehung der Toten. Denn gleichwie sie in Adam alle sterben, so werden sie in Christus alle lebendig gemacht werden. Ein jeglicher aber in seiner Ordnung: der Erstling Christus; danach die Christus angehören, wenn er kommen wird; danach das Ende, wenn er das Reich Gott, dem Vater, überantworten wird, wenn er vernichtet haben wird alle Herrschaft und alle Obrigkeit und Gewalt. Denn er muß herrschen, bis daß er „alle Feinde unter seine Füße lege" (Ps. 110, 1). Der letzte Feind, der vernichtet wird, ist der Tod. Denn „alles hat er unter seine Füße getan" (Ps. 8, 7). Wenn er aber sagt, alles sei untertan, ist's offenbar, daß ausgenommen ist der,

der ihm alles untergetan hat. Wenn aber alles ihm untertan sein wird, alsdann wird auch der Sohn selbst untertan sein dem, der ihm alles untergetan hat, auf daß Gott sei alles in allem.

Diese Stelle ist für Menschen unserer Tage nicht leicht zu interpretieren.

Es ist die Rede von Christus als dem „Erstling unter denen, die da schlafen". Das ist ein Bild, das alle Juden kannten. Das Passahfest wurde nicht nur zur Erinnerung an die Befreiung der Kinder Israels aus Ägypten gefeiert; es war zugleich auch ein großes Erntefest, weil es in die Zeit fiel, in der man die Gerstenfelder abzuernten begann. Im Gesetz hieß es: „Ihr sollt die erste Garbe eurer Ernte zu dem Priester bringen. Der soll die Garbe als Schwingopfer schwingen vor dem Herrn, daß sie euch wohlgefällig mache. Das soll aber der Priester tun am Tage nach dem Sabbat" (3. Mose 23, 10–11). Etliche Garben sollten auf einem gewöhnlichen Feld geerntet sein, nicht in einem Garten mit besonders aufbereitetem Boden. Die geschnittene Gerste wurde zum Tempel gebracht, wo sie, um nicht zerquetscht zu werden, mit weichem Schilfrohr gedroschen wurde. Danach wurde sie in einer perforierten Pfanne über dem Feuer getrocknet, so daß jedes Korn mit dem Feuer in Berührung kam; anschließend wurde das Getreide dem Wind ausgesetzt, damit die Spreu fortgetragen wurde. Dann wurde es in einer Gerstenmühle gemahlen und das Mehl Gott zum Opfer dargebracht. Das hatte es also mit der Erstlingsfrucht auf sich. (Bemerkenswert ist dabei, daß erst im Anschluß an dieses Opfer Gerste aus der neuen Ernte in den Geschäften ge- und verkauft und Brot aus frischem Mehl hergestellt werden durfte.) Die Erstlingsfrüchte waren ein Zeichen der kommenden Ernte; die Auferstehung Jesu ist demgemäß ein Zeichen der Auferstehung aller künftigen Gläubigen. Wie von der frischen Gerste erst etwas gebraucht werden durfte, bis die erste Garbe als Opfer dargebracht worden war, so war die neue Ernte erst nach der Auferstehung Jesu von den Toten möglich geworden.

Paulus verwendet an dieser Stelle noch einen anderen jüdischen Gedanken. Nach dem Bericht in 1. Mose 3, 1–19 kam der Tod erst durch Adams Sünde in die Welt; er war die unmittelbare Folge und Bestrafung dieser Sünde. Die Juden glaubten, alle Menschen hätten buchstäblich in Adam gesündigt, wobei ohne weiteres ersichtlich ist, daß d i e T e n d e n z zur Sünde von Adam auf seine Nachkommen überging. „Das ist der Fluch der bösen Tat, daß sie fortzeugend immer Böses muß gebären", heißt es bei Schiller. Und George Eliot schrieb einmal: „Unsere Taten gleichen Kindern, die uns geboren werden; sie handeln und leben unabhängig von unserem Willen. Nein, Kinder lassen sich unterdrücken, Taten nicht; sie führen mit und ohne unser Wissen ein unzerstörbares Eigenleben." Wahrscheinlich leugnet niemand, daß Kinder die Neigung zur Sünde von ihren Eltern ererben können und daß die Sünden der Eltern oft buchstäblich an den Kindern heimgesucht werden. Die Vorstellung der Juden jedoch war noch weitreichender; waren sie doch überzeugt, daß niemand etwas tun könne, wovon nur er selbst betroffen würde. Dementsprechend waren sie der Ansicht, daß alle Menschen in und mit Adam gesündigt hätten; seine Sünde war ihre Sünde. Und da in Adam alle Menschen gesündigt hatten, mußten folgerichtig auch alle Menschen sterben. Das änderte sich, als Jesus in die Welt kam. Christus war ohne Sünde, und Christus überwand den Tod. Ebenso wie alle Menschen in Adam gesündigt hatten, so entgehen sie nun der Sünde in Christus; und wie alle Menschen in Adam gestorben sind, so haben sie nun den Tod in Christus überwunden. Unsere Gemeinschaft mit Christus ist ebenso real wie unsere Gemeinschaft mit Adam; sie macht die schlimmen Wirkungen der alten Gemeinschaft zunichte. Wir sehen uns hier also zwei Sachverhalten gegenüber. Da ist einmal Adam: Sünde und Tod; da ist zum andern Christus: Vergebung und Leben. Wie wir alle in die Sünde des ersten Menschen, den Gott schuf, miteingeschlossen sind, so sind wir es auch in den Sieg dessen, der die Menschen neu geschaffen hat. Mit Jesus Christus ist eine neue Kraft in die Welt gekommen, um die Menschen freizumachen von der Sünde und dem Tod.

Die Verse 24–28 klingen sehr merkwürdig für uns; sind wir doch gewohnt, an Gott, den Vater, und an den Sohn im Sinne einer Gleichheit zu denken. Paulus berichtet hier jedoch, daß der Sohn sich eindeutig und bewußt dem Vater unterstellt. Er hat dabei folgendes im Sinn: Gott hat Jesus die Aufgabe übertragen, die Sünde zu entmachten, den Tod zu überwinden und die Menschen freizumachen. Wenn diese Aufgabe endgültig und vollständig erfüllt ist, wird der Sohn (um im Bilde zu bleiben) zum Vater zurückkehren wie ein heimkehrender Sieger und der Triumph Gottes vollkommen sein. Hier geht es nicht darum, daß der Sohn dem Vater untertan ist wie ein Knecht seinem Herrn, sondern darum, daß jemand die ihm übertragene Aufgabe erfüllt hat und in die Herrlichkeit vollkommenen Gehorsams zurückkehrt. Wie Gott seinen Sohn ausgesandt hat, um die Welt zu erlösen, so wird Gott schließlich eine erlöste Welt zurückerhalten, und nichts wird außerhalb der Liebe Gottes sein — weder im Himmel noch auf Erden.

WENN ES KEINE AUFERSTEHUNG GIBT

1. Korinther 15, 29—34

Was machen sonst, die sich taufen lassen für die Toten, wenn die Toten überhaupt nicht auferstehn? Was lassen sie sich taufen für die Toten? Und was stehen wir alle Stunde in Gefahr? Bei dem Ruhm, den ich an euch, liebe Brüder, habe in Christus Jesus, unsrem Herrn: ich sterbe täglich. Habe ich nur um menschlicher Dinge willen zu Ephesus mit wilden Tieren gefochten, was hilft's mir? Wenn die Toten nicht auferstehen, dann „lasset uns essen und trinken; denn morgen sind wir tot" (Jes. 22, 13). Lasset euch nicht verführen! Böse Geschwätze verderben gute Sitten. Werdet doch einmal recht nüchtern und sündiget nicht! Denn etliche wissen nichts von Gott; das sage ich euch zur Schande.

Auch dieser Abschnitt beginnt mit einer schwierigen Stelle, mit dem rätselhaften Ausdruck nämlich: sich taufen lassen für die Toten. Hyper, die Präposition, die im deutschen Text mit „für" übersetzt ist, kann zweierlei bedeuten: als Ortsbezeichnung über, oberhalb, weit häufiger jedoch (im Zusammenhang mit Menschen oder Dingen) anstatt, im Namen von.

Ausgehend von der Bedeutung über, oberhalb haben einige Theologen die Vermutung ausgesprochen, daß es sich um einen Hinweis auf jene handle, die sich auf den Gräbern der Märtyrer taufen ließen; dahinter steht der Gedanke, daß es besonders erhebend sei, sich auf heiligem Boden taufen zu lassen, der an die unsichtbaren Zeugen erinnerte. So anziehend diese Vorstellung auch ist, so müssen wir doch feststellen, daß zu der Zeit, als Paulus an die Korinther schrieb, die Verfolgungen ein derartiges Ausmaß noch nicht genommen hatten. Natürlich ist es daher, hyper hier im Sinne von anstatt, im Namen von zu verstehen. Dann könnte man vermuten, daß es sich hier um einen Hinweis auf jene handelt, die sich taufen ließen, um an die Stelle der Toten der Gemeinde zu treten — ein großartiger Gedanke. Junge Kräfte treten an die Stelle alter, die sich in langen Jahren bewährt haben und sich jetzt der wohlverdienten Ruhe hingeben dürfen. Mit dem Ausdruck könnten freilich auch jene gemeint sein, die sich aus Achtung vor und Zuneigung zu den Toten taufen ließen. Viele Menschen sind zur Gemeinde Jesu Christi gekommen, weil sie wußten, daß jemand, den sie geliebt hatten und der auch sie geliebt hatte, betend und für sie hoffend gestorben war; ist doch so mancher durch jemanden, der bereits hinübergegangen war, zu Christus gekommen.

Trotz solcher Interpretationsmöglichkeiten dürfte sich dieser Ausdruck letztlich doch nur auf einen Brauch beziehen, den zwar die Frühkirche kannte, der später jedoch verschwand: den Brauch der stellvertretenden Taufe. Starb jemand, der die feste Absicht gehabt hatte, der Gemeinde anzugehören, jemand, der im christlichen Glauben unterwiesen worden war, ein Katechumene, der sich auf die Taufe vorbereitet hatte, dann konnte ein anderer sich nach dessen Tode stellvertretend für ihn taufen lassen. Diese Sitte ging auf eine in Wirklichkeit abergläubische und magische Auffassung der Taufe zurück, derzufolge jemand, der nicht getauft ist, von den Segnungen des Glaubens und des Himmels ausgeschlossen bleibt. Als Sicherungsmaßnahme gegen diesen Ausschluß ließen sich daher zuweilen Menschen freiwillig an Stelle der Verstorbenen taufen. Paulus heißt diese Sitte weder gut noch schlecht; er fragt vielmehr nur, ob man noch einen Sinn darin erblicken könne, wenn es keine Auferstehung gebe.

Dann kommt Paulus auf ein wichtiges Motiv christlicher Lebensführung zu sprechen. Er fragt: „Weshalb sollten Christen die mit einer christlichen Lebensführung verbundenen Gefahren und Schwierigkeiten auf sich nehmen, wenn das alles für nichts und wieder nichts ist?" Er zitiert zu diesem Zweck, was er selbst erlebt hat; ja, er spricht von der Gefährdung seines Lebens. Etwas Schreckliches muß Paulus in Ephesus widerfahren sein, worüber im Neuen Testament kein Bericht vorliegt. In 2. Korinther 1, 8—10 weist er nochmals darauf hin, daß er sich in der Landschaft Asien, d. h. in Ephesus, in derartiger Gefahr befunden habe, daß er am Leben verzagt und seinen Tod für beschlossen hielt. (Noch heute befindet sich in Ephesus ein als Gefängnis des Paulus bezeichnetes Gebäude.) Hier spricht Paulus vom Fechten mit wilden Tieren, wobei er ein Wort gebraucht, mit dem der Kampf des Gladiatoren gegen Löwen bezeichnet wurde. Einer späteren Legende zufolge soll Paulus tatsächlich auf diese Weise gekämpft haben, auf wunderbare Weise aber verschont geblieben sein, weil die wilden Tiere ihn nicht angegriffen hätten. Wenn dies auch nicht wahrscheinlich ist — als römischer Bürger konnte Paulus nicht zum Kampf in der Arena gezwungen werden —, so benutzte der Apostel hier doch das anschauliche Bild, um den Adressaten klarzumachen, wie sehr ihn Menschen bedroht und ihm übel mitgespielt hatten. Auf jeden Fall fragt Paulus die Korinther hier: „Wozu all die Trübsal und all die Leiden, wenn es kein Leben nach dem Tode gibt?"

Wer glaubt, daß mit diesem Leben alles vorbei ist, kann mit Recht sagen: „Lasset uns essen und trinken; denn morgen sind wir tot!" Auch in der Bibel ist die Rede von Menschen, die so gesprochen haben. In Jesaja 56, 12 heißt es: „Kommt her, ich will Wein holen, wir wollen uns vollsaufen, und es soll morgen sein wie heute und noch viel herrlicher." Und der Prediger Salomo schrieb: „Ist's nun nicht besser für den Menschen, daß er esse und trinke und seine Seele guter Dinge sei bei seinem Mühen?" (Pred. 2, 24; vgl. 3, 12; 5, 18; 8, 15; 9, 7). Auch Jesus sprach von dem reichen Narren, der nicht an die Ewigkeit dachte und nach dem Motto lebte: „Iß, trink und habe guten Mut" (Luk. 12, 19). Der griechische Geschichtsschreiber Herodot berichtet von einer ägyptischen Sitte folgendes: „Bei geselligen Zusammenkünften der Reichen geht ein Diener nach dem Festmahl mit einem Sarg von Gast zu Gast. Darin liegt ein hölzerner Leichnam, der so geschnitzt und bemalt ist, daß er wie natürlich wirkt . . . Dabei sagt der Diener bei jedem Gast: ‚Schau her, trink und sei fröhlich; denn wenn du stirbst, wirst du sein wie er.'" Und Thukydides schreibt davon, wie die Menschen, als Athen von der Pest heimgesucht wurde, schamlose Verbrechen begingen und sich voller Gier in alle möglichen Vergnügungen stürzten, weil sie glaubten, nur noch kurze Zeit zu leben und niemals dafür bestraft zu werden. Ohne den Gedanken, daß das Leben uns in Zucht nimmt als Vorbereitung auf ein künftiges, besseres Leben, verlieren unsere Ehrbegriffe und alle unsere sittlichen Vorstellungen an Wert. Es ist sinnlos, dagegen anzuführen, das brauche keineswegs so zu sein, weil die Menschen nicht bloß um irgendeines Lohnes willen gut und ehrenhaft sein sollten. Läßt sich doch nicht leugnen, daß Menschen, die glauben, daß es außer unserer Welt nichts gibt, weithin so leben, als zählten nur die Dinge dieser Welt.

Paulus bleibt also dabei, daß die Korinther sich nicht denen zugesellen sollen, die behaupten, es gebe keine Auferstehung; sie gingen sonst das Risiko ein, von ihnen angesteckt zu werden. Zu behaupten, es gebe keine Auferstehung, ist kein Zeichen höherer Erkenntnis, sondern ein Zeichen völliger Unkenntnis Gottes. Paulus hofft, sie auf den rechten Weg zurückbringen zu können, indem er ihnen vorhält, wie töricht und schädlich ein solches Verhalten ist.

NATÜRLICHER LEIB UND GEISTLICHER LEIB

1. Korinther 15, 35—49

Möchte aber jemand sagen: W i e werden die Toten auferstehen, und mit welcherlei Leibe werden sie kommen? Du Narr: Was du säest, wird nicht lebendig, es sterbe denn. Und was du säest, ist ja nicht der Leib, der werden soll, sondern ein bloßes Korn, etwa Weizen oder der andern eines. Gott aber gibt ihm einen Leib, wie er will, und einem jeglichen Samen seinen eigenen Leib. Nicht ist alles Fleisch einerlei Fleisch; sondern ein anderes Fleisch ist der Menschen, ein anderes des Viehs, ein anderes der Vögel, ein anderes der Fische. Und es gibt himmlische Körper und irdische Körper; aber eine andere Herrlichkeit haben die himmlischen und eine andere die irdischen. Einen anderen Glanz hat die Sonne, einen anderen Glanz hat der Mond, einen anderen Glanz haben die Sterne; denn ein Stern übertrifft den andern an Glanz. So auch die Auferstehung der Toten. Es wird gesät verweslich und wird auferstehen unverweslich. Es wird gesät in Unehre und wird auferstehen in Herrlichkeit. Es wird gesät in Schwachheit und wird auferstehen in Kraft. Es wird gesät ein natürlicher Leib, und wird auferstehen ein geistlicher Leib. Gibt es einen natürlichen Leib, so gibt es auch einen geistlichen Leib. Wie geschrieben steht: Der erste Mensch, Adam, „ward zu einer lebendigen Seele" (1. Mose 2, 7), und der letzte Adam zum Geist, der da lebendig macht. Aber der geistliche Leib ist nicht der erste, sondern der natürliche; danach der geistliche. Der erste Mensch ist von der Erde und irdisch; der andere Mensch ist vom Himmel. Welcherlei der irdische ist, solcherlei sind auch die irdischen; und welcherlei der himmlische ist, solcherlei sind auch die himmlischen. Und wie wir getragen haben das Bild des irdischen, so werden wir auch tragen das Bild des himmlischen.

Paulus spricht hier nicht von sogenannten nachprüfbaren Fakten, sondern von Glaubensdingen. Er versucht, Unaussprechliches auszusprechen und Unbeschreibbares zu beschreiben, und zwar mit menschlichen Worten und Vorstellungen. Wenn wir das bedenken, werden wir unsere Gedanken vor allem auf diese Worte prägenden Grundvorstellungen und Grundsätze konzentrieren. Paulus befaßt sich hier mit Menschen, die sagen: „Angenommen, es gibt tatsächlich eine Auferstehung des Leibes, wie sieht dann aber der Leib aus, mit dem die Menschen auferstehen?" Der Antwort des Paulus liegt ein Dreifaches zugrunde:

1. Er wählt den Vergleich mit dem Samenkorn, das der Erde anvertraut wird und stirbt, zu gegebener Zeit jedoch wieder aus der Erde hervorkommt, und zwar in völlig anderer Gestalt als der, in der es ausgesät wurde. Paulus weist darauf hin, daß Auflösung, Unterschiede und Kontinuität einander nicht ausschließen. Wie das Samenkorn sich auflöst und in anderer, von Gott empfangener Gestalt wieder aufgeht, als das gleiche Samenkorn, das ausgesät wurde, so wird auch unser irdischer Leib begraben werden, sich auflösen und in sehr anderer Gestalt wieder auferstehen. Tatsache jedoch bleibt, daß es sich um dieselbe Person handelt, wie anders der Auferstehungsleib auch sein mag.
2. Das zweite, was Paulus betont, ist, daß es in der uns bekannten Welt nicht nur e i n e Form des Leibes gibt. Jedes Geschöpf hat seinen eigenen Leib; denn jedes Geschöpf und jedes Ding hat von Gott seinen Leib empfangen, der seiner spezifischen Rolle in der Schöpfung entspricht. Die Vernunft sagt uns, daß wir von Gott daher auch einen Leib empfangen werden, der dem Sein in der Auferstehung entspricht.
3. Der dritte Grundsatz: Das Leben entwickelt sich. Gott machte Adam, den ersten Menschen, aus Erde vom Acker (1. Mose 2, 7); Jesus dagegen ist weit mehr als ein aus dem Staub der Erde gemachter Mensch, er ist die Inkarnation des Geistes Gottes. Wie wir im alten Leben eins waren mit Adam und an seiner Sünde teilhatten, so sind wir im neuen Leben eins mit Christus, werden daher auch an diesem Leben und Sein teilhaben. Das bedeutet, daß zwar der natürliche Leib unser erster Leib ist, daß wir eines Tages aber auch einen geistlichen Leib haben werden.

Paulus bewahrt in diesem Abschnitt durchweg Zurückhaltung

bei seinen Äußerungen über den geistlichen Leib. Er wird sein, wie Gott es für nötig befindet, wenn wir wie Christus sein werden. In den Versen 42—44 nennt er vier Gegensatzpaare, die immerhin Licht auf diesen künftigen Zustand werden.

1. Unser jetziger Leib ist verweslich, unser künftiger Leib unverweslich. Alles Irdische ist der Veränderung und dem Verfall ausgesetzt („Die Schönheit der Jugend und der Ruhm des Mannesalter vergehen" heißt es bei Sophokles); doch in jenem künftigen Leben wird alles Schöne Bestand haben und seinen Glanz nicht verlieren.

2. Unser jetziger Leib ist in Unehre gesät, unser künftiger Leib wird in Herrlichkeit sein. Was will Paulus damit sagen? Wahrscheinlich, daß die Zeugungskräfte und körperlichen Triebe uns nur zu leicht in Unehre bringen, daß im künftigen Leben dagegen unser Leib nicht mehr seinen Leidenschaften ausgeliefert ist, sondern ein Werkzeug Gottes in lauterem Dienen sein wird — eine Ehre, wie sie größer nicht denkbar ist.

3. Unser jetziger Leib ist in Schwachheit, unser künftiger Leib wird in Kraft sein. Es ist heutzutage üblich, von der Kraft, insbesondere von der Leistungskraft der Menschen zu sprechen, während nicht weniger bemerkenswert ihre Schwachheit und Anfälligkeit ist. Ein Luftzug oder ein Wassertropfen kann uns töten. Wie oft bilden die uns gesetzten körperlichen Grenzen unsere eigentlichen Grenzen! Immer wieder macht der gesundheitliche Zustand, in dem wir uns befinden, einen Strich durch unsere Pläne und Absichten! Weil wir sind, wie wir sind, werden wir so oft zuschanden. In jenem künftigen Leben aber wird es solche Begrenzungen nicht geben. Hier sind wir in unserer Schwäche gefangen, dort werden wir angetan sein mit Kraft.

4. Unser jetziger Leib ist ein natürlicher Leib, der künftige wird ein geistlicher Leib sein. Damit wollte Paulus sagen, daß wir in unserem jetzigen Zustand nur unvollkommene Gefäße und Werkzeuge des Heiligen Geistes sind, dann aber solche, die so vom Heiligen Geist erfüllt sind, daß dieser durch uns wirken kann wie niemals jetzt. Im künftigen Leben werden wir Gott auf vollkommene Weise anbeten und ihm dienen, werden wir von jener absoluten Liebe erfüllt sein, die auf Erden immer nur ein Traum bleiben wird.

1. Korinther 15, 50–58

Das sage ich aber, liebe Brüder, daß Fleisch und Blut nicht können das Reich Gottes ererben; auch wird das Verwesliche nicht erben die Unverweslichkeit. Siehe, ich sage euch ein Geheimnis: Wir werden nicht alle entschlafen, wir werden aber alle verwandelt werden; und dasselbe plötzlich, in einem Augenblick, zur Zeit der letzten Posaune. Denn es wird die Posaune schallen, und die Toten werden auferstehen unverweslich, und wir werden verwandelt werden. Denn dies Verwesliche muß anziehen die Unverweslichkeit, und dies Sterbliche muß anziehen die Unsterblichkeit. Wenn aber dies Verwesliche wird anziehen die Unverweslichkeit und dies Sterbliche wird anziehen die Unsterblichkeit, dann wird erfüllt werden das Wort, das geschrieben steht (Jes. 25, 8; Hos. 13, 14): „Der Tod ist verschlungen in den Sieg. Tod, wo ist dein Stachel? Hölle, wo ist dein Sieg?" Aber der Stachel des Todes ist die Sünde; die Kraft aber der Sünde ist das Gesetz. Gott aber sei Dank, der uns den Sieg gibt durch unsren Herrn Jesus Christus!
Darum, meine lieben Brüder, seid fest, unbeweglich und nehmet immer zu in dem Werk des Herrn, weil ihr wisset, daß eure Arbeit nicht vergeblich ist in dem Herrn.

Auch zu Beginn dieses Abschnitts müssen wir uns daran erinnern, daß Paulus darin Dinge behandelt, die das menschliche Darstellungsvermögen übersteigen; wir sollten ihn daher nicht wie eine naturwissenschaftliche Abhandlung lesen.

1. Paulus betont, daß wir in unserem jetzigen, irdischen Zustand das Reich Gottes nicht ererben können. Auch wenn er hinreicht, um uns mit dem täglichen Leben zurechtkommen zu lassen, so ist dies doch keineswegs im Blick auf das künftige Leben der Fall. Wer zu einem guten morgendlichen Frühlauf fähig ist, ist damit noch längst nicht imstande, bei den Olympischen Spielen zu bestehen; wer zur Freude seiner Freunde etwas schreiben kann, muß deshalb keineswegs etwas von bleibendem Wert schreiben können. Stets bedarf es eines Weitergehens, eines Wandels, wenn wir eine höhere Stufe des Lebens erreichen wollen. Als erstes sagt Paulus daher: wer das Reich Gottes erben will, der muß sich zunächst einmal ändern; muß ein anderer werden.

2. Weiter erklärt Paulus, daß dieser überwältigende Wandel, den auch noch viele Lebende erfahren werden, bei allen eintreten wird, zur Zeit der letzten Posaune. Dies ist nicht nur im Sinne des herkömmlichen Zeitbegriffes zu verstehen, sondern auch als ein Geschehen in Richtung auf unsere Auferstehung zur Unverweslichkeit hin, die die echte Begegnung mit Christus bewirkt.

3. Triumphierend fährt Paulus daher fort, niemand brauche eine solche Verwandlung zu fürchten. Diese Aussage ist etwas unerhört Bedeutungsvolles. Sind die Menschen doch zu allen Zeiten von Todesfurcht heimgesucht worden; selbst die bedeutendsten Geister sind davon nicht verschont geblieben. Jemand hat einmal gesagt, kein Mensch könne normalerweise ohne ernstliche Besorgnis und Widerwilligkeit sterben; die Todesfurcht sei etwas so Natürliches, daß der Mensch sich sein Leben lang anstrengen müsse, nicht daran zu denken. Worin besteht diese Todesfurcht? Teils beruht sie auf der Angst vor dem Unbekannten, noch mehr — wenn auch oft nicht eingestanden — auf dem Bewußtsein unserer Sündhaftigkeit. Wenn wir das Gefühl hätten, unbelastet vor Gott hintreten zu können, wäre das Sterben sehr viel leichter. Woher aber kommt das Bewußtsein der Sündhaftigkeit. Es beruht auf der verborgenen Annahme, daß wir alle unter dem Gesetz Gottes stehen. Solange wir jedoch in Gott nur das Gesetz der Gerechtigkeit erblicken, müssen wir uns zwangsläufig als Schuldige vor den Schranken Gottes vorkommen, ohne Hoffnung auf Freispruch. Indessen — Jesus Christus ist gekommen, um eben dies aufzuheben! Er ist gekommen, um uns zu sagen, daß Gott nicht das Gesetz, sondern die Liebe ist; daß nicht jenes, sondern die Gnade Gottes im Mittelpunkt steht; daß wir vor Gott nicht als vor unseren Richter, sondern als vor unseren Vater hintreten, der auf uns wartet. Das ist der Grund, weshalb Jesus Christus auch für uns den Tod überwunden hat. Das Wunder der Liebe Gottes hat die Todesfurcht verbannt.

4. Am Schluß dieses Kapitels erfolgt, wie stets bei Paulus, eine Wendung vom Theologischen ins Praktische. Aus seinen Betrachtungen wird eine Aufforderung, aus seinen Geistesflügen ein Appell zu Taten. Paulus schließt daher mit der Mahnung: „In der Aussicht auf solche Herrlichkeit solltet ihr in eurem Glauben an Gott feststehen und ihm unerschütterlich dienen; denn dann wird all euer Streben und Mühen nicht vergeblich sein.“ Auch wenn es schwer ist, als Christ zu leben, ist es das Ziel wert, daß wir unbeirrt durchhalten.

1. Korinther 16, 1–12

Was aber die Sammlung anlangt, die für die Heiligen geschieht: wie ich den Gemeinden in Galatien verordnet habe, so sollt auch ihr tun! An jeglichem ersten Tag der Woche lege bei sich selbst ein jeglicher unter euch zurück und sammle, was ihn gut dünkt, auf daß nicht, wenn ich komme, dann erst die Sammlung geschieht. Wenn ich aber gekommen bin, so will ich solche, die ihr für bewährt ansehet, mit Briefen senden, daß sie hinbringen eure Liebesgabe nach Jerusalem. Wenn es aber wert ist, daß ich auch hinreise, sollen sie mit mir reisen.
Ich will aber zu euch kommen, wenn ich durch Mazedonien gezogen bin; denn durch Mazedonien werde ich ziehen. Bei euch aber werde ich vielleicht bleiben oder auch den Winter zubringen, damit ihr mich dann geleitet, wo ich hinziehen werde. Ich will euch jetzt nicht sehen nur im Vorüberziehen; denn ich hoffe, ich werde etliche Zeit bei euch bleiben, wenn es der Herr zuläßt. Ich werde aber zu Ephesus bleiben bis Pfingsten. Denn mir ist eine große Tür aufgetan, die viel Frucht wirkt. Und viele Widersacher sind da.
Wenn Timotheus kommt, so sehet zu, daß er ohne Furcht bei euch sei; denn er treibt auch das Werk des Herrn wie ich. Daß ihn nun nicht jemand verachte! Geleitet ihn aber im Frieden, daß er zu mir komme; denn ich warte sein mit den Brüdern. Von Apollos, dem Bruder, aber wisset, daß ich ihn sehr viel ermahnt habe, daß er zu euch käme mit den Brüdern; aber es war durchaus sein Wille nicht, daß er jetzt käme; er wird aber kommen, wenn es ihm gelegen sein wird.

Sehr bezeichnend für Paulus ist der abrupte thematische Wechsel von Kapitel 15 zu Kapitel 16. Während seine theologischen Gedankengänge in jenem ganz dem Leben in der zukünftigen Welt gewidmet sind, befaßt er sich im 16. Kapitel mit äußerst gegenwartsbezogenen Fragen des Lebens in dieser Welt sowie der Administration der Kirche. Bewegt er sich einerseits in höchsten Gedankengefilden, so ist ihm andererseits keine Frage der praktischen Gemeindearbeit zu gering, um sich mit ihr abzugeben. Er gehört deshalb keineswegs zu jenen Träumern und Schwärmern, die sich in allen Bereichen der Theologie und Mystik zu Hause fühlen, in allen praktischen Dingen jedoch hilflos sind.

Zunächst behandelt Paulus die Sammlung für die armen Heiligen (= durch den Glauben an Christus Geheiligten) zu Jerusalem, eine Sache, die ihm sehr am Herzen lag (vgl. Gal. 2,10; 2. Kor. 8 und 9; Röm. 15,25; Apg. 24,17). Auch in der Antike kannte man eine gewisse karitative Brüderlichkeit. So gab es bei den Griechen sogenannte e r a n o i, Vereinigungen, die sich zusammenfanden, um für plötzlich in Not geratene Freunde ein gewinnfreies Darlehen aufzubringen. Auch in der Synagoge gab es Beauftragte, die bei den Besitzenden sammeln mußten, um das so Erhaltene dann an die Bedürftigen verteilen zu können. Sehr häufig schickten Juden, die ins Ausland gegangen und dort zu Wohlstand gelangt waren, Abgesandte mit Geld nach Jerusalem, das für den Tempel sowie für die Armen bestimmt war. Paulus wollte nicht, daß die christlichen Gemeinden den Juden und den Heiden an Freigebigkeit nachstanden; allerdings — die Sammlung für die Armen in Jerusalem bedeutete für Paulus noch mehr: 1. Sie bot eine Möglichkeit, die Einheit der Kirche nach außen zu dokumentieren und die verstreut lebenden Christen zu lehren, daß sie nicht nur ihrer Gemeinde angehörten, sondern einer größeren Kirche, in der jeder dem anderen und für den anderen mitverantwortlich war. Die Vorstellung des Apostels von der Kirche war keineswegs auf den Bereich der örtlichen Gemeinden eingeengt. 2. Die Sammlung bot die Möglichkeit, in die konkrete Tat umzusetzen, was das Christentum lehrte. So bot Paulus damit vor allem den Neuhinzugekommenen Gelegenheit, das christliche Nächstenliebe-Gebot durch Taten zu befolgen.

Man hat darauf hingewiesen, daß Paulus in seinen Briefen und Reden nicht weniger als 9 verschiedene Wörter verwendet, um zu beschreiben, worum es bei dieser Sammlung geht: 1. Er nennt die Sammlung l o g i a, d. h. eine K o l l e k t e z u b e s o n d e r e n Z w e c k e n, im Gegensatz zur Steuer, die zu zahlen die Menschen verpflichtet sind. Unserer Christlichkeit genügen wir keineswegs, wenn wir lediglich bezahlen, wozu wir von Staats oder Kirche wegen verpflichtet sind. Die hier zu stellende Frage lautet bei Jesus: „Was tut ihr Sonderliches?“ (Matth. 5,47). 2. Manchmal spricht Paulus von einer c h a r i s (1. Kor. 16,3; 2. Kor. 8,4), von einer L i e b e s g a b e oder von einem Liebeswerk, das a u s f r e i e n S t ü c k e n erfolgt. Wahre Liebe kommt nicht in der Größe der Gabe zum Ausdruck, sondern darin, daß jemand aus übervollem Herzen gibt, auch wenn es noch so wenig ist. Paulus spricht daher nicht von einem bestimmten Mindest- oder Höchstbetrag, den jeder zurücklegen soll; sondern jeder möge nach seinen Kräften etwas beiseitelegen. Ein in den Augen wohlsituierter Menschen lächerlicher Betrag kann ein wirkliches Opfer sein für jemanden, der arm ist. Unser Herz soll uns sagen, was wir geben müssen. 3. Zuweilen spricht Paulus von einer k o i n o n i a (2. Kor. 8, 4; 9, 13; Röm. 15, 6). K o i n o n i a heißt jene G e m e i n s c h a f t, deren Wesen in H i l f s b e r e i t s c h a f t besteht. Innerhalb der christlichen Gemeinschaft sollte es unmöglich sein, daß jemand, der viel besitzt, daran festhält; er sollte auch im einzelnen nicht fragen: „Wieviel darf ich behalten?", sondern: „Wieviel kann ich geben?" 4. Mehrfach gebraucht Paulus das Wort d i a k o n i a (2. Kor. 8, 4; 9, 1. 12. 13), d. h. christlicher Liebesdienst oder D i a k o n i e. Die uns gesetzten räumlichen und sonstigen Grenzen hindern uns vielfach am Handeln von Person zu Person; dann können und sollen wir mit unserem Geld dort einspringen, wo wir persönlich nicht zu helfen vermögen. 5. Einmal gebraucht Paulus auch das Wort h a d r o t e s (2. Kor. 8, 20), d. h. Fülle, r e i c h e G a b e. Paulus spricht hier von den Abgesandten der Gemeinden, die ihn begleiten, um zu gewährleisten, daß kein Mißbrauch mit den reichen Gaben getrieben werde. Er selbst begnügte sich mit dem, was er mit seiner Hände Arbeit zu verdienen imstande war; er war jedoch froh, wenn er reiche Gaben weitergeben durfte. (Leider ist die menschliche Natur so beschaffen, daß die meisten Menschen, wenn sie davon träumen wie es wäre, wenn sie plötzlich Millionäre würden, mit dem beginnen, was sie für sich persönlich kaufen würden.) 6. Dann und wann gebraucht Paulus auch das Wort e u l o g i a, was in diesem Falle W o h l t a t, S e g e n s g a b e bedeutet (2. Kor. 9, 5). Manche Menschen haben eine Art zu schenken, die keineswegs als Wohltat, sondern so wirkt, als komme der Betreffende nur einer unvermeidbaren Verpflichtung nach; nicht fröhlich, sondern mehr oder weniger routiniert, ja mißmutig wird gegeben. Jede echte Gabe stellt dagegen eine gern gespendete Gabe und damit eine Wohltat dar. 7. Auch das Wort l e i t o u r g i a gebraucht Paulus (2. Kor. 9, 12), ein Wort, das im klassischen Griechenland einen guten Klang hatte. In der Blütezeit Athens brachten wohlhabende Bürger freiwillig die Kosten für bestimmte städtische Unternehmungen auf. So übernahmen sie beispielsweise die Ausstattung und den Unterhalt der Chöre, die eine wichtige Rolle bei den öffentlichen dramatischen Aufführungen spielten, oder auch die Ausgaben für die Wettkämpfer, die bei den Sportspielen die Ehre der Stadt verteidigten; des weiteren kam es vor, daß sie die Mannschaften der Dreiruderer-Schiffe besoldeten oder auch Krieger, wenn ihre Stadt in besonderer Gefahr war. Unter l e i t o u r g i a verstand man also ursprünglich eine freiwillige Leistung für das Staatswesen. Dementsprechend sollten auch die christlichen Gaben freiwillige, nicht erzwungene sein. Christen sollten es als ein Vorrecht betrachten, etwas zum Haushalt der Kirche beisteuern zu dürfen. 8. Einmal spricht Paulus von der Sammlung als von einer e l e e m o s y n e (Apg. 24, 17), als von einem A l m o s e n. Das Almosengeben nahm in den jüdischen Glaubensvorstellungen einen derartig zentralen Platz ein, daß die Juden für A l m o s e n g e b e n und G e r e c h t i g k e i t dasselbe Wort gebrauchten. („Vergiß der Armen nicht, wenn du einen fröhlichen Tag hast; so wird dir auch Freude widerfahren, die du begehrst. Du mußt doch deinen sauren Schweiß andern lassen und deine Arbeit den Erben übergeben" (Sir. 14, 14. 15). Die Juden sagten u. a.: „Wie kann jemand anders beweisen, daß er ein guter, frommer Mensch ist, als durch Freigebigkeit?" 9. Schließlich gebraucht Paulus für die Sammlung auch noch den Ausdruck p r o s p h o r a (Apg. 24, 17), ein Wort für D a r b r i n g u n g oder O p f e r g a b e. Was wir jemandem geben, der sich in Not befindet, sollte im wahrsten Sinne ein Opfer sein, das wir Gott darbringen. Das Schönste, was wir ihm — außer unserer Bußfertigkeit — geben können, besteht in der Güte und der Freundlichkeit, die wir seinen Kindern erweisen, wenn diese sich in Not oder Trübsal befinden.

Am Schluß unseres Abschnittes empfiehlt Paulus den Korinthern zwei seiner Mitarbeiter. Da ist zunächst einmal Timotheus, der es insofern schwer hatte, als er noch ein junger Mann war, die Lage in Korinth dagegen selbst für einen erfahrenen Apostel wie Paulus überdurchschnittliche Schwierigkeiten zeitigte. Paulus empfiehlt deshalb den Korinthern ausdrücklich, sie möchten Timotheus respektieren, und zwar nicht nur um seiner selbst, sondern um der Sache willen, deretwegen er zu ihnen komme; gibt es doch keine Würde, die derjenigen gleicht, die dem Menschen ein großer Auftrag verleiht. Da ist zweitens Apollos, ein sehr weiser Mann, wie aus dem hier Gesagten hervorgeht; hieß es zu Beginn des Briefes doch, es habe in Korinth eine Gruppe gegeben, die „apollisch" gesinnt sei, freilich ohne daß Apollos dies gutgeheißen hatte. Zweifellos hatte dieser Kenntnis davon, weshalb er es vorzog, Korinth zunächst fernzubleiben, damit diese Gruppe nicht erneut versuchen konnte, ihn für sich mit Beschlag zu belegen. Apollos war einsichtig genug, um zu erkennen, daß es besser ist, sich herauszuhalten, wenn in einer Gemeinde Parteienzwist herrscht.

SCHLUSSWORTE UND GRÜSSE

1. Korinther 16, 13–24

Wachet, stehet im Glauben, seid männlich und seid stark! Alle eure Dinge lasset in der Liebe geschehen!
Ich ermahne euch aber, liebe Brüder: Ihr kennet das Haus des Stephanas, daß sie sind die Erstlinge in Achaja und haben sich selbst bereitgestellt den Heiligen zum Dienst. Seid auch ihr solchen Männern untertan und allen, die mitwirken und arbeiten! Ich freue mich über die Ankunft des Stephanas und Fortunatus und Achaikus; denn da ich euch entbehren mußte, haben sie euch mir ersetzt. Sie haben erquickt meinen und euren Geist. Erkennet solche Leute an!
Es grüßen euch die Gemeinden in der Landschaft Asien. Es grüßt euch sehr in dem Herrn Aquila und Priska samt der Gemeinde in ihrem Hause. Es grüßen euch alle Brüder. Grüßet euch untereinander mit dem heiligen Kuß.
Hier mein, des Paulus, eigenhändiger Gruß. Wenn jemand den Herrn nicht liebhat, der sei verflucht. Maranatha! Die Gnade des Herrn Jesus sei mit euch! Meine Liebe ist mit euch allen in Christus Jesus!

Dieser Schlußabschnitt wirft in seiner Alltäglichkeit ein anschauliches Licht auf das Gemeindeleben in der Frühkirche.
In Vers 13 beginnt Paulus mit einer Reihe von Imperativen. Die ersten vier erinnern fast an einen soldatischen Befehl —: „Auf Posten seid wachsam! Wenn man euch angreift, steht fest im Glauben, ohne einen Zollbreit zu weichen! In kritischen Augenblicken seid mannhaft und beweist, daß ihr stark genug seid, um für euren König zu kämpfen!" Dann wechselt das Bild. Im Unterschied zu dem Verhalten in Gefahren, die von außen drohen, sollen die Christen sich bei allen Bedrohungen von innen kameradschaftlich und liebevoll zeigen. Die christliche Lebensführung soll sowohl von unverzagtem Mut wie von nie versagender Liebe gekennzeichnet sein.

Die erwähnten Stephanas, Fortunatus und Achaikus waren zu Paulus nach Ephesus gekommen und hatten ihn über alles informiert, was in Korinth passiert war. Interessant ist die Art, in der Paulus den Stephanas den Korinthern empfiehlt; dieser habe ihre Achtung und Unterordnung verdient, weil er sich seinerzeit sofort dem Dienst der Gemeinde zur Verfügung gestellt hätte. Das war in der Frühkirche der Anfang zu offiziellen Ämtern: man erklärte sich spontan zur Übernahme irgendeiner Aufgabe bereit. Nicht etwa, weil sie zu Leitern oder sonstigen Amtsträgern der Gemeinde ernannt worden waren, sondern weil ihr Leben und Tun überzeugten, fanden solche Männer allgemeine Anerkennung. Achtung flößte ein, wer im Sinne des Evangeliums wirkte, wer von sich aus das Werk Jesu Christi fortzusetzen sich bemühte, nicht aber jemand deshalb, weil Menschen ihn dazu bestimmt hatten. Es kommt auf die geistgewirkte Mitarbeit in der Gemeinde an.
Die Verse 19 und 20 enthalten eine Reihe von Grüßen, insbesondere die von Aquila und Priska. Die Namen dieser beiden Menschen, Mann und Frau, tauchten im Hintergrund der paulinischen Briefe und der Apostelgeschichte mehrfach auf. Es handelt sich um Juden – wie Paulus Zeltmacher –, die ursprünglich in Rom ansässig gewesen waren, aufgrund eines Erlasses des römischen Kaisers Claudius im Jahre 49 oder 50, wie alle Juden aus Rom verbannt wurden und nach Korinth gingen. Dort waren sie Paulus zum ersten Male begegnet; dieser hatte dann bei ihnen gewohnt (Apg. 18, 2. 3). Von Korinth hatte ihr Weg sie nach Ephesus geführt, von wo sie nun durch Paulus ihre alten Bekannten in Korinth grüßen lassen. In jener Zeit des sich ausbreitenden Christentums gab es keinerlei kirchliche Gebäude; erst im dritten Jahrhundert wird von solchen berichtet. Da die kleinen christlichen Versammlungen daher in Privathäusern stattfinden mußten, ist an Aquila und Priska bemerkenswert, daß, wo immer sie sich auch aufhielten, ihr Haus stets als Versammlungsort der dortigen Gemeinde diente. Als sie in Rom waren, sandte Paulus ihnen und der Gemeinde in ihrem Hause Grüße (Röm. 16, 3–5), und von Ephesus aus läßt er von ihnen sowie von der in ihrem Hause versammelten Gemeinde grüßen. Aquila und Priska gehören also zu jenen Menschen, die ihr Heim in vorbildlicher Weise zum Mittelpunkt christlicher Verkündigung und Liebe machen, die viele bei sich willkommen heißen, weil Jesus Christus ihr ständig gegenwärtiger, unsichtbarer Gast ist; ihr Haus ist eine Stätte der Einkehr, des Friedens und der Freundschaft, zumal für Einsame, Geprüfte, Trauernde

und Beladene. Auch christliche Reisende und Wanderer fanden in ihrem Hause stets eine gastfreundliche Stätte des Friedens. Gebe Gott, daß auch unser Haus es sei!
„Grüßet euch untereinander mit dem heiligen Kuß", heißt es am Schluß des Briefes. Dieser Kuß, der Friedenskuß, gehörte zu den schönen Bräuchen der werdenden Kirche, möglicherweise in Übernahme einer alten jüdischen Sitte. Man küßte sich sowohl nach dem Gebet sowie unmittelbar vor dem Abendmahl, zum Zeichen ungetrübter Liebe. Kyrill von Jerusalem, ein Kirchenlehrer des vierten Jahrhunderts, schreibt hierzu: „Denkt nicht, daß dieser Kuß auch nur annähernd dem Kuß gleicht, mit dem Freunde sich auf dem Marktpatz begrüßen!" Er wurde keineswegs unterschiedslos gewährt; später auf alle Fälle küßten sich nur die Männer untereinander, ebenso die Frauen. Manchmal küßte man auch nicht den Mund, sondern die Hand des andern. Bezeichnet wurde dieser Kuß ganz einfach mit „Frieden". An diese schöne Sitte erinnert zu werden, hatte wohl kaum eine Gemeinde nötiger als die in sich selbst zerrissene Gemeinde zu Korinth.
Wie kam es, daß eine so schöne Sitte allmählich ganz und gar verschwand? Das lag einmal gewiß an der Möglichkeit, Mißbrauch damit zu treiben, zum andern aber an der Mißdeutung durch heidnische Verleumder. Hinzu kam, daß die größer werdende Kirche im Laufe der Zeit immer weniger das Bild der Gemeinschaft bot. In Hausgemeinden, wo alle eng miteinander verbunden waren, war der Friedenskuß eine ganz natürliche Sache; als aus den Hausgemeinschaften jedoch große Gemeinden und aus kleinen Versammlungsräume große Kirchen wurden, ging die Intimität verloren und mit ihr auch der Friedenskuß. Damit ist fraglos etwas Wertvolles eingebüßt worden, worauf die christliche Gemeinschaftsbewegung unserer Tage mit Recht hinweist; ist doch eine Kirche von einander fremden Menschen (oder günstigstenfalls Bekannte) im eigentlichen Sinne überhaupt keine Kirche.
Und jetzt der Schluß. Paulus setzt mit eigener Hand seine Grüße — und damit auch seinen Namenszug — unter den Brief, den ein Schreiber für ihn zu Papier (besser: Pergament) gebracht hatte. Er warnt die Korinther, und zwar mit Androhung des Ausschlusses aus der Gemeinde, davor, Christus nicht liebzuhaben. Und dann folgt der aramäische Ausdruck: „Maran atha", der höchstwahrscheinlich bedeutet: „Unser Herr kommt." Merkwürdig, dieser aramäische Ausdruck in einem griechischen Brief an eine Gemeinde in Mittelgriechenland. Doch erklärt sich dies wohl daraus, daß es sich hier um ein

Losungswort handelt, in dem die lebendige Hoffnung der Frühkirche zum Ausdruck kam, um eine Parole, die Christen einander zuflüsterten und mit deren Hilfe sie einander erkannten, in einer Sprache, die die Heiden nicht verstanden; auch der Bezug zum Abendmahl mochte darin enthalten sein.
Zuletzt nun wünscht Paulus den Korinthern noch, daß die Gnade des Herrn Jesus mit ihnen sein möge, wie denn auch er selbst mit seiner Liebe bei ihnen ist. Auch wenn er viele Gründe gehabt hat, sie zu ermahnen, sie zu tadeln und mit ihnen sogar in gerechtem Zorn zu sprechen –, das letzte Wort hat seine Liebe zu ihnen.

DER ZWEITE BRIEF AN DIE KORINTHER

TROST IN TRÜBSAL

2. Korinther 1, 1–7

Paulus, ein Apostel Jesu Christi durch den Willen Gottes, und Bruder Timotheus der Gemeinde Gottes zu Korinth samt allen Heiligen in ganz Achaja:
Gnade sei mit euch und Friede von Gott, unsrem Vater, und dem Herrn Jesus Christus!
Gelobt sei Gott, der Vater unsres Herrn Jesus Christus, der Vater der Barmherzigkeit und Gott alles Trostes, der uns tröstet in aller unsrer Trübsal, damit wir trösten können, die da sind in allerlei Trübsal, mit dem Trost, mit dem wir selber getröstet werden von Gott. Denn gleichwie wir des Leidens Christi viel haben, so werden wir auch reichlich getröstet durch Christus. Haben wir aber Trübsal, so geschieht es euch zu Trost und Heil. Haben wir Trost, so geschieht es zu eurem Trost, welcher sich wirksam erweist, wenn ihr leidet mit Geduld dieselben Leiden, die auch wir leiden. Und unsre Hoffnung steht fest für euch, weil wir wissen, daß, wie ihr des Leidens teilhaftig seid, so werdet ihr auch des Trostes teilhaftig sein.

Dieser Abschnitt gibt eine Art Abriß dessen, was es heißt, als Christ zu leben.

1. Paulus schreibt an seine Freunde in Korinth, die in Trübsal leben, als einer, der weiß, was Trübsal heißt, thlipsis, wie das hier verwendete griechische Wort lautet. In der damaligen Umgangssprache wurde physischer Druck so bezeichnet. Zuweilen bedrücken uns die Last und das Geheimnis dessen, was uns unbegreiflich ist, derartig, daß wir es geradezu körperlich spüren. Wer sich in der Anfangszeit der Kirche entschied, Christ zu werden, entschied sich damit zugleich für mancherlei Drangsal, sei es, daß seine Familie sich von ihm lossagte, sei es, daß seine Nachbarn ihm feindlich begegneten oder daß er gar von Amts wegen verfolgt wurde. Wer als Christ leben will, muß auch heute noch einen hohen Preis dafür bezahlen; denn Christentum ohne Kreuz gibt es nicht.

2. Als Antwort hierauf gibt es nur eins: Ausdauer, hypomone, d. h. Standhaftigkeit und Geduld. Bei dieser Geduld geht es nicht um apathisches Ertragen, sondern um eine Geisteshaltung, mit deren Hilfe die Trübsal überwunden werden kann. Wie Silber im Feuer geläutert wird, so können auch wir gestärkt und gebessert aus Zeiten der Prüfung hervorgehen. Christen sollen Streiter Gottes sein, deren geistige Kraft durch die Zucht, die die Schwierigkeiten des Lebens ihnen abverlangen, nur größer und stärker wird.

3. Doch Gott läßt uns in unseren Bedrängnissen nicht allein; er tröstet uns. Das Wort Trost bzw. trösten kommt in den Versen 3 bis 7 nicht weniger als zehnmal vor. Trost bedeutet dabei weit mehr als nur wohltuendes Mitgefühl; seiner sprachlichen Wurzel nach bedeutet es Zuversicht, innere Festigkeit. Christlicher Trost macht den Menschen Mut, so daß sie allem, was das Leben ihnen bringt, mit innerer Festigkeit begegnen. Paulus war ganz sicher, daß Gott den Menschen nur etwas zuteil werden läßt, womit sie fertig werden können, daß er ihnen nie Aufgaben überträgt, ohne ihnen auch die zu deren Bewältigung erforderliche Kraft zuteilwerden zu lassen. Abgesehen davon dient alles Leid in gewisser Hinsicht dazu, die Menschen zu erleuchten; denn nach Paulus ist das Leidenmüssen des Christen ein Teilhaben am Leiden Christi. Wenn Schweres von uns erwartet wird, dann sollten wir als Christen wie der greise Polykarp von Smyrna sagen können, als man ihn festband, um ihn zu verbrennen: „Herr, ich danke dir, daß du mich dieser Stunde für würdig erachtet hast."

4. Das Wunderbare bei alledem ist, daß wir die Kraft erhalten, auch noch andere zu trösten. Paulus sagt, was ihm wider-

fahren sei, hätte ihn zu einer Quelle des Trostes für andere gemacht. „Weil meine Mutter ihren Lieblingssohn verloren hat, bekam sie so sanfte, gütige Augen, und alle Mütter, die ein Kind verloren hatten, kamen zu ihr", hat der englische Schriftsteller Barrie einmal gesagt. Und von Jesus heißt es: „Worin er selber gelitten hat und versucht ist, kann er denen helfen, die versucht werden" (Hebr. 2, 18). Leid und Schmerz sind nicht umsonst gewesen, wenn sie uns lehren, anderen beizustehen in ihrem Kampf gegen die Unbilden des Lebens.

ZURÜCKGEWORFEN AUF GOTT

2. Korinther 1, 8—11

Denn wir wollen euch nicht verschweigen, liebe Brüder, unsre Trübsal, die uns in der Landschaft Asien widerfahren ist, wo wir über die Maßen beschwert waren und über Vermögen, so daß wir auch am Leben verzagten und wir selbst es für beschlossen hielten, wir müßten sterben. Das geschah aber darum, daß wir unser Vertrauen nicht sollten auf uns selbst stellen, sondern auf Gott, der die Toten auferweckt, welcher uns von solchem Tode erlöset hat und erlösen wird. Auf ihn hoffen wir, er werde uns auch hinfort erlösen. Dazu helft auch ihr durch eure Fürbitte für uns, auf daß unsretwegen für die Gabe, die uns gegeben ist, durch viele Personen viel Dank geschehe.

Wir haben so gut wie keine Ahnung davon, worin die schrecklichen Erlebnisse des Paulus in Ephesus bestanden haben. Etwas nahezu Unerträgliches muß ihm dort widerfahren sein, und er muß sich in derartiger Gefahr befunden haben, daß er glaubte, das Todesurteil sei bereits über ihn gefällt. Außer diesem beiläufigen Hinweis liegen hierüber merkwürdigerweise keinerlei Berichte vor. Wir Menschen neigen dazu, Aufhebens von dem zu machen, was wir haben durchmachen müssen; manche unterhalten sich noch monatelang über eine leichte Operation, der sie sich haben unterziehen müssen. Im Kriege trafen sich einmal zwei Männer, um eine geschäftliche Angelegenheit zu besprechen. Der eine konnte sich gar nicht genug tun mit der Schilderung seiner Herfahrt, bei der der Zug von Tieffliegern angegriffen worden war. Immer wieder begann er von der Aufregung, der Gefahr und der knappen Rettung zu erzählen, bis der andere schließlich ruhig sagte: „Lassen Sie uns jetzt zum Geschäftlichen kommen. Ich möchte so früh wie möglich wieder fort, weil mein Haus letzte Nacht von einer Bombe zerstört worden ist." Menschen, die wirklich etwas durchgemacht haben, sprechen meistens nicht viel darüber. Auch Paulus machte von seinen Leiden kein Aufhebens, und wir, die wir so viel weniger zu leiden haben, sollten uns ein Beispiel an ihm nehmen.

Eins freilich erkannte Paulus genau: das schreckliche Erlebnis hatte ihn ganz und gar auf Gott zurückgeworfen; er war sich seiner Abhängigkeit von Gott voll und ganz bewußt geworden. Ein arabisches Sprichwort lautet: „Eitel Sonnenschein bedeutet nichts als Wüste." Wenn es uns allzu gut geht, erwächst daraus leicht ein Unabhängigkeitsgefühl, weil wir meinen, wir könnten selbst mit allem fertig werden. Auf ein Gebet in Zeiten, da es uns gut geht, kommen daher zehntausend Gebete in Zeiten der Not. „Oft bin ich niedergekniet, um zu beten, weil ich sonst nicht wußte, wohin", hat Abraham Lincoln einmal gesagt. Wie sich oft erst im Unglück herausstellt, wer unser wahrer Freund ist, so wird uns vielfach auch in Notzeiten erst bewußt, wie nötig wir Gott haben.

Alles, was Paulus Schweres erlebte, trug zu seinem unerschütterlichen Gottvertrauen bei. Wenn Gott ihn aus einer solchen Lage hatte befreien können, dann konnte er ihm auch durch alles weitere hindurchhelfen. Wie denn auch der Psalmist sagt: „Du hast meine Seele vom Tode errettet, meine Augen von den Tränen, meinen Fuß vom Gleiten" (Ps. 116, 8). Beim Gottvertrauen des Christen handelt es sich nicht um eine theoretische Angelegenheit, sondern um eine konkrete Lebenserfahrung; er weiß, was Gott für ihn getan hat, und deshalb fürchtet er sich auch in der Zukunft nicht.

Schließlich bittet Paulus die Korinther noch, für ihn zu beten. Wir haben schon früher festgestellt, daß die größten Heiligen sich nicht schämten, geringe Brüder zu bitten, für sie zu beten. Auch wenn wir unseren Freunden noch so wenig schenken können, so kann es doch keine größere Gabe geben, als daß wir für sie beten.

UNSER EINZIGER RUHM

2. Korinther 1, 12—14

Denn unser Ruhm ist dieser: das Zeugnis unsres Gewissens, daß wir in Heiligkeit und göttlicher Lauterkeit, nicht in fleischlicher Weisheit, sondern in der Gnade Gottes unser Leben in der Welt geführt haben, und das vor allem bei euch. Denn wir schreiben euch nichts anderes, als was ihr leset und auch verstehet. Ich hoffe aber, ihr werdet es noch völlig verstehen, wie ihr uns zum Teil auch schon verstanden habt, nämlich, daß wir euer Ruhm sind, gleichwie auch ihr unser Ruhm seid am Tage unsres Herrn Jesus.

Hier beginnen wir etwas von den Vorwürfen zu ahnen, die die Korinther gegen Paulus erhoben hatten, sowie von den Verleumdungen, mit denen sie ihn zu besudeln versuchten.
1. Sie müssen so etwas behauptet haben wie, daß sein Benehmen nicht offen und gradlinig sei. Darauf erwidert Paulus, daß er ein Leben in Heiligkeit und göttlicher Reinheit geführt habe; es gebe bei ihm keine Heimlichkeiten. Den Seligpreisungen ließe sich mit gutem Recht eine weitere hinzufügen: „Selig, wer nichts zu verbergen hat." In einem alten Scherzgedicht ist davon die Rede, wie jemand in einem Unterkunftshaus von Tür zu Tür läuft und ruft: „Flieht! Man hat alles entdeckt!" und wie daraufhin so gut wie alle die Flucht ergriffen hätten. Dem steht die Geschichte von einem bekannten Philosophen gegenüber, dem ein griechischer Baumeister einst angeboten hatte, er wolle ihm ein Haus bauen, in das niemand Einblick nehmen könne. „Ich werde dir doppelt soviel zahlen, wenn du mir ein Haus baust, dessen sämtliche Zimmer von jedermann eingesehen werden können", soll der Philosoph darauf erwidert haben. Eilikrineia, ein Ausdruck, dem in der deutschen Übersetzung das Wort Lauterkeit entspricht, bezeichnet etwas, was dem Licht der Sonne standhält, oder auch etwas, was sonnenklar ist. Glücklich ist, wessen Taten das Licht der Sonne nicht zu scheuen brauchen, wer, wie Paulus, von sich sagen kann, daß es in seinem Leben nichts zu verbergen gebe.
2. Einige Menschen wollten Paulus bei seinem Handeln offenbar Hintergedanken unterstellen. Der Apostel erwiderte darauf, nicht menschliche Klugheit und Schläue, sondern die Gnade Gottes habe sein Leben bestimmt. Es gab im Leben des

Paulus keine versteckten Motive des Handelns. Die meisten von uns müssen, auch wenn sie sonst durchaus ehrenwert sind, zugeben, daß ihre Beweggründe nur in den seltensten Fällen nicht gemischter Natur sind; selbst wenn wir etwas sehr Positives tun, können Motive der Klugheit, des Prestiges, der Selbstzurschaustellung, der Angst oder gar der Hoffnung auf Lohn mitsprechen. Auch wenn diese Beweggründe verborgen bleiben, gilt: „Die Menschen sehen unsere Taten, Gott aber erkennt unsere Absichten" (Thomas von Aquin). Schwerer als ein lauteres Handeln ist eine lautere Motivation. Nur wer sagen kann, daß das alte Ich in ihm erstorben ist, daß nur noch Christus in ihm lebt, besitzt solche Lauterkeit.

3. Manche schienen behauptet zu haben, Paulus schreibe in seinen Briefen etwas anderes, als was er in Wirklichkeit denke und meine. Darauf erwidert Paulus, was er sage, das sage er so, wie er es meine. Worte sind etwas Merkwürdiges; sie können ebenso dazu dienen, unsere Gedanken zu enthüllen wie dazu, sie zu verbergen. Kaum jemand kann von sich behaupten, er meine Wort für Wort alles so, wie er es sage. Vielleicht sprechen wir etwas aus, weil es richtig ist, vielleicht, um jemanden damit gefällig zu sein oder um Unannehmlichkeiten aus dem Wege zu gehen. Jakobus, der klarer als irgendjemand sonst erkannte, wie gefährlich die Zunge werden kann, hat gesagt: „Wer aber auch im Wort nicht fehlet, der ist ein vollkommener Mann" (Jak. 3, 2). Wer jedes der Worte, die er ausspricht, auch genau so meint, wie dies in ihnen zum Ausdruck kommt, ist in der Tat ein bemerkenswerter Mensch.

Paulus hat weder irgendwelche Taten noch deren Beweggründe zu verbergen oder gar mit Worten, die er aussprach, dies oder das zu verheimlichen. Nach solcher Lauterkeit sollten wir alle trachten.

GOTTES JA IN JESUS CHRISTUS

2. Korinther 1, 15—22

Und in solchem Vertrauen gedachte ich zunächst zu euch zu kommen, auf daß ihr abermals eine Wohltat empfinget. Von euch aus wollte ich dann nach Mazedonien reisen, aus Mazedonien wieder zu euch kommen und mich von euch geleiten lassen nach Judäa. Bin ich etwa leichtfertig gewesen, als ich solches gedachte? Oder ist mein

Vorhaben fleischlich, so daß das Ja Ja bei mir auch ein Nein Nein ist? Gott ist mein Zeuge, daß unser Wort an euch nicht Ja und Nein zugleich ist. Denn der Sohn Gottes, Jesus Christus, der unter euch durch uns gepredigt ist, durch mich und Silvanus und Timotheus, der war nicht Ja und Nein, sondern es war Ja in ihm. Denn auf alle Gottesverheißungen ist in ihm das Ja; darum sprechen wir auch durch ihn das Amen, Gott zu Lobe. Gott ist's aber, der uns befestigt samt euch in Christus und uns gesalbt und versiegelt und in unsre Herzen als Unterpfand den Geist gegeben hat.

Auf den ersten Blick scheint dies ein schwer verständlicher Abschnitt zu sein. Hinter ihm verbirgt sich ein weiterer Vorwurf gegen den Apostel, weil dieser gesagt hatte, er werde die Korinther besuchen, dann aber aus der gegebenen Lage heraus den Besuch hatte aufschieben müssen, um jene zu schonen (V. 23). Daraufhin hatten seine Widersacher ihn beschuldigt; er habe leichtfertige Versprechungen gemacht, obwohl er selbst unschlüssig gewesen sei. War dies schon schlimm genug, so gingen seine Verleumder jedoch noch weiter, indem sie behaupteten: „Wenn wir schon gewöhnlichen Versprechungen des Paulus nicht trauen können, wie können wir dann dem Glauben schenken, was er uns über Gott sagt? Wie können wir glauben, daß die Botschaft hinsichtlich der Verheißungen Gottes tatsächlich wahr ist?" Paulus erwidert darauf, wir könnten uns wirklich auf Gott verlassen, in Jesus gebe es kein Schwanken zwischen Ja und Nein; er drückt das sehr anschaulich mit dem Satz aus: „Auf alle Gottesverheißungen ist in ihm das Ja." Damit will er sagen: Wäre Jesus nicht gekommen, so könnten wir die wunderbaren Verheißungen Gottes vielleicht anzweifeln, indem wir sagten, sie seien zu schön, um wahr zu sein; doch der Gott, der uns so sehr liebt, daß er uns seinen eigenen Sohn geschenkt hat, wird ganz gewiß jede Verheißung wahrmachen. Das Kommen Jesu, die Tatsache, daß es Jesus gibt, besagt, daß hinter jeder Verheißung Gottes steht: „Ja! Es ist wahr!" Jesus ist die persönliche Gewähr dafür, daß die größten und die kleinsten Verheißungen Gottes wahr sein müssen. Auf die Liebe, die uns in Jesus Christus widerfahren ist, können wir uns uneingeschränkt und unbedingt verlassen.

So ungut die Verleumdung des Paulus durch die Korinther auch ist, so ist damit doch ein wichtiges Thema berührt: Die Glaubwürdigkeit des Überbringers wirkt sich auf die seiner

Botschaft aus. Predigen ist stets „Wahrheit durch Persönlichkeit"; wer dem Prediger nicht vertraut, wird wahrscheinlich auch seiner Botschaft nicht trauen. Zu den jüdischen Vorschriften gehörte auch die, daß kein Lehrer seinen Schülern etwas versprechen sollte, was er nicht auch selber hielt; andernfalls würde er die Schüler an Falschheit gewöhnen. Bevor wir etwas versprechen, sollten wir erwägen, was es uns kostet, das Versprechen zu halten, und uns vergewissern, daß wir willens und imstande sind, es zu halten.

Dann sagt Paulus noch zwei sehr wichtige Dinge:

1. Durch Jesus sprechen wir das Amen zu den Verheißungen Gottes. Unsere Gebete schließen mit den Worten: „durch Jesus Christus, unsern Herrn, Amen." Auch wenn aus der Heiligen Schrift vorgelesen wird, sagen wir zum Schluß vielfach: „Amen." Amen heißt: Ja, es geschehe also. Es ist daher nicht nur eine Formalität, die zum kirchlichen Ritual gehört; in dem Wort kommt vielmehr zum Ausdruck, daß wir Gottes Verheißungen annehmen, weil Jesus das unverbrüchliche Ja Gottes dafür ist, daß unsere Gebete erhört und alle Verheißungen wahr werden.

2. Schließlich spricht Paulus noch von dem Unterpfand des Geistes, von dem arrabon, wie es im Griechischen heißt. Arrabon ist ein Begriff aus der Rechtssprache; die erste Abschlagzahlung wird so genannt, die die Gewähr dafür bietet, daß auch der Restbetrag pünktlich bezahlt werden wird. Jemand, der eine Kuh verkauft, erhält 1000 Drachmen als arrabon, als Gewähr dafür, daß er auch den Rest erhält. Die Tänzerinnen, die bei einer Dorffestlichkeit auftreten sollen, erhalten einen arrabon als verpflichtende Anzahlung, die bei der endgültigen Bezahlung verrechnet wird. Irgendjemand schrieb seinem Herrn, er habe Lampon, dem Mäusefänger, einen arrabon von 8 Drachmen bezahlt, damit er mit der Arbeit anfange, solange die Mäuse noch bei ihren Jungen seien. Jedermann kannte das Wort arrabon. Wenn Paulus also vom Heiligen Geist als einem Unterpfand, einem arrabon spricht, das uns Gott gegeben habe, so will er damit sagen, daß das Leben, das wir im Geiste und mit dessen Hilfe führen, ein erster Vorgeschmack und die Gewähr einer kommenden Gottesherrlichkeit ist. Die Gabe des Heiligen Geistes ist ein Unterpfand für die kommende größere Herrlichkeit.

2. Korinther 1, 23 – 2, 4

Ich rufe aber Gott an zum Zeugen über meine Seele, daß ich euch schonen wollte und darum nicht wieder nach Korinth gekommen bin. Nicht daß wir Herren wären über euren Glauben, sondern wir sind Gehilfen eurer Freude; denn ihr stehet im Glauben.
Ich hatte mir aber vorgenommen, daß ich nicht abermals in Traurigkeit zu euch käme. Denn wenn ich euch traurig mache, wer ist dann, der mich fröhlich mache? Doch nur der, der von mir betrübt wird. Und eben dies habe ich geschrieben, damit ich nicht, wenn ich käme, über die traurig sein müßte, über welche ich mich billig sollte freuen. Habe ich doch zu euch allen das Vertrauen, daß meine Freude euer aller Freude sei. Denn ich schrieb euch aus großer Trübsal und Angst des Herzens mit viel Tränen; nicht, daß ihr solltet betrübt werden, sondern auf daß ihr die Liebe erkenntet, welche ich habe sonderlich zu euch.

Aus diesen Versen klingt das Echo unheilvoller Geschehnisse nach, deren Ablauf (wie wir in der Einleitung gesehen haben) etwa folgendermaßen gewesen sein muß: Die Lage in Korinth hatte sich ständig verschlechtert; die Gemeinde war in verschiedene Gruppen gespalten, und es gab einige, die die Autorität des Paulus nicht anerkennen wollten. Um diesem Mißstand abzuhelfen, hatte Paulus Korinth einen kurzen Besuch abgestattet, leider jedoch nicht verhindern können, daß die Lage sich verschärfte, worüber ihm fast das Herz gebrochen wäre. Er hatte infolgedessen einen sehr strengen Brief an die Gemeinde geschrieben und sie zurechtgewiesen, wenn auch nur unter Tränen und wehen Herzens. Dies war auch der Grund gewesen, weshalb er sein Versprechen, sie nochmals zu besuchen, nicht eingehalten hatte; hätte nach Lage der Dinge dieser Besuch doch ihn und jene gleichermaßen betrübt.
Aus diesem Abschnitt ersehen wir, wie Paulus zumute war, wenn er Strenge gegenüber Menschen walten lassen mußte, die er liebhatte. Seine Zurechtweisung ist ein Beispiel für die eines frommen Mannes, wenn dieser eine solche für unumgänglich hält.
1. Paulus griff äußerst ungern zu Strenge und zu Vorwürfen, und nur dann, wenn es gar nicht anders ging. Er war keines-

wegs wie jene Menschen, deren Augen bei anderen ständig auf der Suche nach Fehlern sind und deren kritische Stimme einen so scharfen Klang hat. Strenge verliert jeden Wert und bleibt wirkungslos, wenn wir beständig an anderen etwas auszusetzen finden. Je seltener wir jemanden oder etwas tadeln, umso wirksamer ist der Tadel da, wo er sich nicht vermeiden läßt. Als Christen sollten wir unser Augenmerk auf jeden Fall mehr auf das richten, was wir loben, als auf das, was wir verurteilen können.

2. Wenn Paulus die Seinen zurechtwies, geschah dies auf liebevolle Art; er äußerte sich niemals nur, um die Menschen zu betrüben. Er tadelte nie, um Pein zu verursachen, sondern stets, um die Freude wiederherzustellen, um die Menschen wieder froh zu machen. Der englische Reformator John Knox sagte einst auf dem Totenbett: „Gott weiß, daß ich ohne Haß gegen alle war, gegen die ich streng geurteilt habe." Man kann die Sünde hassen, den Sünder aber liebhaben. Wenn wir jemanden zurechtweisen, sollten wir (bildlich gesprochen) stets liebevoll unsern Arm um ihn legen; sein Herz wird nur gewonnen, wenn aus unserem Tadel ein liebendes Herz spricht.

3. Wenn Paulus die Seinen tadelte, wollte er keineswegs dominieren oder sie knechten. Eine große Gefahr, der Prediger und Lehrer ständig ausgesetzt sind, besteht in der Vorstellung, daß es ihre Pflicht sei, andere zu überzeugen, ja sie geradezu zu zwingen, so zu denken wie sie selbst. Der Lehrende soll anderen seinen Glauben nicht aufzwingen, sondern sie ermutigend dahin bringen, daß sie zu eigenen Glaubenserfahrungen kommen. Nicht auf die Unterdrückung, sondern auf die Entfaltung der einzelnen Persönlichkeit kommt es an, nicht auf Mitläufer oder Nachbeter, sondern auf eigenständige Menschen. Paulus wußte, daß Lehrer ihre Schüler nicht beherrschen, sondern sie lediglich lenken und zur Zucht anhalten sollen.

4. So sehr es Paulus widerstrebt, andere zu tadeln, so sehr er in ihnen nur das Beste sehen möchte, so sehr weist er sie erforderlichenfalls auch zurecht. Es liegt ihm gewiß nichts daran, es zu tun; doch schreckt er auch nicht davor zurück, wenn es zwingende Gründe dafür gibt. Nicht selten sehen wir von einer Zurechtweisung ab, sei es aus falsch verstandener Güte, sei es, weil wir Unannehmlichkeiten vermeiden möchten; doch gibt es Situationen, in denen wir dadurch, daß wir allem Unangenehmen aus dem Weg zu gehen versuchen, nur größere Unannehmlichkeiten heraufbeschwören. Wenn wir uns von Liebe und Rücksichtnahme leiten lassen und nicht

an uns selbst, sondern an die anderen denken, dann werden wir auch wissen, wann wir sprechen und wann wir schweigen müssen.

BITTE UM VERGEBUNG FÜR EINEN SÜNDER

2. Korinther 2, 5–11

Wenn aber jemand Betrübnis angerichtet hat, der hat zu viel sage – euch alle. Es ist aber genug, daß derselbe von den meisten so gestraft ist. Nun möget ihr hinfort ihm desto mehr vergeben und ihn trösten, auf daß er nicht in allzu große Traurigkeit versinke. Darum ermahne ich euch, daß ihr Liebe an ihm beweiset. Denn darum habe ich auch geschrieben, daß ich erkennte eure Bewährung, ob ihr gehorsam seid in allen Stücken. Wem aber ihr etwas vergebet, dem vergebe ich auch. Denn auch ich habe, wenn ich etwas zu vergeben hatte, es vergeben um euretwillen vor Christi Angesicht, auf daß wir nicht übervorteilt werden vom Satan; denn uns ist nicht unbewußt, was er im Sinn hat.

Auch aus diesem Abschnitt klingen Unheil und Betrübnis. Als Paulus Korinth besucht hatte, war er dort auch auf den Rädelsführer der Opposition gestoßen. Sein kurzer Besuch war durch die Aktivitäten dieses Mannes vergiftet worden; offensichtlich hatte er Paulus auch persönlich beleidigt, so daß dieser darauf bestand, diesem Mann eine Strafe aufzuerlegen. Die Mehrheit der Korinther war zu der Einsicht gekommen, daß der Besagte durch sein Verhalten nicht nur den Apostel gekränkt, sondern auch dem guten Ruf der Gemeinde geschadet und daher seine Bestrafung verdient hatte; dabei vertraten einige die Ansicht, daß er nicht hart genug bestraft worden wäre und daß strengere Maßnahmen gegen ihn ergriffen werden sollten. Hier nun zeigt sich die Größe des Apostels Paulus: er bittet die Korinther inständig, es jetzt genug sein zu lassen, zumal sie durch die Züchtigung des Mannes ihren Gehorsam ausreichend bewiesen hätten. Da der Mann inzwischen bereue, was er getan hatte, würde eine weitere Bestrafung nur Schaden anrichten, weil sie ihn möglicherweise zur Verzweiflung triebe; das aber hieße nicht Christus und der Gemeinde dienen, sondern dem Satan Gelegenheit geben, den Mann in seine Gewalt zu bekommen. Wäre Paulus von menschlichen Beweggründen angetrieben worden, hätte er Schadenfreude über das harte Los seines ehemaligen Gegners empfunden; so aber bittet er – und hier zeigt sich der Charakter des Apostels in seiner ganzen Größe – in der Güte seines Herzens um Barmherzigkeit für ihn. Das ist ein Musterbeispiel für das christliche Verhalten, wenn man uns gekränkt oder beleidigt hat.

1. Paulus nahm die Angelegenheit keineswegs persönlich. Nicht die Kränkung, die ihm zugefügt worden war, zählte für ihn, sondern ausschließlich die Kirchenzucht und der Friede in der Gemeinde. Es gibt Menschen, die alles persönlich nehmen und selbst die wohlwollendste Kritik als Kränkung auffassen; damit stören sie den Frieden der Gemeinschaft. Nie sollten wir vergessen, daß kritisierende Ratschläge normalerweise nicht dazu dienen, uns zu kränken, sondern zu helfen; sie sollen nicht bewirken, daß wir aufhören zu dienen, sondern im Gegenteil: daß wir zu besseren Dienern der Gemeinschaft oder der Kirche werden.

2. Paulus kannte bei der Anwendung von Kirchenstrafen keinen anderen Beweggrund als den, korrigierend einzugreifen. Ihm lag weniger an der Bestrafung des Übeltäters als an seiner Wandlung.

Es steht fest, daß es sich bei vielen Vergehen um fehlgeleitete gute Eigenschaften der Betreffenden handelt: wer einen erfolgreichen Einbruchdiebstahl planen kann, besitzt zumindest Initiative und Organisationstalent; Hochmut ist eine Art verstärkten Unabhängigkeitsgefühls, Geiz übertriebene Sparsamkeit. Es ist erwiesen, daß Geldschrankknacker gute Arbeit leisten können, wenn man sie sinnvoll einsetzt. Paulus wollte durch Strafen erreichen, daß an und für sich positive Anlagen der Menschen höheren Zwecken dienstbar gemacht würden. Nicht, den Sünder durch Unterwerfung zu demütigen, sondern ihm zu helfen, ein guter Mensch zu werden, ist Christenpflicht.

3. Paulus betont ausdrücklich, daß Strafen die Menschen nicht „zur Verzweiflung treiben und sie zerbrechen dürfen. Falsche Behandlung bildet vielfach den letzten Anstoß zum Abstieg. Allzugroße Strenge vertreibt die Menschen aus der Gemeinschaft der Kirche, während freundliche, einfühlsame Zurechtweisung sie dieser zuführen kann. Luther fiel es anfangs schwer, das Vaterunser zu beten, weil sein Vater derartig streng zu ihm gewesen war, daß sich mit dem Bild des Vaters bei ihm eine schreckliche Vorstellung verband. Bestrafungen

sollten nicht dazu dienen, die Menschen mutlos zu machen, sondern sie anfeuern, stärker als bisher darum zu kämpfen, zu guten Menschen zu werden. Das aber ist letzten Endes nur möglich, wenn wir weiter an die Menschen glauben, die wir bestrafen, und ihnen vertrauen.

SIEG IN CHRISTUS

2. Korinther 2, 12–17

Als ich aber nach Troas kam, zu predigen das Evangelium Christi, und mir eine Tür aufgetan war in dem Herrn, da hatte ich keine Ruhe in meinem Geist, weil ich Titus, meinen Bruder, nicht fand; sondern ich nahm Abschied von ihnen und fuhr nach Mazedonien. Aber Gott sei gedankt, der uns allezeit Sieg gibt in Christus und offenbart durch uns den Wohlgeruch seiner Erkenntnis an allen Orten! Denn wir sind Gott ein guter Geruch Christi unter denen, die gerettet werden, und unter denen, die verloren gehen: diesen ein Geruch des Todes zum Tode, jenen aber ein Geruch des Lebens zum Leben. Und wer ist hierzu tüchtig? Wir sind ja nicht wie die vielen, die mit dem Worte Gottes Geschäfte machen; sondern wie man aus Lauterkeit und aus Gott reden muß, so reden wir vor Gott in Christus.

Zunächst spricht Paulus davon, wie sehr er darauf aus war, etwas von den Vorgängen in Korinth zu erfahren. Das habe ihm keine Ruhe gelassen, so daß er es in Troas nicht ausgehalten habe, obwohl dort ein fruchtbares Feld auf ihn gewartet hätte, und von dort aufgebrochen sei, um den noch nicht eingetroffenen Titus ausfindig zu machen. Dann folgt ein Ausruf des Dankes, weil Gott schließlich alles zu einem guten Ende geführt hat.

Für sich genommen sind die Verse 14 bis 16 nicht leicht zu verstehen; vor dem Hintergrund der Gedanken, die Paulus damals bewegten, werden sie jedoch unversehens lebendig. Paulus erklärt, daß Gott uns allezeit den Sieg gibt in Christus und durch uns den Wohlgeruch seiner Erkenntnis offenbart, den guten Geruch Christi, der für die einen Leben, für die anderen Tod bedeutet.

Paulus hat bei diesen Worten offenbar das Bild des römischen Triumphzuges vor Augen, und zwar im Blick auf Christus als den Welteroberer. Die höchste Ehre, die einem siegreichen römischen Feldherrn zuteil werden konnte, bestand in einem Triumphzug durch Rom. Dazu mußten bestimmte Voraussetzungen erfüllt sein: er mußte Hauptbefehlshaber der siegreichen Truppen gewesen sein, den Kampf beendet, das betreffende Gebiet befriedet und die Truppen nach Rom zurückgeführt haben. Sodann: in einer erfolgreichen Schlacht mußten mindestens 5 000 Feinde gefallen sein, es mußte effektiv ein Landgewinn erzielt worden und nicht nur eine Katastrophe abgewendet oder ein Angriff erfolgreich abgeschlagen sein; dazu kam, daß der Sieg über eine ausländische Macht errungen sein mußte, nicht aber in einem Bürgerkrieg. Bei einem derartigen T r i u m p h marschierte man in folgender Ordnung durch die Straßen Roms zum Kapitol: Den Zug eröffneten die Staatsbeamten und der Senat; es folgten die Trompeter. Ihnen schloß sich die Gruppe derer an, die Trophäen und Kriegsbeute aus dem eroberten Lande trugen; dazu gehörten zum Beispiel, als Titus Jerusalem erobert hatte, der Siebenarmige Leuchter, der goldene Tisch für die Schaubrote und die goldenen Trompeten. Dann kamen Bilder aus dem eroberten Land und Modelle der eroberten Festungen und Schiffe. Als nächstes folgte ein weißer Opferstier. Im Anschluß daran marschierten die unglücklichen Gefangenen, die gefesselten feindlichen Fürsten, Feldherrn und Führer, die kurz darauf ins Gefängnis kamen und meistens unmittelbar darauf hingerichtet wurden. Weiter folgten die Liktoren mit ihren Rutenbündeln und die Musiker mit Leiern; ihnen schlossen sich die Priester an, die ihre duftenden Weihrauchfässer hin- und herschwenkten. Dann erst kam der Feldherr selbst auf einem mit vier weißen Rossen bespannten Wagen in einem Purpurgewand, das mit goldenen Palmblättern bestickt war, und darüber eine Purpurtoga mit goldenen Sternen darauf; sein Haupt zierte eine von einem Sklaven darübergehaltene Jupiterkrone. In der Hand hielt der Triumphator ein Elfenbeinzepter mit dem römischen Adler an der Spitze. Ihm folgten beritten seine männlichen Angehörigen, während den Schluß die mit ihren Ehrenzeichen geschmückten Truppen bildeten, die laut „J o t r i u m p h e !" riefen. Ein solcher Triumphzug durch die girlandengeschmückten Straßen, die von jubelnden Menschenmengen umsäumt waren, fand vielleicht in jeder Generation einmal statt.

Hiernach gestaltete sich das Bild, das Paulus bei seinen Worten vor sich sah: der siegreiche Christus zieht im Triumph einher durch die ganze Welt, und Paulus selbst befindet sich in diesem Siegeszug. Paulus war fest überzeugt davon, daß sich dieser Triumphzug nicht aufhalten läßt. Was die von den mitmarschierenden Priestern geschwungenen Weihrauchfässer anbelangt, so bedeutete deren Duft für den reichen Feldherrn und seine Truppen Freude, Triumph und Leben; für die Gefangenen, die nur noch einen kurzen Lebensweg vor sich hatten, dagegen einen Todesduft, der Sinnbild ihrer Niederlage und ihrer bevorstehenden Hinrichtung war. Paulus betrachtet sich und die anderen Apostel als Prediger des Evangeliums des triumphierenden Christus. Für die, die die frohe Botschaft annehmen, ist sie ein Geruch des Lebens, so wie der Weihrauchduft für die Sieger; für alle, die sie ablehnen, ist sie ein Geruch des Todes, wie für die Besiegten. Eins bezweifelte Paulus keinen Augenblick: die ganze Welt war und ist auf die Dauer nicht imstande, Christus zu besiegen. Nicht ängstliche Furcht, sondern fröhliche Zuversicht erfüllten ihn in der Gewißheit, daß Jesus Christus in seiner Majestät zuletzt unüberwindlich sei.

In den Schlußversen klingt dann nochmals das Echo jener unerfreulichen Geschehnisse an. Behaupteten manche doch, Paulus sei nicht imstande, das Evangelium Christi zu predigen; ja, schlimmer noch: er machte Geschäfte mit dem Evangelium. In der Abwehr dieser Anwürfe gebraucht Paulus hier wieder das Wort eilikrineia für Lauterkeit. Seine Beweggründe werden den durchdringenden Strahlen der Sonne standhalten; seine Botschaft kommt von Gott und wird auch dem prüfenden Blick Jesu Christi standhalten. Paulus fürchtete sich nicht vor dem Urteil der Menschen, weil sein Gewissen ihm bestätigte, daß Gott und Christus guthießen, was er tat und sagte.

JEDERMANN EIN BRIEF CHRISTI

2. Korinther 3, 1–3

Heben wir denn abermals an, uns selbst zu empfehlen? Oder bedürfen wir, wie etliche, der Empfehlungsbriefe an euch oder von euch? Ihr seid unser Brief, in unser Herz geschrieben, gekannt und gelesen von allen Menschen! Ist doch offenbar geworden, daß ihr ein Brief Christi seid, durch unsren Dienst zubereitet, geschrieben nicht mit Tinte, sondern mit dem Geist des lebendigen Gottes, nicht in steinerne Tafeln, sondern in fleischerne Tafeln des Herzens.

Hinter diesem Abschnitt steht der Gedanke an die in der Antike weitverbreitete Sitte, jemanden ein Empfehlungsschreiben mitzugeben. Wer ein ihm unbekanntes Gemeinwesen aufsuchte, ließ sich von einem seiner Freunde, der dort jemanden kannte, einen Brief mit auf den Weg geben, durch den er sich in der Fremde einführen und als charakterlich einwandfrei bestätigen lassen konnte. (Diese Empfehlungsschreiben kamen dem sehr nahe, was wir als Referenz oder Leumundzeugnis bezeichnen.) Ein solcher Brief, von einem gewissen Aurelius Archelaos geschrieben, einem beneficarius, d. h. einem aller gewöhnlichen Pflichten enthobenen Soldaten, an seinen Kommandeur, einen Militärtribun namens Julius Domitius, ist uns erhalten geblieben. Er lautet folgendermaßen: „Julius Domitian, dem Militärtribun der Legion, Grüße von Aurelius Archelaos, seinem benificarius. Ich habe Euch schon zuvor meinen Freund Theon empfohlen und bitte Euch heute wiederum, ihn mit denselben Augen zu betrachten wie mich selbst. Er verdient es, von Euch geliebt zu werden; denn er hat seine Angehörigen, seinen Besitz und sein Geschäft aufgegeben, um mir zu folgen, und er hat mich stets beschützt. Ich bitte Euch daher, ihn bei Euch vorzulassen. Er kann Euch alles über das, was wir hier treiben, berichten . . . Ich liebe und schätze den Mann . . . Ich wünsche Euch, Herr, viel Glück, gute Gesundheit und ein langes Leben im Kreise Eurer Familie. Lest diesen Brief als stünde ich vor Euch und spräche mit Euch. Lebet wohl.“ So sahen also etwa die Empfehlungsschreiben aus, an die Paulus hier denkt. Auch im Neuen Testament befindet sich ein solcher Brief; ist doch der Anfang von Römer 16 eine Empfehlung des Paulus, mit der Phöbe, die der Gemeinde zu Kenchreä angehörte, in der Gemeinde zu Rom eingeführt werden sollte. Innerhalb der frühen Kirche waren derartige Briefe vielfach dringend erforderlich, stellte doch sogar der heidnische Satiriker Lucian fast mitleidig fest, daß jeder Scharlatan sich ein Vermögen erwerben könne, weil die gutgläubigen Christen sich von Fremdlingen so leicht beeindrucken ließen.

Unmißverständlich erklärt Paulus, solcher Empfehlungen bedürfe er nicht. Dann wirft er einen flüchtigen Blick auf jene, die in der Gemeinde zu Korinth Trübsal verursacht haben. „Etliche haben euch Empfehlungsbriefe vorgelegt“, sagt er, „und auch Empfehlungsbriefe von euch erhalten.“ Höchstwahrscheinlich handelt es sich hier um Abgesandte der Juden, die gekommen waren, um das Werk des Paulus zu zerstören, und zu diesem Zweck Beglaubigungsschreiben des Hohen Rates vorlegten. (Es hatte eine Zeit gegeben, in der Paulus selbst der Überbringer solcher Briefe sein sollte, als er nämlich nach Damaskus aufgebrochen war, um die christliche Gemeinde dort aufzulösen (Apg. 9, 2). Paulus erklärt, der einzige Empfehlungsbrief für ihn seien die Korinther selbst; er bedarf keiner anderen Empfehlungen als der des Wandels ihrer Gesinnung und Lebensführung.

Paulus fährt mit einer wichtigen Aussage fort: Jeder von ihnen ist ein Brief Christi. Lange zuvor hatte Plato einmal gesagt, gute Lehrer schrieben, was sie zu sagen hätten, nicht mit verblassender Tinte und in stummen Worten nieder, sondern in das Herz verständnisvoller Schüler. Auch Jesus hatte seine Botschaft den Menschen ins Herz geschrieben, und zwar den Korinthern durch Paulus. Das ist eine großartige Wahrheit, zugleich eine Inspiration und eine Mahnung: Jedermann ist ein vor Jesus Christus offen daliegender Brief; jeder Christ ist entweder eine gute oder eine schlechte Empfehlung für Christus und den christlichen Glauben. Die Ehre der Kirche, die Ehre Christi liegt in der Hand seiner Anhänger. Wie wir Geschäftsinhaber nach den Waren beurteilen, die sie veräußern, und Handwerker nach der Qualität ihrer Arbeit, so beurteilt man Christus nach den Menschen, die seinen Namen im Munde führen oder ihm nachfolgen. Ein Wanderprediger, der jahrelang auf offener Straße zu Menschen gesprochen hatte, die der Kirche nicht angehörten, erklärte einmal, daß es kein größeres Handicap für die Kirche gebe als die unbefriedigende Lebensführung der sogenannten Christen. Wenn wir in die Welt hinausgehen, tragen wir die Verantwortung, Offene Briefe oder Empfehlungsschreiben für Christus und seine Gemeinde zu sein.

DIE UNÜBERTREFFLICHE HERRLICHKEIT

2. Korinther 3, 4–11

Ein solch Vertrauen aber haben wir durch Christus zu Gott. Nicht, daß wir tüchtig sind von uns selber, etwas zu erdenken als von uns selber; sondern daß wir tüchtig sind, ist von Gott, welcher uns auch tüchtig gemacht hat zu Dienern des neuen Bundes, nicht des Buchstabens, sondern des Geistes. Denn der Buchstabe tötet, aber der Geist macht lebendig.

Wenn aber schon das Amt, das mit Buchstaben in Stein

gehauen war und das doch nur den Tod bringt, Herrlichkeit hatte; so daß die Kinder Israel das Angesicht des Mose nicht konnten ansehen um der Herrlichkeit willen auf seinem Angesicht, die doch aufhört, wie sollte nicht viel mehr das Amt, das den Geist gibt, Herrlichkeit haben? Denn wenn das Amt, das die Verdammnis predigt, Herrlichkeit hat, wieviel mehr hat das Amt, das die Gerechtigkeit predigt, überschwengliche Herrlichkeit. Ja, die Herrlichkeit dort ist nimmermehr für Herrlichkeit zu achten gegen die überschwengliche Herrlichkeit hier. Denn wenn das Herrlichkeit hatte, was da aufhört, wieviel mehr wird das Herrlichkeit haben, was da bleibt.

Dieser Abschnitt zerfällt in zwei Teile. Da Paulus vermeiden will, daß seine Behauptung, die Korinther seien durch sein Wirken zu lebendigen Briefen Christi geworden, nach Selbstlob klinge, beeilte er sich, festzustellen, daß alles, was er getan habe, nicht sein, sondern Gottes Werk ist; Gott hat ihn mit den für sein Amt erforderlichen Fähigkeiten ausgestattet. Vielleicht denkt er dabei an eine der jüdischen Bezeichnungen für Gott und deren Deutung durch die Rabbinen. Gott wurde zwar El Shaddai genannt, der Allmächtige; zuweilen jedoch wurde der Begriff El Shaddai auch als der, der allem Genüge tut, gedeutet. Der, der allem Genüge tut, hat auch Paulus für sein Amt brauchbar gemacht. Als im Jahre 1852 „Onkel Toms Hütte" von Harriet Beecher-Stowe in Buchform erschien, nachdem es zuvor bereits in Zeitungsfortsetzungen veröffentlicht worden war, wurden von dem Buch in Amerika innerhalb eines Jahres 300 000 Exemplare verkauft, und das Werk erregte Aufsehen in aller Welt. Es wurde in vielen Sprachen übersetzt, und bedeutende Männer aus den verschiedensten Lebensbereichen zählten es zu den verdienstvollsten Taten des menschlichen Geistes, weil es mehr als andere die Sache der Sklavenbefreiung förderte. Harriet Beecher-Stowe lehnte jeden Verdienst ab und sagte: „Ich soll die Verfasserin von ‚Onkel Toms Hütte' sein? Nein, die Geschichte schrieb sich selbst. Der Herr hat sie geschrieben, und ich war nur ein bescheidenes Werkzeug in seiner Hand. Es kam über mich, und ich brauchte nur aufzuschreiben, was ich so erfuhr. Gott allein gebürt Lob und Preis dafür!" Gott hatte sie brauchbar gemacht für diese Aufgabe. Das ist ein kleiner Widerschein von dem Verhältnis des Apostels Paulus zu seinem Werk. Niemals sagte er: „Seht, das habe ich getan!", sondern stets: „Gott sei Lob und Dank!" Er hielt sich nicht von sich aus für sein Amt befähigt; sondern er gab Gott die Ehre, der ihn dafür brauchbar gemacht hatte. Das ist auch der Grund, weshalb er vor keiner Aufgabe zurückschreckte, so sehr er sich seiner eigenen Schwachheit und Unzulänglichkeit auch bewußt war; sah er sich doch niemals auf sich allein angewiesen. Alles was er tat, geschah mit Gott zusammen.

Der zweite Teil dieses Abschnittes befaßt sich mit dem Gegensatz zwischen dem Alten und dem Neuen Bund. Unter „Bund" versteht man einen Zusammenschluß von Menschen unter bestimmten Voraussetzungen. Nach biblischem Verständnis handelt es sich hier jedoch nicht um eine gewöhnliche Übereinkunft von auf gleicher Ebene stehenden Vertragspartnern, sondern um etwas, zu dem die Initiative von Gott ausgeht, um eine Beziehung, auf die die Menschen eingehen können oder nicht. Interessant ist das Wort für n e u, das Paulus im Zusammenhang mit dem Neuen Bund gebraucht; es ist dasselbe Wort, das auch Jesus gebraucht hat. Es gibt im Griechischen zwei Wörter für neu: n e o s, neu im Hinblick auf die Zeit – ein junger Mensch ist neos, weil er noch nicht lange auf der Welt ist –, und zweitens k a i n o s, etwas, was nicht nur zeitlich gesehen neu ist, sondern auch hinsichtlich seines Wesens und seiner Eigenschaften. Was k a i n o s ist, bedeutet ein neues, ein frisches und anderes Element. Nun gebraucht sowohl Jesus als auch Paulus im Zusammenhang mit dem N e u e n Bund das Wort k a i n o s. Das heißt: der Neue Bund ist nicht nur zeitlich gesehen neu; sondern er unterscheidet sich auch seiner Art und seinem Wesen nach vom Alten Bund. Der Bund zwischen Gott und den Menschen wird nicht bloß erneuert; sondern der Bund, der jetzt geschlossen wird, das Verhältnis, das jetzt entsteht, ist von ganz anderer Art.

Worin besteht dieser Unterschied?

1. Der Alte Bund beruht auf einem schriftlichen Dokument. Den Bericht über diesen Bundesschluß finden wir in 2. Mose 24,1–8; Mose nahm das Buch des Bundes und las es dem Volk vor, das dem Gesagten zustimmte. Der Neue Bund dagegen beruht auf der Kraft des lebensspendenden Geistes. Während es sich bei einer schriftlichen Urkunde, bei einem Buch, bei einem Kodex stets um etwas auch äußerlich Sichtbares handelt, das den Menschen dargeboten wird und dem sie sichtbar zustimmen müssen, bewirkt der Heilige Geist einen Wandel des menschlichen Herzens. Dem geschriebenen Gesetz kann man gehorchen, auch wenn man ständig den Wunsch hat, ihm nicht zu gehorchen; wenn dagegen der Hei-

lige Geist unser Herz erfüllt und es beherrscht, dann übertreten wir weder das Gesetz, noch haben wir den Wunsch es zu tun, weil wir Gewandelte sind. Das Gesetz kann durch einen schriftlichen Zusatz geändert werden, die Natur des Menschen jedoch nur durch den Heiligen Geist.

2. Der Buchstabe tötet. Weshalb? Weil nach dem Alten Bund zwischen Gott und den Menschen ein gesetzliches Verhältnis bestand. Dies hieß in Wirklichkeit: „Wenn du den Bund mit Gott aufrechterhalten willst, mußt du diese Gesetze halten; tust du es nicht, besteht auch der Bund nicht mehr." Dadurch entstand eine Situation, in der Gott zwangsläufig der Richter und die Menschen ebenso zwangsläufig ihm gegenüber ständig im Verzug waren, so daß sie als Angeklagte vor seinen Schranken standen. Der Alte Bund war tödlich, weil er bestimmte Dinge tötete: a) Er tötete die Hoffnung. Es bestand keinerlei Aussicht, daß jemals irgendjemand den Bund halten konnte, weil es aufgrund der menschlichen Natur so gut wie ausgeschlossen ist, das Gesetz zu erfüllen, so daß dessen Forderungen letztlich eine Frustration bewirken. b) Er tötete das Leben, weil nach dem Alten Bund Verdammnis das einzige war, was die Menschen erreichen konnte, eben weil sie nicht imstande waren, das Gesetz zu halten. Verdammnis aber bedeutete Tod. c) Er tötete die Stärke der Menschen, weil sie durch das Gesetz zwar erfuhren, was sie tun mußten, jedoch nicht die Hilfe erhielten, dies auch durchzuführen; die Krankheit wurde wohl erkannt, doch nicht geheilt. Der Neue Bund war etwas völlig anderes: a) Er war ein Bund der Liebe, der seine Entstehung der Liebe Gottes zu dieser Welt verdankte. b) Er war ein Bund zwischen Vater und Kindern. Die Menschen standen nicht länger als Gesetzesübertreter vor Gott da, sondern als seine Kinder, auch wenn sie ungehorsam waren. c) Er veränderte das Leben der Menschen, und zwar nicht, indem ihnen neue Gesetzesvorschriften auferlegt wurden, sondern indem ihr Herz sich wandelte und sie zu neuen Menschen wurden. d) Die Menschen erfuhren durch den Neuen Bund nicht nur, was sie tun mußten; sondern sie empfingen auch die Kraft, dies auszuführen.

Paulus hebt noch weitere Unterschiede und Gegensätze zwischen dem Alten und dem Neuen Bund, der alten und der neuen Beziehung hervor. Auch dem Alten Bund haftete Herrlichkeit an. Als Mose mit den zwei Tafeln des Gesetzes, den Zehn Geboten, vom Berge Sinai herabstieg, da lag ein solcher Glanz auf seinem Angesicht, daß niemand ihn ertragen konnte

(2. Mose 34, 30). Dieser Glanz war und konnte jedoch nicht von Dauer sein; wie er gekommen war, so schwand er wieder dahin. Der Neue Bund, das neue Verhältnis zwischen Gott und den Menschen, das Jesus Christus ermöglicht hat, ist von größerer Herrlichkeit deshalb, weil es Vergebung statt Verdammnis, Leben statt Tod und damit eine Herrlichkeit bewirkt, die bleibt, nicht nur einen Glanz, der im Augenblick seines Aufleuchtens bereits wieder dahinzuschwinden beginnt.

Das sollte uns eine Warnung sein. Die Juden gaben dem Alten Bund, dem Gesetz, den Vorzug und verwarfen den Neuen Bund, das neue Gottesverhältnis in Jesus Christus. Nun war der Alte Bund keineswegs etwas Schlechtes, wenn auch nicht das Bestmögliche, sondern nur eine Stufe auf dem Wege. Das Zweitbeste ist indessen stets der schlimmste Feind des Besten. Zu allen Zeiten haben die Menschen auch dann am Alten festgehalten, wenn das Neue, das ihnen angeboten wurde, wesentlich besser war. So weigerten sich viele noch lange nach der Entdeckung des Chloroforms aus vermeintlichen religiösen Gründen, davon Gebrauch zu machen. Entsprechendes trifft für alle Bereiche des Lebens zu, nicht zuletzt auch für das Gebiet der Kunst. Vielfach klammern sich die Kirchen selber an das Alte und verschließen sich damit dem Neuen. Fast immer steht die Überzeugung dahinter: weil es immer so war, ist etwas gut; weil es bisher nicht so war, ist es schlecht. Wir sollten uns hüten, Zwischenstufen mit dem wesenhaften Ziel zu verwechseln, und uns nicht an etwas Geringeres klammern, wenn etwas Besseres auf uns wartet. Wir sollten nicht, wie die Juden es taten, die alten Wege für die einzig richtigen halten und uns der neuen Herrlichkeit verschließen, die Gott für uns bereitet hat.

DER SCHLEIER, DER DIE WAHRHEIT VERBIRGT

2. Korinther 3, 12—18

Weil wir nun solche Hoffnung haben, sind wir voll großer Zuversicht und tun nicht wie Mose, der die Decke vor sein Angesicht hing, damit die Kinder Israel nicht sehen sollten das Ende dessen, was da aufhört. Aber ihre Sinne wurden verstockt. Denn bis auf den heutigen Tag bleibt diese Decke unaufgedeckt über dem alten Testament, wenn sie es lesen, weil sie nur in Christus abgetan wird. Doch bis auf den heutigen Tag, wenn

Mose gelesen wird, hängt die Decke vor ihrem Herzen. Wenn Israel aber sich bekehrt zu dem Herrn, so wird die Decke abgetan. Der Herr ist der Geist; wo aber der Geist des Herrn ist, da ist Freiheit. Nun aber spiegelt sich bei uns allen die Herrlichkeit des Herrn in unsrem aufgedeckten Angesicht, und wir werden verklärt in sein Bild von einer Herrlichkeit zur andern von dem Herrn, der der Geist ist.

Die Bilder dieses Absatzes ergeben sich aus dem unmittelbar vorhergehenden. Das Grundmodell bildet der vom Berg Sinai herabsteigende Mose, auf dessen Angesicht ein so heller Glanz lag, daß niemand diesen Anblick auf die Dauer ertragen konnte.

1. Die Gedanken des Paulus gehen auf 2. Mose 34, 33 zurück, wo es heißt, daß Mose eine Decke auf sein Angesicht legt, als er das, was ihm Israel zu sagen aufgetragen war, gesagt hatte. Obwohl in dem alten Bericht davon nicht ausdrücklich die Rede ist, faßt Paulus diese Stelle so auf, als ob Mose sein Angesicht verhüllt habe, damit die Menschen nicht merkten, wie der Glanz auf seinem Angesicht langsam dahinschwände. Die Herrlichkeit des Alten Bundes, der alten Beziehung zwischen Gott und den Menschen ist – das ist der erste Gedanke, den Paulus hier äußert – eine vergängliche Herrlichkeit gewesen, ein Übergang, wie das Unvollkommene ein Übergang zum Vollkommenen darstellt, eine Stufe auf dem Wege zum endgültigen Ziel. Die den Menschen durch Mose zuteil gewordene Offenbarung war eine echte und große, aber doch nur teilweise Offenbarung; die in Jesus Christus dagegen ist eine vollständige, endgültige und vollkommene Offenbarung. Augustinus hat das vor längerer Zeit einmal so formuliert: „Wir tun dem Alten Testament Unrecht, wenn wir leugnen, daß es auf denselben gerechten, gütigen Gott zurückgeht wie das Neue Testament. Andererseits tun wir dem Neuen Testament Unrecht, wenn wir das Alte Testament auf die gleiche Stufe mit ihm stellen." Das eine ist eine Stufe zur Herrlichkeit, das andere deren Gipfel.

2. Paulus wird jetzt ganz vom Gedanken an den Schleier oder die Decke erfaßt, und er macht auf verschiedene Weise Gebrauch davon. So sagt er, wenn die Juden dem lauschten, was ihnen am Sabbat in der Synagoge aus dem Alten Testament vorgelesen würde, dann lege es sich wie ein Schleier auf ihre Augen, so daß sie den wahren Sinn dessen, was da gelesen werde, nicht erkennen. Das Gelesene müßte sie auf Jesus Chri-

stus hinweisen; doch der Schleier über ihren Augen (sprich: Herzen) hindere sie daran. Auch uns kann es so ergehen, daß wir den Sinn der Heiligen Schrift nicht erkennen, weil ein Schleier über unserem Inneren liegt. a) Es kann der Schleier unserer Vorurteile sein. Allzu oft suchen wir in der Schrift nach Texten, die der Stützung irgendeiner eigenen Theorie dienen sollen, statt voller Demut an die Schrift heranzugehen, um zu erfahren, was sie uns zu lehren hat. b) Es kann der Schleier unseres Wunschdenkens sein. Wir suchen in der Schrift nicht das, was tatsächlich enthalten ist, sondern nur das, was wir gern hören oder lesen möchten. Ein Beispiel: Wir freuen uns über jeden Hinweis auf die Liebe und Barmherzigkeit Gottes, übersehen dagegen geflissentlich alle Hinweise auf seinen Zorn und das Gericht. Was uns gefällt, finden wir darin; was wir nicht wahrhaben möchten, übersehen wir. c) Es kann der Schleier bruchstückhaften Denkens sein. Wir sollten die Bibel stets als ein Ganzes sehen. Einzelne Texte herauszugreifen und zu kritisieren, ist nicht schwer. Indem wir bestimmte Verse herausgreifen und andere beiseiteschieben, lassen sich viele Privattheorien untermauern. Dabei geht es um die Botschaft der Heiligen Schrift als Ganzes, die zu erkennen wir versuchen müssen; und das bedeutet nichts anderes, als daß wir die ganze Heilige Schrift im Lichte Jesu Christi lesen müssen.

3. Mit dem Schleier, der die Juden daran hindert, den Sinn der Schrift zu erkennen, ist es jedoch nicht getan; der eigentliche Schleier liegt zwischen ihnen und Gott. a) Bisweilen handelt es sich um den Schleier des Ungehorsams. Vielfach ist es nicht mangelndes Wissen, sondern sittliche Blindheit, die uns daran hindert, Gott zu erkennen. Wenn wir Gott beharrlich ungehorsam sind, werden wir immer unfähiger, ihn zu erkennen. Die reinen Herzens sind, werden Gott schauen. b) Bisweilen handelt es sich um den Schleier der Unbelehrbarkeit. Ein schottisches Sprichwort besagt, niemand sei so blind wie der, der nicht sehen wolle. Menschen, die alles besser wissen und gar nichts hinzulernen möchten, kann selbst der beste Lehrer nichts lehren. Wir haben von Gott die Willensfreiheit empfangen, und wenn wir uns von unserem eigenen Wege nicht abbringen lassen, können wir den Weg Gottes nicht kennenlernen.

4. Weiter sagt Paulus, die Herrlichkeit des Herrn spiegele sich in unserem aufgedeckten Angesicht, und deshalb würden auch wir verklärt werden von einer Herrlichkeit zur anderen; sein Bild, sein Widerschein werde in unserem Leben sichtbar. Es

ist ein Gesetz des Lebens, daß wir werden wie die, auf die wir blicken. Das wird uns deutlich am Beispiel vieler Filmstars, deren Kleidung und Gebaren von zahlreichen, besonders jüngeren Menschen oft bis ins kleinste nachgeahmt werden, oder auch am sportlichen Heroenkult, wie er von vielen betrieben wird. Wer auf Gott blickt, wer beständig Jesus Christus im Auge hat, der wird schließlich dahin gelangen, daß deren Forderungen und Gaben sich in seiner Lebensführung widerspiegeln.

Unser Abschnitt enthält für viele Menschen ein theologisches Problem. Spricht Paulus hier doch „von dem Herrn, der der Geist ist". Er scheint damit den auferstandenen Herrn mit dem Heiligen Geiste zu identifizieren, freilich nicht im Sinne einer theologischen Doktrin, sondern aus seinem innersten Erleben. Und in der Tat ist es eine christliche Glaubenserfahrung, daß das Wirken des Heiligen Geistes und das des auferstandenen Herrn vielfach ein und dasselbe sind. Wir werden gleichermaßen vom Heiligen Geist wie auch vom auferstandenen Herrn gestärkt, erleuchtet und geleitet. Es kommt auf dieses Geschehen an, nicht auf den Ausdruck, mit dem wir das benennen.

Wo der Geist des Herrn ist, da ist Freiheit, erklärt Paulus. Er will damit sagen: Solange der Gehorsam der Menschen gegenüber Gott vom Gehorsam gegenüber einem Buch oder einem Gesetzeskodex bestimmt wird, so befinden wir uns in der Lage unwilliger Diener und Sklaven. Geht der Gehorsam jedoch auf das Wirken des Heiligen Geistes im Herzen der Menschen zurück, dann kennen wir kein anderes Verlangen, als Gott zu dienen und zu gehorchen; denn dann fühlen wir uns nicht durch das Gesetz, sondern durch Liebe an Gott gebunden. Vieles, was wir gezwungenermaßen für irgendeinen Fremden nicht tun würden, tun wir bereitwillig für jemanden, den wir liebhaben; ja, wir betrachten das sogar als ein Vorrecht. Die Liebe verleiht selbst dem geringsten Amt Herrlichkeit. „Sein Dienst macht uns vollkommen frei."

VERBLENDETER SINN

2. Korinther 4, 1–6

Darum, weil wir ein solch Amt haben nach der Barmherzigkeit, die uns widerfahren ist, werden wir nicht müde, sondern wir meiden schandbare Heimlichkeit und gehen nicht mit List um, fälschen auch nicht Gottes Wort; vielmehr weisen wir durch Offenbarung der Wahrheit uns aus vor aller Menschen Gewissen im Angesicht Gottes. Ist nun unser Evangelium verdeckt, so ist's denen verdeckt, die verloren werden, den Ungläubigen, denen der Gott dieser Welt den Sinn verblendet hat, daß sie nicht sehen das helle Licht des Evangeliums von der Herrlichkeit Christi, welcher ist das Ebenbild Gottes. Denn wir predigen nicht uns selbst, sondern Jesus Christus, daß er sei der Herr, wir aber eure Knechte um Jesu willen. Denn Gott, der da hieß das Licht aus der Finsternis hervorleuchten, der hat einen hellen Schein in unsre Herzen gegeben, daß durch uns entstünde die Erleuchtung zur Erkenntnis der Herrlichkeit Gottes in dem Angesicht Jesu Christi.

In diesem Abschnitt hat Paulus uns direkt oder indirekt etwas über vier verschiedene Arten bzw. Gruppen von Menschen zu sagen:

1. Zu Anfang spricht er von sich selbst, indem er erklärt, er habe niemals den Mut verloren bei der großen Aufgabe, die ihm aufgetragen worden sei. Mittelbar erfahren wir auch, weshalb das so ist; zweierlei nämlich läßt ihn weitermachen: a) Er ist sich der Größe und Bedeutung seines Amtes bewußt. Wer sich dessen bewußt ist, kann erfahrungsgemäß Erstaunliches leisten. Eines der großen musikalischen Meisterwerke, der „Messias" von Händel, ist nachweislich innerhalb von zweiundzwanzig Tagen komponiert und aufgeschrieben worden, während welcher Zeit sich Händel kaum Zeit zum Essen und Schlafen ließ. Große Aufgaben bringen wunderbarerweise auch die dazu erforderliche Kraft mit sich. b) Er ist der Barmherzigkeit eingedenk, die ihm zuteil geworden ist. Paulus kannte kein anderes Ziel, als sein Leben und seine Kraft daran zu wenden, sich für die Liebe einzusetzen, die ihn selber freigemacht und erlöst hatte.

2. Indirekt sagt Paulus auch hier etwas über seine Widersacher und Verleumder. Die unseligen Ereignisse in Korinth klingen hier wiederum nach; denn aus dem Gesagten läßt sich entnehmen, daß seine Feinde drei Anklagen gegen ihn erhoben hatten: er bediene sich hinterlistiger Methoden, suche skrupellos seinen eigenen Weg zu gehen und verfälsche die Botschaft des Evangeliums. Jedem, dessen Beweggründe mißdeutet, dessen Handlungen falsch ausgelegt und dessen Worte so verdreht werden, daß sie einen anderen Sinn ergeben, sollte es

ein Trost sein, daß es seinerzeit selbst Paulus nicht anders ergangen ist.

3. Weiter spricht Paulus von denen, die sich gegen die Annahme und Anerkennung des Evangeliums gewehrt haben. Er betont dabei, das Evangelium sei von ihm in einer Weise verkündigt worden, daß jeder, der ein Gewissen habe, zugeben müsse: sein Anspruch sowie sein Appell an sie geschehe zu Recht. Trotzdem seien manche taub gegenüber dem Evangelium und blind gegenüber seiner Herrlichkeit geblieben. Was ist mit ihnen los? Paulus meint, der Gott dieser Welt habe ihnen den Sinn verblendet, so daß sie nicht glauben können. Die Verfasser aller biblischen Schriften sind sich dessen bewußt, daß es eine Macht des Bösen auf dieser Welt gibt. Diese Macht wird bisweilen Satan, bisweilen Teufel genannt. Der Evangelist Johannes läßt Jesus dreimal vom *Fürsten dieser Welt* und dessen Niederlage sprechen (Joh. 12, 31; 14, 30; 16, 11). Paulus selbst spricht in Epheser 2, 2 vom *Mächtigen, der in der Luft herrscht,* und *von dem Gott dieser Welt*. Selbst im Vaterunser findet sich ein Hinweis auf diese unheilvolle Macht; denn sehr wahrscheinlich lautet die korrekte Übersetzung von Matthäus 6, 13: „Erlöse uns *von dem Bösen*." Die neutestamentlichen Vorstellungen von dem Bösen gehen auf verschiedene Einflüsse und Ursprünge zurück. a) Nach Zoroaster, dem Begründer der alten Religion der Parsen, zerfällt das All in zwei feindliche Welten, die von den beiden feindlichen Urwesen, dem Guten und dem Bösen Geist, ausgehen. Der Gott des Lichtes und der der Finsternis bekämpfen einander. Das Schicksal der Menschen hängt davon ab, für welche der beiden Seiten in diesem kosmischen Konflikt sie sich entscheiden. Als die Juden im sechsten vorchristlichen Jahrhundert von den Persern unterworfen und in die Babylonische Gefangenschaft geführt wurden, kamen sie mit diesen Gedanken in Berührung und wurden in ihrem Denken zweifellos davon beeinflußt. b) Im Judentum spielte sodann die Vorstellung von den beiden Weltzeitaltern eine Rolle, die Vorstellung von dem gegenwärtigen und dem zukünftigen Zeitalter. Das gegenwärtige Zeitalter (in den Tagen des beginnenden Christentums) war nach jüdischer Auffassung unheilbar schlecht, vollständig in der Gewalt des Bösen und zum Untergang bestimmt; es stand danach in der Gewalt des Gottes dieser Welt. c) In diesem Zusammenhang sollten wir jedoch nicht vergessen, daß die Vorstellung von einer bösen, einer feindlichen Macht weniger etwas mit Mythologie oder mit Theologie als mit unserer Er-

fahrung zu tun hat. Woher kommt jene böse Macht in einem von Gott erschaffenen All? Welchem Zweck dient sie? Das sind schwierige Fragen, die die Menschen von jeher bewegt haben. Gehen wir dagegen von unserem persönlichen Leben aus, dann kennen wir alle die Realität des Bösen. Immer wieder wird uns eine ähnliche Erfahrung zuteil wie dem englischen Dichter R. L. Stevenson, der erklärte, er sei an einem windigen Morgen in Edinburgh auf dem Bahnhof dem Satan begegnet. So schwer verständlich die Vorstellung von einer Weltmacht des Bösen auch sein mag, von unserer Erfahrung her gesehen, ist sie jedermann evident. Bei den Ungläubigen, die die Frohe Botschaft Jesu Christi nicht annehmen, handelt es sich um Menschen, die sich dem Bösen dieser Welt so sehr ergeben haben, daß sie die Aufforderung Gottes an sie gar nicht mehr wahrnehmen; sie schließen sich damit selbst von Gott aus.

4. Bezüglich Jesus unterstreicht Paulus hier den Gedanken, daß wir in ihm erkennen, wer und wie Gott ist. „Wer mich sieht, der sieht den Vater", sagt Jesus (Joh. 14, 9). Wenn Paulus predigte, sagte er nicht: „Sehet mich an!", sondern: „Blickt auf Jesus Christus; in ihm werdet ihr die in die Welt gekommene Herrlichkeit Gottes erkennen und verstehen."

TRÜBSAL UND TRIUMPH

2. Korinther 4, 7—15

Wir haben aber solchen Schatz in irdenen Gefäßen, auf daß die überschwengliche Kraft sei Gottes und nicht von uns. Wir haben allenthalben Trübsal, aber wir ängsten uns nicht. Uns ist bange, aber wir verzagen nicht. Wir leiden Verfolgung, aber wir werden nicht verlassen. Wir werden unterdrückt, aber wir kommen nicht um und tragen allezeit das Sterben Jesu an unsrem Leibe, auf daß auch das Leben Jesu an unsrem Leibe offenbar werde. Denn mitten im Leben werden wir immerdar in den Tod gegeben um Jesu willen, auf daß auch das Leben Jesu offenbar werde an unsrem sterblichen Fleische. So ist nun der Tod mächtig in uns, aber das Leben in euch. Weil wir aber denselben Geist des Glaubens haben, wie geschrieben steht (Ps. 116, 10): „Ich glaube, darum rede ich", so glauben wir auch, darum so reden wir auch und wissen, daß der, der den Herrn Jesus hat auferweckt, wird uns auch auferwecken mit Jesus und wird uns vor sich stellen samt euch. Denn es geschieht alles um euret-

willen, auf daß die überschwengliche Gnade durch vieler Danksagen Gott reichlich preise.

Paulus beginnt diesen Abschnitt mit dem Gedanken, die Vorrechte und die Herrlichkeit, die Christen genössen, seien womöglich dazu angetan, sie hochmütig zu machen; indessen — das Leben selbst bewahre sie glücklicherweise davor. Wir bleiben dem Tode verfallene Menschen, abhängig von den Verhältnissen, in denen wir leben, und wir unterliegen alle den Wechselfällen des Lebens und der Anfälligkeit unseres Leibes. Wir sind wie jemand, der einen kostbaren Schatz in einem wertlosen irdenen Gefäß besitzt. Wir sprechen viel von der menschlichen Kraft und den ungeheuren Gewalten, die der Mensch zu beherrschen scheint. Das eigentliche Merkmal des Menschen ist jedoch nicht seine Kraft, sondern seine Schwäche. Ein Tropfen Wasser oder ein Luftzug könne uns töten, hat Pascal einmal gesagt. Wir haben schon von dem Glanz und der Pracht des Triumphes römischer Feldherrn gesprochen; zu ergänzen wäre hier jedoch noch, daß zwei Dinge den Feldherrn vor Stolz und Hochmut bewahren sollten: Erstens jubelte die Bevölkerung, wenn er mit Lorbeer, Zepter und Krone geschmückt, vom Marsfeld zum Jupitertempel auf dem Kapitol fuhr, ihm nicht nur zu, sondern schrie auch immer wieder: „Schau dich um und vergiß nicht, daß du sterben wirst!" Zweitens sangen die siegreichen Truppen des Feldherrn, die den Schluß des Triumphzuges bildeten, nicht nur Preislieder zu seinem Ruhm, sondern äußerten laut auch respektlose Scherze und Beleidigungen, um den Feldherrn vor Hochmut zu bewahren. Obwohl Christus uns mit einer unbeschreibbaren Herrlichkeit ausstattet, umgibt das Leben uns mit derartiger Schwäche und Unsicherheit, daß wir nicht vergessen können: Unser ist die Schwachheit, Gottes die Herrlichkeit.

Paulus beschreibt das christliche Leben, in dem sich unsere Schwäche mit der Herrlichkeit Gottes mischt, in einer Reihe von Gegensatzpaaren:

1. Wir haben allenthalben Trübsal; aber wir ängstigen uns nicht. Bezeichnend für ein christliches Leben ist, daß es stets ein Element der Weiträumigkeit enthält; nie brauchen wir uns eingesperrt vorzukommen. Auch wenn wir äußerlich in noch so bedrängten Verhältnissen leben, innerlich können wir uns stets davon freimachen, weil es einen Ausweg, den nämlich in die Weiträumigkeit Gottes gibt. Auch wenn wir äußerlich von Elend umzingelt sind, steht unserer Seele die ganze Weite der Gemeinschaft mit Christus offen.

2. Wir leiden Verfolgung; aber wir werden nicht verlassen. Denkwürdig ist, daß Märtyrer sich zu allen Zeiten gerade dann, wenn sie sich in größter Bedrängnis befanden, Christus besonders nahe gefühlt haben. Als die Jungfrau von Orleans von allen verlassen wurde, die ihr hätten beistehen sollen, sagte sie, es sei besser, mit Gott allein zu sein, der sie in seiner Güte und Liebe nie verlassen werde; gestärkt in ihm wolle sie es immer wieder wagen, bis sie sterbe. Und in Psalm 27, 10 heißt es: „Denn mein Vater und meine Mutter verlassen mich, aber der Herr nimmt mich auf.“ Gott bleibt uns treu, was immer auch kommen mag.

3. Uns ist bange; aber wir verzagen nicht. Immer wieder gibt es Zeiten, in denen wir nicht weiterwissen, doch selbst dann verzweifeln wir nicht. Auch wenn wir in ein Meer von Wolken tauchen, wissen wir, daß wir aus den Wolken wieder auftauchen werden. Zeit und Umwege zählen nicht, sondern allein die Gewißheit, daß wir irgendwann, wenn Gott es will, ans Ziel gelangen werden. Es gibt Augenblicke im Leben, in denen wir als Christen die schwerste Lektion lernen müssen — eine Lektion, die auch Jesus in Gethsemane nicht erspart blieb —: annehmen, was wir nicht begreifen. Manchmal geschieht etwas, was uns völlig unverständlich ist; aber gerade dann sollten wir sagen können: „Du bist die Liebe, mein Gott. Darauf baue ich mit Zuversicht.“ Wenn wir mit unserem Verstande am Ende sind, sind wir mit unserer Zuversicht noch lange nicht am Ende, wenn nur Christus mit uns ist.

4. Wir werden unterdrückt; aber wir kommen nicht um. Wir fallen wohl; aber wir bleiben nicht am Boden liegen, sondern erheben uns immer wieder. Wir erleben wohl Niederlagen; aber wir werden nicht endgültig geschlagen.

Nachdem Paulus das Paradoxe, das anscheinend Widersprüchliche des christlichen Lebens umrissen hat, geht er dazu über, das Geheimnis seines Lebens sowie die Gründe dafür anzugeben, weshalb er so vieles tun und ertragen konnte.

1. Er war sich bewußt: Wer teilhaben will am Leben Christi, muß bereit sein, auch die Gefahren des Lebens Jesu auf sich zu nehmen; wer mit Christus leben will, muß auch mit ihm sterben können. Paulus kannte und anerkannte das unerbittliche Gesetz christlicher Lebensführung: „Ohne Kreuz keine Krone.“

2. Im Gedanken an die Kraft Gottes, durch die Jesus Christus von den Toten auferstand, konnte er allem die Stirn bieten. Weil er fest daran glaubte, daß Gott auch ihn auferwecken könne und werde, wenn er sterben müsse, war er fähig, ohne

Rücksicht auf seine persönliche Sicherheit zu sprechen. In jeder Situation verließ er sich auf die Kraft, die allem Genüge zu tun vermochte und die stärker als der Tod war.

3. Er ertrug alles in der Überzeugung, daß durch sein Leiden und seine Trübsal andere dem Licht und der Liebe Gottes zugeführt würden. Er vermochte durchzustehen, was er durchmachen mußte, weil er wußte, daß es dazu geschah, um anderen den Weg zu Christus zu erschließen. Wer durch und durch davon überzeugt ist, daß alles, was ihm widerfährt, um Christi willen geschieht, der kann buchstäblich allem die Stirn bieten.

DAS GEHEIMNIS DER CHRISTLICHEN GEDULD UND AUSDAUER

2. Korinther 4, 16–18

Darum werden wir nicht müde; sondern ob auch unser äußerlicher Mensch verfällt, so wird doch der innerliche von Tag zu Tag erneuert. Denn unsre Trübsal, die zeitlich und leicht ist, schafft eine ewige und über alle Maßen wichtige Herrlichkeit uns, die wir nicht sehen auf das Sichtbare, sondern auf das Unsichtbare. Denn was sichtbar ist, das ist zeitlich; was aber unsichtbar ist, das ist ewig.

In diesen Versen macht Paulus uns mit dem Geheimnis christlicher Geduld und Ausdauer bekannt.

1. Die körperliche Kraft des Menschen nimmt nach einer gewissen Zeit im Laufe der Jahre immer mehr ab; seine seelische Kraft jedoch sollte ständig wachsen. Leiden, die uns äußerlich schwächen, können uns innerlich recht häufig stärken. „Laß mich mit Würde altern", heißt es in einem Gedicht. Die Jahre, die unserer leiblichen Schönheit Abbruch tun, sollten uns innere Schönheit verleihen. Auch wenn unsere Jahre, äußerlich gesehen, langsam und unentwegt dem Tode und dem Grabe entgegengleiten, so bringen sie uns doch nicht dem Tode, sondern Gott näher.

2. Paulus war fest überzeugt davon, daß alles, was er auf dieser Welt leiden müsse, nichts sei, verglichen mit der Herrlichkeit dort; er war ganz sicher, daß Gott niemandem etwas schuldig bleibt. Solche Zuversicht gab und gibt es seither zu allen Zeiten. Eine alte Frau, die die klare Luft, das blaue

Wasser und die purpurfarbenen Höhen des schottischen Hochlandes hatte verlassen müssen und in einem großstädtischen Elendsviertel vegetierte, führte dennoch ein gottnahes Leben. Und eines Tages sagte sie: „Gott wird sich aussöhnen mit mir, und dann werde ich die Blumen wieder schauen dürfen." Alles irdische Leid ist in die himmlische Herrlichkeit hinaufgenommen. Bemerkenswert ist denn auch, daß Jesus in keinem der Evangelienberichte von seinem Tode spricht, ohne nicht zugleich auch von seiner Auferstehung zu sprechen. Wer um Christi willen leidet, wird auch an seiner Herrlichkeit teilhaben. Gott selber hat sich dafür verbürgt.

3. Aus diesem Grunde sollen wir unsere Augen nicht auf das Sichtbare, sondern auf das Unsichtbare richten. Das Sichtbare, alles, was zu dieser Welt gehört, hat seine Zeit und wird eines Tages nicht mehr sein; alles Unsichtbare, alles Himmlische dagegen bleibt. Wir können das Leben entweder als einen langen Prozeß unvermeidlicher Entfremdung, als eine Reise betrachten, die uns von Gott fortführt, oder aber als jenen anderen Weg, wie er in den Worten des Hebräerbriefes über Mose zum Ausdruck kommt: „Er hielt sich an den, den er nicht sah, als sähe er ihn" (Hebr. 11, 27). Wer das Licht sieht und darauf zustrebt, hat die Kraft auszuharren, als ob das Unsichtbare bereits um ihn wäre.

SEHNSUCHT NACH DER HIMMLISCHEN HEIMAT

2. Korinther 5, 1—10

Denn wir wissen: wenn unser irdisch Haus, diese Hütte, zerbrochen wird, so haben wir einen Bau von Gott erbaut, ein Haus, nicht mit Händen gemacht, das ewig ist im Himmel. Denn darum seufzen wir auch und sehnen uns danach, daß wir mit unsrer Behausung, die vom Himmel ist, überkleidet werden, weil wir dann bekleidet und nicht bloß erfunden werden. Denn solange wir in dieser Hütte sind, seufzen wir und sind beschwert, weil wir lieber wollen nicht e n t *kleidet, sondern* ü b e r *kleidet werden, auf daß das Sterbliche würde verschlungen von dem Leben. Der uns aber dazu bereitet hat, das ist Gott, der uns als Unterpfand den Geist gegeben hat. So sind wir denn getrost allezeit und wissen: solange wir im Leibe wohnen, wallen wir ferne vom Herrn; denn wir wandeln im Glauben und nicht im Schauen. Wir sind aber getrost und haben vielmehr Lust, außer dem Leibe zu wallen und daheim zu sein bei dem Herrn. Darum befleißigen wir uns auch, wir sind daheim oder wallen, daß wir ihm wohlgefallen. Denn wir müssen alle offenbar werden vor dem Richterstuhl Christi, auf daß ein jeglicher empfange, wie er gehandelt hat bei Leibesleben, es sei gut oder böse.*

Es ist sehr bezeichnend für Paulus, wie seine Gedanken sich in diesem Abschnitt weiterentwickeln.

1. Es wird ein Freudentag für den Apostel sein, wenn er seinen sterblichen Leib ablegen wird. Der Körper ist für ihn eine Art Hütte, ein zeitweiliger Aufenthaltsort, in und mit dem wir unterwegs sind, bis der Tag seiner Auflösung kommt und wir in jenes neue Haus einziehen, in dem unsere Seele daheim ist. Wir haben bereits Gelegenheit gehabt, festzustellen, wie sehr manche griechische und römische Philosophen den Leib des Menschen verachteten; sie nannten den Leib vielfach ein Grab. Der im dritten nachchristlichen Jahrhundert lebende Philosoph Plotinos erklärte einmal, er schäme sich, einen Körper zu haben, und Epiktet sagte von sich: „Arme Seele, die du die Last eines Leichnams trägst!" Auch bei Seneca lesen wir: „Ich bin ein höheres Wesen und zu Höherem geboren, als der Sklave meines Leibes zu sein, den ich für eine Fessel der Freiheit halte. In einer so verabscheuungswürdigen Wohnung lebt die freie Seele." Dem jüdischen Denken waren derartige Gedanken keineswegs fremd; so heißt es in der „Weisheit" einmal: „Denn der sterbliche Leib beschwert die Seele, und die irdische Hütte drückt den zerstreuten Sinn" (9, 15). Mit Paulus verhält es sich indessen anders. Er wartet nicht auf einen Frieden, der bloß auf dem Schwinden einer Last beruht. Er wartet auch nicht nur auf die Freiheit des entleiblichten Geistes; er hofft vielmehr auf den Tag, an dem Gott ihm einen neuen Leib schenken wird, einen geistlichen Leib, in dem er dann im himmlischen Reich Gott dienen und verehren kann. Für Paulus war und ist die Ewigkeit nicht eine Flucht ins Nichts, keine Entbindung zu dauernder Untätigkeit, sondern das Eingehen in ein Leben und einen Leib, in dem unser Dienst seine endgültige Erfüllung findet.

2. Trotz seiner Sehnsucht nach dem himmlischen Leben verachtet Paulus das Leben hier keineswegs; ist er doch, wie er sagt, „allezeit getrost". Das liegt daran, daß bereits hier und jetzt der Geist Gottes als ein a r r a b o n (vgl. 1, 22) wirkt, als ein Unterpfand auf das künftige Leben. Paulus ist fest da-

von überzeugt, daß wir als Christen schon in diesem Leben einen Vorgeschmack auf das ewige bekommen können. Christen sind „Bürger zweier Welten“, die mit einem Fuß in der Zeitlichkeit, mit dem anderen in der Ewigkeit stehen. Unser Leib ist auf Erden, unser Herz im Himmel. Das hat keineswegs zur Folge, daß wir die Welt verachten; wohl aber bewirkt das, daß die jetzige ein Widerschein jener größeren Herrlichkeit wird, die da kommen wird.

3. Und dann erhält das, was Paulus sagt, eine ernste Note; denn selbst wenn er an das ersehnte zukünftige Leben dachte, vergaß er doch nicht, daß wir uns auf dem Wege nicht nur zur Herrlichkeit befinden, sondern auch zum Gericht. „Wir müssen alle offenbar werden vor dem Richterstuhl Christi“, dem bema, wie es im griechischen Text heißt. Vielleicht denkt Paulus dabei an das Tribunal des römischen Magistrats, vor dem er selbst später erscheinen mußte, vielleicht aber auch an die griechische Justiz, derzufolge alle Bürger verpflichtet waren, als Richter oder Geschworene zu wirken. Wer als Athener bei einem Prozeß dem Gericht angehörte, erhielt zwei Bronzescheiben mit zylindrischer Achse; die eine mit hohler Achse bedeutete Verurteilung, die andere, massiv, bedeutete Freispruch. Auf dem bema standen zwei Urnen, eine bronzene, in die der Richter die Scheibe fallen ließ, mit der er sein Urteil aussprach, und eine hölzerne, die die „unwirksame Urne“ (im Gegensatz zu der „Urne der Entscheidung“) genannt wurde, und in die der Richter die Scheibe fallen ließ, die er abwerfen wollte. Die Bronzeurne enthielt also die entscheidenden Scheiben, die auf Freispruch oder auf Verurteilung lauteten. Für den Betrachter sahen beide gleich aus, und niemand konnte sagen, welches Urteil die Richter gefällt hatten, bevor die Scheiben gezählt waren. Auch über uns wird Gott eines Tages den Urteilsspruch fällen. Wenn wir das bedenken, erhält unser irdisches Leben ganz andere Dimensionen; entscheiden wir mit ihm doch über künftiges Glück oder Unglück, über den Gewinn oder Verlust der Krone des Lebens. Die Zeitlichkeit wird zum Prüfstein für die Ewigkeit.

DIE NEUSCHÖPFUNG

2. Korinther 5, 11–19

Weil wir denn wissen, daß der Herr zu fürchten ist, suchen wir Menschen zu gewinnen; aber vor Gott sind wir offenbar. Ich hoffe aber, daß wir auch in eurem

Gewissen offenbar sind. Wir loben uns nicht abermals bei euch, sondern geben euch Anlaß, von uns etwas zu rühmen. So könnt ihr denen antworten, die sich des Äußeren rühmen und nicht des Herzens. Denn, sind wir von Sinnen gewesen, so war es für Gott; sind wir bei Sinnen, so sind wir's für euch. Denn die Liebe Christi dringet uns, da wir dafür halten, daß, wenn e i n e r für alle gestorben ist, so sind sie alle gestorben. Und er ist darum für alle gestorben, damit die, die da leben, hinfort nicht sich selbst leben, sondern dem, der für sie gestorben und auferstanden ist.

Darum kennen wir von nun an niemand mehr nach fleischlicher Weise; und ob wir auch Christus früher nach fleischlicher Weise erkannt haben, so erkennen wir ihn doch jetzt so nicht mehr. Darum, ist jemand in Christus, so ist er eine neue Kreatur; das Alte ist vergangen, siehe, es ist alles neu geworden! Aber das alles von Gott, der uns mit sich selber versöhnt hat durch Christus und uns das Amt gegeben, das die Versöhnung predigt. Denn Gott versöhnte in Christus die Welt mit ihm selber und rechnete ihnen ihre Sünden nicht zu und hat unter uns aufgerichtet das Wort von der Versöhnung.

Das hier Gesagte schließt unmittelbar an den vorhergehenden Abschnitt an. Paulus hat davon gesprochen, daß wir alle vor den Richterstuhl Christi treten und angesichts dieser Tatsache unser Leben entsprechend führen müssen. Nicht, daß wir vor Christus erschrecken, will Paulus damit sagen; wohl aber, daß wir in Ehrerbietung und Gottesfurcht leben sollen. Das ganze Alte Testament ist erfüllt von jener reinigenden Furcht. So spricht Hiob von der Furcht des Herrn, die Weisheit ist (Hiob 28, 28). „Nun Israel, was fordert der Herr, dein Gott noch von dir?", fragt der Verfasser des 5. Buches Mose, und der erste Punkt seiner Antwort lautet: „daß du den Herrn, deinen Gott fürchtest" (5. Mose 10, 12). In den Sprüchen Salomos heißt es: „Die Furcht des Herrn ist der Anfang der Erkenntnis (Spr. 1, 7; vgl. 9, 10). „Durch die Furcht des Herrn meidet man das Böse" (Spr. 16, 6). Diese Haltung hat nichts mit hündischer Angst, aber auch nichts mit der Furcht eingeschüchterter Kinder zu tun, die geschlagen wurden; vielmehr handelt es sich hier um eine Furcht in der Nähe jener Ehrfurcht, die selbst gedankenlose Menschen weithin daran hindert, Heiligtümer zu entweihen. Es handelt sich in etwa um jene Haltung, die uns davor bewahrt, etwas zu tun, was denen, die wir liebhaben, das Herz brechen würde. „Die Furcht des Herrn ist rein“, sagt der Psalmist (Ps. 19, 9). Ohne diese reinigende Furcht könnten wir nicht leben, wie wir leben sollen.

Paulus versucht die Menschen von seiner Aufrichtigkeit zu überzeugen. Er zweifelt nicht daran, daß seine Hände vor Gott rein und seine Beweggründe lauter sind; seine Widersacher jedoch verdächtigen ihn hartnäckig, und daher möchte er die Freunde in Korinth von seiner Aufrichtigkeit überzeugen. Das geschieht nicht aus dem Wunsch nach Selbstrechtfertigung, sondern aus der Erkenntnis, daß, wenn man seine Aufrichtigkeit in Frage stellt, die Wirkung seiner Botschaft davon betroffen wird. Was jemand zu verkünden hat, wird stets im Zusammenhang mit seinem Charakter gesehen werden, weshalb Prediger und Lehrer über jeden Verdacht erhaben sein sollten. Wir müssen daher nicht nur das Böse, sondern auch den Schein des Bösen meiden.

In Vers 13 betont Paulus, hinter allem, was er gesagt und getan hätte, stünde nur ein Motiv: der Wunsch, Gott zu dienen und den Korinthern zu helfen. Mehr als einmal wurde Paulus geradezu für wahnsinnig gehalten (Apg. 26, 24); es erging ihm damit wie Jesus, der von den Seinen nicht verstanden wurde (Mark. 3, 21). Für eine Idee begeisterte Menschen laufen stets Gefahr, von anderen als verrückt angesehen zu werden. Der englische Schriftsteller Rudyard Kipling berichtet von einem Erlebnis, das er auf einer Weltreise hatte. In einem bestimmten Hafen kam General Booth an Bord des Schiffes, begleitet von einer trommelschlagenden Schar junger Heilsarmisten. Kiplings empfindliche Seele empörte sich darüber, und als er später mit dem General bekannt wurde, sagte er ihm, wie sehr ihm dergleichen mißfalle. „Junger Mann“, erwiderte Booth, „wenn ich auch nur eine Seele mehr auf dem Weg zu Christus bringen könnte, indem ich Handstand mache und mit den Füßen trommle, dann würde ich auch das noch zu lernen versuchen.“ Wer wirklich durchdrungen ist von etwas, dem macht es nichts aus, wenn andere ihn für einen Narren halten. Es wird immer Menschen geben, die in ihrer Weltklugheit alle für verrückt halten, die christliche Großmut, Freigebigkeit, Vergebung und Treue zu praktizieren versuchen, und das auch frei heraus sagen. Paulus wußte, daß man sich zu bestimmten Zeiten still verhalten muß, zu anderen dagegen so, daß die Welt einen möglicherweise für verrückt hält. Er war bereit zu beiden – um Christi und um der Menschen willen.

Paulus fährt fort, über den entscheidenden Beweggrund für eine christliche Lebensführung zu sprechen. Christus ist für uns alle gestorben. Christen sind, um einen Lieblingsausdruck des Apostels zu gebrauchen, in Christus, und daher ist ihr altes Ich in jenem Tode gestorben und neu auferstanden, so neu, als wäre es soeben erst von Gott erschaffen worden. Mit dieser Erneuerung erneuern sich auch die Maßstäbe; der neue Mensch beurteilt die Dinge nicht mehr nach den Gesetzen dieser Welt. Auch Paulus hatte Jesus einst nach menschlichen Maßstäben beurteilt und alles darangesetzt, seinen Namen auszulöschen. Das ist jetzt anders. Jetzt ist der Mensch, dessen Gedächtnis er hatte vernichten wollen, das Wunderbarste für ihn; denn Jesus Christus verdankt er die Freundschaft Gottes, nach der er sich sein ganzes Leben lang gesehnt hatte, ohne sie bis dahin zu finden.

BOTSCHAFTER CHRISTI

2. Korinther 5, 20 — 6, 2

So sind wir nun Botschafter an Christi Statt, denn Gott vermahnt durch uns; so bitten wir nun an Christi Statt: Lasset euch versöhnen mit Gott! Denn er hat den, der von keiner Sünde wußte, für uns zur Sünde gemacht, auf daß wir würden in ihm die Gerechtigkeit, die vor Gott gilt.
Als Mithelfer aber ermahnen wir euch, daß ihr nicht vergeblich die Gnade Gottes empfanget. Denn er spricht (Jes. 49, 8): „Ich habe dich in der angenehmen Zeit erhört und habe dir am Tage des Heils geholfen." Siehe, jetzt ist die angenehme Zeit, siehe, jetzt ist der Tag des Heils!

Bei dem Amt und der Aufgabe, die die einzige Ehre des Apostels Paulus bilden, handelt es sich um kein geringeres Amt als um das, Christi Botschafter zu sein. Das in diesem Zusammenhang gebrauchte griechische Wort presbeuein, Gesandter sein, als Gesandter wirken, entspricht dem lateinischen Wort legatus und kann zweierlei bedeuten: 1. In Rom unterschied man zwischen Provinzen, die dem Senat unterstanden, und andere, die dem Kaiser unmittelbar unterstanden. Die ersteren waren friedliche Provinzen, in denen sich keine Truppen aufhielten, die letzteren unruhige Provinzen, in denen ständig Truppen stationiert waren. In diesen lag die Verwaltung in den Händen eines kaiserlichen Stellvertreters, der l e g a t u s oder (auf griechisch) p r e s b e u t e s hieß. In erster Linie wurde mit diesem Wort also jemand bezeichnet, der vom Kaiser selbst beauftragt war. Paulus betrachtete sich als Gesandten Jesu Christi, für den er sprach und dessen Wort er weitergab. 2. Fast noch interessanter ist die zweite Bedeutung von l e g a t u s oder p r e s b e u t e s. Wenn der römische Senat beschloß, ein Land zu einer Provinz zu machen, schickte er zehn Abgesandte aus den eigenen Reihen dorthin, um mit dem siegreichen Feldherrn die Friedensbedingungen mit dem besiegten Volk auszuhandeln und die Grenzen der neuen Provinz festzulegen. Diese Legaten waren verantwortlich für die Art und Weise, in der dem römischen Reich neue Menschen zugeführt wurden. So sieht auch Paulus in sich einen Mann, der zu den Menschen geht, um ihnen zu sagen, unter welchen Bedingungen die Menschen zu Bürgern des Reiches Gottes und zu dessen Kindern werden können.

Die Stellung eines Botschafters ist mit größter Verantwortung verbunden:

1. Botschafter bleiben auch im Ausland Bürger ihres Heimatlandes. Gewöhnlich verbringen sie ihr Leben unter Menschen, die eine andere Sprache als sie sprechen, die andere Traditionen und eine andere Lebensweise haben. So verhält es sich auch mit den Christen. Sie leben in einer Welt, an deren Leben und Treiben sie zwangsläufig teilnehmen; doch sie sind Bürger des Reiches Gottes und insofern Fremde. Wer nicht bereit ist, ein Fremdling zu sein, kann kein Christ sein.

2. Botschafter sprechen für ihr Heimatland, dessen Botschaften und Entscheidungen sie übermitteln und dessen Politik sie vertreten. Auch Christen müssen zuzeiten für Christus sprechen. Auch bei allen weltlichen Entscheidungen und Beschlüssen sollen sie die Stimme sein, die das Wort Jesu Christi in der gegebenen Situation unmißverständlich verkünden.

3. Botschafter vertreten ihr Land, weshalb nach ihrem Verhalten ihr Heimatland beurteilt wird. Von dem, was der Botschafter sagt und tut, heißt es: „So macht man es in meiner Heimat." Bei einer Ordinationsansprache wurde einmal gesagt: „Der Botschafter tut, was er tut, nicht als Agent, sondern als Stellvertreter seiner Regierung . . . Botschafter sind nicht nur verpflichtet, bestimmte Botschaften zu übermitteln und damit eine bestimmte Politik zu vertreten, sondern ebenso auch dazu, günstige Gelegenheiten wahrzunehmen, sich erforderlichenfalls nach Auswegen umzusehen und alles den Zuhörern so

eingängig wie nur möglich vorzutragen." Botschafter müssen in jeder Hinsicht eine Empfehlung für das Land sein, das sie im Ausland vertreten. Genau so verhält es sich mit der Verantwortlichkeit der Christen, denen die Ehre und das Ansehen Jesu Christi und seiner Kirche anvertraut sind. An uns liegt es, ob die Menschen gut oder schlecht von der Kirche denken, der wir angehören, sowie von dem Herrn, dem wir zu dienen versuchen.

Wie lautet in diesem Zusammenhang die Botschaft des Apostels Paulus? „Lasset euch versöhnen mit Gott." Im Neuen Testament ist nie die Rede davon, daß Gott sich mit den Menschen versöhnt, sondern stets davon, daß die Menschen sich mit Gott versöhnen. Es geht dabei keineswegs um die Besänftigung eines zornigen Gottes; vielmehr geht der ganze Heilsprozeß ja von Gott aus. Weil Gott die Welt liebhatte, sandte er ihr seinen Sohn. Nicht Gott hat sich vordem von den Menschen abgewandt, sondern die Menschen haben sich von ihm abgewandt. Nicht Gott hat Schranken aufgerichtet, sondern die Menschen. Die Botschaft Gottes, die Botschaft, die Paulus übermittelte, ist nichts anderes als die dringende Bitte eines liebenden Vaters an seine irrenden, ihm entfremdeten Kinder, nach Hause zu kommen.

Paulus fleht die Korinther an, nicht zu vergessen, daß sie der Gnade Gottes nicht umsonst teilhaftig geworden sein mögen. Es ist ein unendliches Unglück, daß Gnade vergeblich sein kann. Nehmen wir das Beispiel eines Vaters, der keine Mühe und kein Opfer gescheut hat, seinem Sohn die besten Chancen zu geben, um ihn zu einem lebenstüchtigen Menschen zu machen, und der dann erleben muß, daß der Sohn kein Gefühl der Dankbarkeit kennt, vielmehr seinen eigenen verantwortungslosen Weg geht. So wird auch Christus nochmals gekreuzigt, und Gott ist aufs tiefste betrübt, wenn er uns all seine ganze Gnade und Güte erweist, wir aber unsere eigenen Wege gehen.

DES APOSTELS BEWÄHRUNG IN SEINEM DIENST

2. Korinther 6, 3–10

Und wir geben niemand irgendein Ärgernis, auf daß unser Amt nicht verlästert werde; sondern in allen Dingen erweisen wir uns als Diener Gottes: in großer Geduld, in Trübsalen, in Nöten, in Ängsten, in Schlägen, in

Gefängnissen, in Aufruhren, in Mühen, in Wachen, in Fasten, in Keuschheit, in Erkenntnis, in Langmut, in Freundlichkeit, in dem heiligen Geist, in ungefärbter Liebe, in dem Wort der Wahrheit, in der Kraft Gottes, durch Waffen der Gerechtigkeit zur Rechten und zur Linken, durch Ehre und Schande, durch böse Gerüchte und gute Gerüchte; als die Verführer und doch wahrhaftig; als die Unbekannten, und doch bekannt; als die Sterbenden, und siehe, wir leben; als die Gezüchtigten, und doch nicht ertötet; als die Traurigen, aber allezeit fröhlich; als die Armen, aber die doch viele reich machen; als die nichts haben, und doch alles haben.

Sich als einen aufrichtigen und nützlichen Diener Jesu Christi zu erweisen, das war das einzige Anliegen des Apostels Paulus. Als er die vorstehende Äußerung machte, zog an seinem geistigen Auge nochmals „das Ungewitter der Trübsal" (wie der große Prediger Chrysostomos es im vierten Jahrhundert nannte) vorüber, durch das er hindurchgegangen war und mit dem er noch immer zu kämpfen hatte. Jedes Wort dieser umfangreichen Aufzählung erweckt in uns Vorstellungen von irgendeinem Erlebnis des Apostels aus seinem an Bedrängungen reichen Leben.

Paulus beginnt mit dem für jede christliche Lebensführung so bezeichnenden triumphierenden Wort h y p o m o n e, das mit G e d u l d, wie wir sie im allgemeinen verstehen, nur unzulänglich übersetzt ist; denn nicht die passive Geisteshaltung, die mit gefalteten Händen und gesenktem Kopf den Sturm der Trübsal über sich hinwegfegen läßt, ist damit gemeint, sondern das Verhalten von Menschen, die in Standhaftigkeit und Festigkeit das ihnen Auferlegte überwinden und in Segen verwandeln. In seiner Lobrede auf die h y p o m o n e, die überwindende Kraft der christlichen Geduld, spricht Paulus von ihr einmal als der „Wurzel alles Guten, der Mutter der Frömmigkeit, der nie verdorrenden Frucht, der uneinnehmbaren Festung und dem sturmsicheren Hafen". Er nennt sie „die Königin der Tugenden, das Fundament rechten Handelns, Frieden im Krieg, Stille im Sturm, Schutz vor allen Anschlägen". H y p o m o n e ist die Kraft des Standhaltens und der Überwindung, die Fähigkeit, in der Zerreißprobe zu bestehen, angesichts des Unsichtbaren Mut zu fassen sowie Leiden und Drangsal in Stärke und Herrlichkeit zu verwandeln.

Weiter spricht Paulus von den drei Gebieten, auf denen diese überwindende Geduld praktiziert wird:

1. Da sind einmal die inneren Konflikte im Leben des Christen. a) *Alles, was uns schwer bedrückt.* Paulus gebraucht in diesem Zusammenhang das Wort *thlipsis*, mit dem ursprünglich (wie wir bereits festgestellt haben) der physische Druck, der auf jemanden ausgeübt wurde, bezeichnet wurde. Zweierlei kann uns bedrücken: Kummer, der uns seelisch belastet, Enttäuschungen, die uns der Lebenskraft berauben, und der Druck der Anforderungen, die das Leben an uns stellt. Dem allen ist die christliche Geduld mit der Kraft ihrer Ausdauer und Überwindung gewachsen. b) *Das unvermeidliche Leid des Lebens. Anagke*, wie das entsprechende Wort im griechischen Text heißt, bedeutete ursprünglich: *die Notwendigkeiten des Lebens.* Auch wenn wir manchen Lasten und Leiden entgehen, gibt es andere, die unausweichlich auf uns zukommen, weil sie mit unserem Menschsein zusammenhängen. Die Trauer gehört beispielsweise dazu; denn nur, wer nie Liebe kennengelernt hat, kennt auch keine Trauer. Dem Tod vermag sodann niemand zu entgehen. Nur die christliche Geduld befähigt uns, mit alledem fertigzuwerden. c) *Die Ängste und die Nöte des Lebens. Stenochoria*, das Wort, das Paulus hier gebraucht, heißt wörtlich Enge; es wurde angewandt, wenn Schiffen, die in einen Sturm gerieten, nichts anderes übrig blieb, als ihm standzuhalten oder vor ihm herzusegeln. Auch im Leben gibt es Augenblicke, in denen wir uns in die Enge getrieben fühlen, in denen wir ersticken zu müssen meinen. Selbst in derartigen, quasi aussichtslosen Situationen macht die christliche Geduld uns fähig, die Luft des Himmels zu atmen.

2. Da sind die äußeren Bedrängnisse des Lebens: a) *Schläge aller Art*, und zwar sowohl seelische als auch körperliche Leiden. Es läßt sich nicht leugnen, daß wir heute nicht Christen sein könnten, wenn es damals nicht Menschen gegeben hätte, die bereit und imstande waren, um ihres Glaubens willen die schrecklichsten Qualen, ja den Tod zu erleiden. (Auch heute noch gibt es Länder, in denen Christen physische Pein erleiden müssen.) Zu allen Zeiten hat das Wort gegolten: „Das Blut der Märtyrer ist die Saat der Kirche.“ b) *Gefängnisse.* Clemens Romanus berichtet, daß Paulus nicht weniger als siebenmal im Gefängnis gewesen sei. Aus der Apostelgeschichte wissen wir, daß Paulus, bevor er an die Korinther schrieb, in Philippi gefangen gewesen war, später dann in Jerusalem, in Cäsarea und in Rom. Vom ersten bis zum zwanzigsten Jahrhundert sind Christen in den Kerker gegangen,

weil sie lieber ihre Freiheit als ihren Glauben aufgeben wollten. c) Aufstände und Aufruhr. Immer wieder sehen wir, daß Vertreter des christlichen Glaubens mit der Gewalttätigkeit der Masse konfrontiert werden. Von John Wesley, dem Begründer des Methodismus, wissen wir, daß die Menge sich auf ihn stürzte, als er in Wednesbury zu sprechen versuchte; der von allen Seiten auf ihn eindringende Lärm kam ihm vor wie das brüllende Meer. Als er durch die offenstehende Tür ein großes Haus zu betreten versuchte, packte ihn jemand beim Schopf und stieß ihn wieder zurück; man ließ nicht eher von ihm ab, als bis er von einem bis zum anderen Ende der Stadt geschleppt worden war. Und George Fox, der Begründer der Quäker, berichtet von einem Erlebnis in Tickhill folgendes: „Der Geistliche und die meisten Gemeindevertreter befanden sich im Chorraum. Ich ging daher zu ihnen hinauf, um mit ihnen zu sprechen; doch sogleich fielen sie über mich her. Der Geistliche nahm die Bibel und schlug mich damit ins Gesicht, so daß ich im Altarraum heftig zu bluten begann. Die Menschen schrien: ‚Hinaus mit ihm aus der Kirche!'. Und als sie das bewerkstelligt hatten, schlugen sie mich, warfen mich über eine Hecke und schleppten mich durch ein Haus auf die Straße, wo sie mich mit Steinen bewarfen und auf mich einschlugen, so daß ich über und über blut- und dreckverschmiert war . . . Doch als ich wieder auf den Füßen stand, erklärte ich ihnen das Wort des Lebens und zeigte ihnen die Früchte ihrer Lehrer und wie sie dem Christentum Schmach bereiteten." Der Mob wie auch gewisse Eiferer sind häufig Feinde des christlichen Glaubens gewesen. Heute müssen Christen in unserem Breitengrad weniger der rohen Gewalt als dem Spott und der Mißachtung gegenüber standhaft bleiben.

3. Da ist die Mühsal des Lebens. a) Unser Mühen, unsere Arbeit. Kopos, das an dieser Stelle von Paulus verwendete Substantiv und das dazugehörige Verb kopian sind im Neuen Testament nahezu termini technici, feststehende Begriffe, in denen zum Ausdruck kommt, wie sehr eine christliche Lebensführung alle Kräfte des Leibes, des Geistes und der Seele beansprucht. Christen sind unaufhaltsame Arbeiter Gottes. b) Schlaflosigkeit. Paulus verbrachte die Nächte bisweilen im Gebet, besonders in gefahrvollen Situationen und wann immer Unruhe ihm zu schaffen machte, so daß an Schlaf nicht zu denken war. Stets war er bereit, eine wachsame Schildwache Jesu Christi zu sein. c) Fasten. Damit meint Paulus hier zweifellos nicht freiwilliges

Fasten, sondern Zeiten, in denen er um seiner Arbeit willen hat hungern müssen. Diesem Opfer des Apostels Paulus läßt sich die Gesinnung von Menschen gegenüberstellen, die keineswegs eine Mahlzeit ausfallen lassen würden, um zum Gottesdienst zu gehen.

Von der Trübsal und den Bedrängnissen wendet Paulus sich alsdann einem anderen Punkt zu: wie Gott ihn zugerüstet hat für das christliche Leben. Auch hier wieder hält er an der Anordnung in drei Gruppen zu je drei Punkten fest:

1. Da sind die von Gott empfangenen Geisteseigenschaften: a) Reinheit, Lauterkeit oder Keuschheit. Das im Urtext verwendete Wort hagnotes bedeutete für die Griechen „das Vermeiden aller Vergehen gegenüber den Göttern". Auch als „Klugheit höchsten Ausmaßes" ist diese Reinheit bezeichnet worden, als Fähigkeit, vor Gott hinzutreten. Nur wenn wir lauter und rein sind, können wir die wunderbare Botschaft wirksam bezeugen, weshalb einfältiges Gestammel eines frommen Menschen u. U. mehr wiegt als flüssige Formulierungen eines redegewandten Weltkindes. b) Erkenntnis. Bei dieser Erkenntnis handelt es sich um die Einsicht in das, was geschehen und konkret getan werden muß. Hier geht es nicht um theologische Fachfragen, sondern um das gezielte Handeln des Christen. c) Langmut, makrothymia, ist die übliche Bezeichnung für Geduld mit Menschen. Es geht hier um die Fähigkeit, auch dann Nachsicht zu üben, wenn Menschen irregeleitet sind oder Unrecht haben, ja selbst wenn sie uns beschimpfen und rücksichtslos gegen uns sind. Makrothymia ist ein wunderbares Wort. Im ersten Makkabäerbrief (8, 3. 4) ist davon die Rede, daß die Römer die Welt mit viel Vernunft und großem Ernst erobert hatten, wobei mit dem Wort makrothymia der lange Atem gemeint ist, der die Römer veranlaßte, Frieden niemals aufgrund einer Niederlage zu schließen. Langmut ist bezeichnend für Menschen, die wohl eine Schlacht verlieren können, aber nicht zulassen, daß man sie endgültig besiegt und erniedrigt.

2. Es gibt Herzenseigenschaften, die wir von Gott empfangen: a) Freundlichkeit, chrestotes. Auch dieses Wort gehört zu den für das Neue Testament bezeichnenden Worten; es beinhaltet das Gegenteil von Strenge und Schärfe, nämlich die einfühlsame Güte von Menschen, die davor zurückschrecken, anderen Schmerz und Kummer zu bereiten. Ein typisches Beispiel dafür ist das Verhalten Isaaks, der Streit und Zank mit den Philistern auf jeden Fall vermeiden wollte (1. Mose 26, 17–22), weil er mehr an andere als an sich selbst

dachte. b) Gehorsam gegen den heiligen Geist. Paulus war sich dessen bewußt, daß ohne dessen Hilfe kein nützliches Wort und keine gute Tat zustandekommen können. Es geht hier um den Geist der Heiligkeit, von dem alles, was Paulus sagte und tat, mit dem Ziel beherrscht wurde, Gott damit zu ehren und zu dienen. c) Ungefärbte Liebe. Paulus verwendet das für das Neue Testament so bezeichnende Wort agape für jene nüchterne und redliche Liebe, die von unbesiegbarer Güte gekennzeichnet ist. Einerlei, was man ihr antut, stets ist sie auf das Wohl des anderen bedacht; auch Kränkungen und Rückschlägen gegenüber erweist sie unbesiegbares Wohlwollen.

3. Da ist die Zurüstung auf das Werk der Verkündigung des Evangeliums: a) Das Wort der Wahrheit. Paulus wußte, daß Jesus ihn nicht nur mit der Verkündigung des Evangeliums beauftragt, sondern daß er ihm auch die dazu erforderlichen Fähigkeiten und Kräfte gegeben hatte. Er verdankte Gott das Wort der Wahrheit sowie die Möglichkeit, ihm Ausdruck zu verleihen. b) Die Kraft Gottes. Sie bedeutete für Paulus alles; denn außer dieser Kraft kannte er keine andere. Paulus hätte niemals voller Stolz behauptet: „Das habe ich getan"; sondern er sagte stets voller Demut: „Gott hat mich befähigt, es zu tun." c) Waffen der Gerechtigkeit zur Rechten und zur Linken. Damit sind sowohl Verteidigungs- als auch Angriffswaffen gemeint; Schwert oder Speer wurden in der Rechten, der Schild in der Linken getragen. Paulus will damit sagen, daß Gott ihm die Kraft schenkt, seine Aufgaben aktiv in Angriff zu nehmen und sich gleichzeitig gegen Versuchungen aller Art zu wehren.

Paulus vervollständigt diesen liedartigen Abschnitt mit einer Reihe von Gegensatzbegriffen. Als erste nennt er Ehre und Schande. Atimia, das griechische Wort für die letztere, bedeutet gewöhnlich den Verlust der Bürgerrechte und damit die Einbuße aller Vorrechte. Paulus sagt also: „Auch wenn ich aller weltlichen Rechte und Vorrechte verlustig gehe, so bleibe ich doch Bürger des Reiches Gottes." Es werden böse und gute Gerüchte über ihn verbreitet. Manche kritisieren jede seiner Handlungen, und schon sein bloßer Name ist ihnen verhaßt; vor Gott jedoch sieht es anders aus mit seinem Ruf. Manche halten ihn für einen Verführer, eine Art Quacksalber und Schwindler, wie die wörtliche Bedeutung des entsprechenden Textwortes lautet. Doch wenn auch gewisse Leute ihn so nennen, so weiß Paulus doch, daß es sich bei seiner Botschaft um die Wahrheit Gottes handelt. Er ist unbekannt und doch bekannt. Die Juden, die ihn verleumdeten, behaupteten, er sei eine Null, von der niemand etwas Genaues wisse; den Menschen dagegen, die er zu Christus geführt hatte, war Paulus sehr wohl bekannt, weshalb sie seiner voller Dankbarkeit gedachten. Es hatte den Anschein, als befände sich Paulus in ständiger Lebensgefahr; dank der Gnade Gottes jedoch vermochte der Tod ihm nichts anzuhaben. Dinge waren ihm widerfahren, an denen andere innerlich vielleicht zerbrochen wären; doch den Geist des Apostels Paulus sowie seine innere Fröhlichkeit vermochte ihm niemand zu nehmen. Auch wenn er ein heimatloser, armer Wanderer zu sein schien, so besaß er doch einen Reichtum, der auch andere beglückte. Auch wenn es aussah, als besitze er nichts, so hatte er doch in Christus alles, worauf es hier wie dort ankam.

IM TON DER LIEBE

2. Korinther 6, 11–13 und 7, 2–4

O ihr Korinther, unser Mund hat sich zu euch aufgetan, unser Herz ist weit geworden. Ihr habt nicht engen Raum in uns; aber eng ist's in euren Herzen. Ich rede mit euch als mit meinen Kindern: stellet euch doch zu mir auch so und machet auch euer Herz weit.
Gebet uns Raum in euren Herzen! Wir haben niemand Unrecht getan, wir haben niemand verletzt, wir haben niemand übervorteilt. Nicht sage ich solches, euch zu verurteilen; denn ich habe schon zuvor gesagt, daß ihr in unsren Herzen seid, mitzusterben und mitzuleben. Ich bin voller Zuversicht zu euch; ich rühme viel von euch; ich bin erfüllt mit Trost; ich habe überschwengliche Freude in aller unsrer Trübsal.

Wenn wir die Stellen 6, 11–13 und 7, 2–4 im Zusammenhang behandeln und dafür im Augenblick 6, 14 bis 7, 1 auslassen, so wird im anschließenden Abschnitt klar werden, weshalb das geschieht. Paulus spricht hier im Ton aufrichtiger Liebe zu den Korinthern, nachdem die Streitigkeiten beigelegt und bereinigt worden sind. Zu dem Satz: „Unser Herz ist weit geworden" sagt Chrysostomos, wie sich bei Hitze alles ausdehne, so auch das menschliche Herz in der Wärme der Liebe.
Paulus nimmt in diesem Abschnitt vieles für sich in Anspruch:

er hat niemand Unrecht getan, niemand verletzt, niemand übervorteilt. Auch der englische Schriftsteller Sir Walter Scott sagte gegen Ende seines Lebens von sich: „Ich habe keines Menschen Glauben ins Wanken gebracht und keines Menschen Grundsätze verletzt." Und der englische Erzähler Thackeray schreibt es ebenfalls. Wohl die wenigsten von uns können so etwas von sich sagen. Vielen von uns wird es daher eines Tages wie jenem alten Mann ergehen, den auf seinem Sterbebett etwas zu bedrücken und zu bekümmern schien. Auf die Frage, weshalb er so unruhig sei, erwiderte er, er habe als Junge einmal mit seinen Kameraden mitten in der Gemeinde an einer Kreuzung gespielt, an der sich ein wackeliger Wegweiser befand; diesen Wegweiser hätten sie so gedreht, daß seine Arme nunmehr in die falsche Richtung gewiesen hätten. Nun frage er sich beständig, wieviele Menschen aufgrund des damaligen Jungenstreiches wohl in die falsche Richtung gegangen seien. Keine Reue gleicht der Reue, die wir empfinden, wenn wir jemanden auf den falschen Weg geschickt haben. Paulus nahm für sich in Anspruch: was er gelehrt und worin er die Menschen beeinflußt hat, ist stets zu ihrem Besten gewesen.

Der Abschnitt schließt mit der Äußerung des Paulus, wie vollständig er getröstet und wie überschwenglich seine Freude sei, obwohl es im Augenblick rund um ihn herum nur Schwierigkeiten gebe. Einen deutlicheren Beweis dafür, daß menschliche und zwischenmenschliche Beziehungen mit das Wichtigste in unserem irdischen Leben sind, gibt es wohl kaum. Wer sich auf liebevolle Freunde und den Zusammenhalt mit ihnen verlassen kann, wird allen Schicksalsschlägen standhalten. „Besser ein Gericht Kraut mit Liebe als ein gemästeter Ochse mit Haß", hat schon der Verfasser der Sprüche Salomos gesagt (Spr. 15, 17).

GEHET AUS!

2. Korinther 6, 14 — 7, 1

Ziehet nicht am fremden Joch mit den Ungläubigen. Denn was hat die Gerechtigkeit zu schaffen mit der Ungerechtigkeit? Was hat das Licht für Gemeinschaft mit der Finsternis? Wie stimmt Christus mit Belial? Oder was für ein Teil hat der Gläubige mit dem Ungläubigen? Was hat der Tempel Gottes gemein mit den Götzen?

Wir aber sind der Tempel des lebendigen Gottes; wie denn Gott spricht (3. Mose 26, 11. 12): „Ich will unter ihnen wohnen und wandeln und will ihr Gott sein, und sie sollen mein Volk sein." Darum „gehet aus von ihnen und sondert euch ab", spricht der Herr; „und rühret kein Unreines an, so will ich euch annehmen und euer Vater sein, und ihr sollt meine Söhne und Töchter sein", spricht der allmächtige Herr (Jes. 52, 11; Jer. 31, 9).
Weil wir nun solche Verheißungen haben, meine Lieben, so lasset uns von aller Befleckung des Fleisches und des Geistes uns reinigen und die Heiligung vollenden in der Furcht Gottes.

Wir kommen jetzt zu dem Abschnitt, den wir zuvor ausgelassen haben. Dieses Zwischenstück scheint zwischen 6, 13 und 7, 2 völlig fehl am Platze zu sein, wenn man die freudeerfüllten Verse liest, von denen es umrahmt ist. Schon in der Einleitung zu den Korintherbriefen hatten wir festgestellt, daß dem ersten Korintherbrief bereits ein Brief vorhergegangen war; denn in 1. Korinther 5, 9 sagt Paulus: „Ich habe euch geschrieben in dem Briefe, daß ihr nichts sollt zu schaffen haben mit den Unzüchtigen." Vielleicht ist dieser Brief verloren gegangen; vielleicht aber handelt es sich bei unserem Abschnitt um ein Bruchstück desselben. Seiner Substanz nach paßt diese Stelle auf jeden Fall besser zu dem Hinweis in 1. Korinther 5, 9; denn dahinter stehen bestimmte alttestamentliche Vorstellungen. Paulus fordert die Korinther zunächst auf, nicht am fremden Joch mit den Ungläubigen zu ziehen. Dieser Satz geht zweifellos auf das in 5. Mose 22, 10 ausgesprochene Gebot zurück: „Du sollst nicht ackern zugleich mit einem Rind und einem Esel" (vgl. 3. Mose 19, 19), dem der Gedanke zugrunde liegt, daß bestimmte Dinge so fundamental unvereinbar miteinander sind, daß sie einfach nicht zusammengehören. So vertragen sich auch die Reinheit des Christen und die Verderbtheit der Heiden nicht miteinander im Gespann.
Bei der Frage: „Was hat der Tempel gemein mit den Götzen?" denkt Paulus an Geschehnisse wie das, als Manasse ein Götzenbild in den Tempel Gottes stellte (2. Kön. 21, 1–9) oder auch daran, wie Josia später den Götzendienst abschaffte (2. Kön. 23, 3 ff.). Vielleicht hat er auch jene Greuel im Sinn, wie sie in Hesekiel 8, 3–18 geschildert werden. Im Laufe der Geschichte hatten die Menschen verschiedentlich versucht, den Tempel Gottes mit dem Götzendienst in Verbindung zu bringen, und die Folgen waren stets schrecklich gewesen.

Der ganze Abschnitt stellt eine flammende Ermahnung dar, keine Gemeinschaft mit den Ungläubigen zu pflegen, eine Herausforderung an die Korinther, unbefleckt von der Welt zu bleiben. Mit Recht ist geäußert worden, das Wesen der Geschichte Israels offenbare sich in den Worten: „Gehe aus!" Diese Worte hatte Gott zu Abraham gesprochen, als er zu ihm sagte: „Geh aus deinem Vaterland und von deiner Verwandtschaft und aus deines Vaters Hause" (1. Mose 12, 1). So lautete auch die Ermahnung Lots, ehe Sodom und Gomorra zerstört wurden (1. Mose 19, 12–14). Auch Christen dürfen sich mit gewissen Dingen nicht einlassen.

Wir können uns heute nur schwer vorstellen, wie viele Trennungen die Annahme des christlichen Glaubens für die ersten Christen mit sich brachte; fast immer war sie Aufgabe von etwas, ein „Ausgehen" die Folge.

1. Vielfach bedeutete die Annahme des christlichen Glaubens, daß der Betreffende seinen Beruf aufgeben mußte. War jemand zum Beispiel Maurer, so ergab sich die Frage: Was sollte geschehen, wenn er den festen Auftrag erhielt, einen heidnischen Altar zu errichten? Was geschah, wenn ein Schneider aufgefordert wurde, Gewänder für Priester heidnischer Götter zuzuschneiden und zu nähen? Wie sollten Soldaten sich verhalten, wenn sie am Lagertor vorbeikamen, wo auf dem dem Kaiser geweihten Altar ein Licht brannte? Was geschah, wenn sie zum Zeichen ihrer Verehrung ein Weihrauchbüschel auf den Altar werfen mußten? Immer wieder standen die Menschen in der Frühkirche vor der Entscheidung: entweder berufliche Sicherheit oder aber Treue Jesus Christus gegenüber! Es heißt, jemand habe Tertullian, dem ältesten lateinischen Kirchenschriftsteller, von diesem seinem Problem erzählt und gesagt: „Schließlich muß ich doch leben." „Mußt du es wirklich?" habe Tertullian darauf erwidert. Den Übertritt zum Christentum bezahlten die Menschen der Frühkirche häufig damit, daß sie ihre Berufe aufgaben. Wenn auch niemand Hüter des Gewissens anderer sein kann, so gilt doch bis in die heutige Zeit, daß jeder selbst entscheiden muß, ob er seinen Beruf vor Christus verantworten und ob Jesus ihn bei seiner täglichen Arbeit begleiten kann.

2. Die Annahme des christlichen Glaubens bedeutete häufig, daß der Betreffende auf die Teilnahme am gesellschaftlichen Leben verzichten mußte. Bei der Behandlung der Frage des Götzenopferfleisches haben wir bereits festgestellt, daß viele Festmähler im Tempel irgendeiner heidnischen Gottheit stattfanden; die Einladung dazu lautete beispielsweise: „Ich lade

Dich ein, mit mir am Tisch unseres Herrn Serapis zu speisen." Auch sonst begannen und endeten heidnische Feste mit einem Trankopfer, einem Becher Wein, der den Göttern dargebracht wurde. Durften Christen daran teilnehmen? Oder mußten sie der Gesellschaft rigoros den Rücken kehren, an der ihnen aus mehreren Gründen immerhin liegen mußte?

3. Häufig bedeutete die Annahme des christlichen Glaubens für den Betreffenden, daß er auf die Zugehörigkeit zu seiner Familie verzichten mußte. Gerade in der Anfangszeit bestand für die Christen ein großer Kummer darin, daß durch ihren Glauben die Familien gespalten wurden. Wurde die Frau Christin, konnte es vorkommen, daß der Mann sie aus dem Haus trieb; wurde nur der Ehemann Christ, verließ ihn womöglich seine Frau. Wurden ein Sohn oder eine Tochter des Hauses Christen, dann wurde ihnen häufig die Haustür vor der Nase zugeschlagen, so daß sie ausgesperrt blieben. Christus war buchstäblich nicht in die Welt gekommen, um Frieden zu bringen, sondern als ein Schwert, und die Menschen mußten fürwahr bereit sein, ihn mehr zu lieben als ihre nächsten Angehörigen.

So schwer es uns auch vorkommen mag, es wird zu allen Zeiten Dinge und Umstände geben, die sich mit dem Christsein nicht vereinbaren lassen, Dinge, aus denen wir uns herauszuhalten oder Umstände, aus denen wir herauszukommen versuchen müssen.

Eins sollten wir noch beachten, bevor wir zum nächsten Abschnitt übergehen. Paulus zitiert verschiedene Bibelstellen ohne allzu große Genauigkeit. Es handelt sich dabei um Stellen und Erinnerungen an 3. Mose 26, 11. 12; Jesaja 52, 11; Hesekiel 20, 34; Hesekiel 37, 27 und 2. Samuel 7, 14. Paulus zitiert selten ganz genau. Weshalb das so war? Wir dürfen nicht vergessen, daß es zu seiner Zeit noch keine Bücher in unserem Sinne gab, sondern nur Papyrusrollen. Für einen Text vom Umfange der Apostelgeschichte wurde eine Rolle von etwa 12 Meter Länge benötigt, ein sehr unhandliches Ding also. Man kannte damals im übrigen auch noch keine Kapiteleinteilung; diese wurde erst im 13. Jahrhundert (von Stephan Langton) vorgenommen. Ebenso wenig gab es eine Verseinteilung; diese stammt erst aus dem 16. Jahrhundert, und zwar von dem Pariser Drucker Stephanus. Und schließlich gab es auch erst seit dieser Zeit Bibelstellen-Verzeichnisse (sogenannte Konkordanzen). Infolgedessen tat Paulus das einzig Vernünftige: er zitierte nach dem Gedächtnis, und sofern das Zitat inhaltlich stimmte, machte er sich keine Gedanken um den tatsächlichen Wortlaut; ihm kam es nicht auf den Buchstaben, sondern auf die Botschaft der Heiligen Schrift an.

GOTTESFÜRCHTIGE TRAUER UND FREUDE

2. Korinther 7, 5–16

Denn als wir nach Mazedonien kamen, fanden wir keine Ruhe; sondern allenthalben waren wir in Trübsal, auswendig Streit, inwendig Furcht. Aber Gott, der die Geringen tröstet, der tröstete uns durch die Ankunft des Titus; nicht allein aber durch seine Ankunft, sondern auch durch den Trost, mit dem er bei euch war getröstet worden. Er verkündete uns euer Verlangen, euer Weinen, euren Eifer für mich, so daß ich mich noch mehr freute.

Denn wenn ich euch auch durch den Brief habe traurig gemacht, reut es mich nicht. Und ob's mich reute – sehe ich doch, daß jener Brief euch wohl eine Weile betrübt hat –, so freue ich mich doch jetzt nicht darüber, daß ihr seid betrübt worden, sondern darüber, daß ihr seid betrübt worden zur Reue. Denn ihr seid ja betrübt worden nach Gottes Sinn, auf daß ihr von uns keinen Schaden erlittet. Denn die göttliche Traurigkeit wirkt zur Seligkeit eine Reue, die niemand gereut; die Traurigkeit aber der Welt wirkt den Tod. Siehe: eben dies, daß ihr seid betrübt worden nach Gottes Sinn, welchen Fleiß hat das in euch gewirkt, dazu Verantwortung, Unwillen, Furcht, Verlangen, Eifer, Bestrafung! Ihr habt euch erwiesen in allen Stücken, daß ihr rein seid in der Sache. Darum, ob ich euch auch geschrieben habe, so ist's doch nicht geschehen um des willen, der beleidigt hat, auch nicht um des willen, der beleidigt ist, sondern um des willen, daß euer Eifer für uns offenbar würde bei euch vor Gott. Dadurch sind wir getröstet worden.

Außer diesem unsrem Trost aber haben wir uns überschwenglicher noch gefreut über die Freude des Titus; denn sein Geist ist erquickt an euch allen. Denn was ich vor ihm von euch gerühmt habe, darin bin ich nicht zuschanden geworden; sondern, gleichwie alles wahr ist, was wir mit euch geredet haben, so ist auch unser Rühmen vor Titus wahr geworden. Und er ist überaus herzlich gegen euch gesinnt, wenn er gedenkt an euer aller Gehorsam, wie ihr ihn mit Furcht und Zittern habt auf-

genommen. Ich freue mich, daß ich mich zu euch alles Guten versehen darf.

Dieser Abschnitt knüpft in Wirklichkeit an 2, 14 an, wo Paulus davon gesprochen hatte, daß es ihm in Troas keine Ruhe mehr gelassen habe, weil er nicht wußte, wie die Dinge sich in Korinth entwickelt hätten, und daß er nach Mazedonien aufgebrochen sei, um Titus zu treffen und auf diese Weise so schnell wie möglich Neues zu erfahren. Erinnern wir uns nochmals an die Verhältnisse in Korinth, wo manches im Argen lag, so daß Paulus der Gemeinde einen flüchtigen Besuch abgestattet hatte, um zu versuchen, die Lage zu verbessern. Die Situation dort hatte sich indessen nur noch mehr zugespitzt, worüber Paulus fast das Herz brach. Nach dem Mißerfolg dieser seiner Reise hatte er Titus nach Korinth entsandt, und zwar mit einem ungewöhnlich ernsten und strengen Brief. Irgendwo in oder bei Troas trafen sich dann die beiden, und Paulus erfuhr zu seiner großen Genugtuung und Freude, daß alle Trübsal vorbei, daß alles wieder in Ordnung war. Das ist der Hintergrund der Ereignisse, vor dem wir diesen Abschnitt lesen müssen. So geschehen ist es ein ergiebiger Abschnitt, in dem wir etwas von der Art der Zurechtweisung des Apostels erfahren sowie auch, wie er dazu steht.

1. Paulus war sich darüber im klaren, daß Verweise zuweilen unvermeidlich waren. Menschen, die darauf bedacht sind, allzu rasch und zu leicht zu einem Ausgleich zu kommen, müssen am Schluß häufig feststellen, daß nichts als Schwierigkeiten und Trübsale dabei herauskommen. Wer einer gefährlichen Entwicklung ihren Lauf läßt, weil er davor zurückschreckt, sich mit ihr zu befassen – sei es in der Erziehung, sei es in der Medizin oder in der Politik –, bereitet sich im Endeffekt damit nur umso größeren Kummer. Mit der Trübsal verhält es sich wie mit manchen Krankheiten: rechtzeitig angegangen, lassen sie sich vielfach beheben, andernfalls nicht.

2. Trotz allem liegt Paulus nicht im Geringsten daran, Vorwürfe oder Tadel auszusprechen; es bereitete ihm kein Vergnügen, anderen Schmerz zu bereiten. Leider gibt es Menschen, die ein geradezu sadistisches Vergnügen daran haben, andere sich unter der Peitsche ihrer Worte krümmen zu sehen, Menschen, die sich mit ihrer Aufrichtigkeit brüsten. Dabei steht eindeutig fest, daß Zurechtweisungen, die mit selbstgefälligem Wohlbehagen erfolgen, keineswegs so wirksam sind wie Zurechtweisungen, denen man anmerkt, wie ungern sie der Betreffende erteilt.

3. Paulus geht es schließlich bei seinen Zurechtweisungen ausschließlich darum, den Menschen zu helfen, so zu werden, wie sie sein sollten. Er wollte, daß die Korinther aufgrund seiner Vorwürfe erkannten, welchen Eifer sie für ihn im tiefsten Herzen empfanden, obwohl sie ungehorsam waren und ihm Kummer bereiteten. Nicht sie zuschanden machen, sondern sie erbauen wollte er letztlich; nicht ihnen den Mut nehmen, sondern ihnen Zuversicht geben. Nicht nur die Ausmerzung des Bösen, sondern das Wachsen des Guten war sein Anliegen.

Auch von drei wichtigen Freuden des Menschen erfahren wir etwas in diesem Bericht:

1. Vor allem atmet aus ihm die Freude der Versöhnung, die Freude darüber, daß der Riß geheilt und der Streit beigelegt ist. Wir alle können uns aus unserer Kindheit daran erinnern, welche Schranke, welche Fremdheit zwischen uns und unseren Eltern bestand, wenn wir etwas getan hatten, was wir nicht hätten tun dürfen; wir alle wissen, daß es diesen Zustand auch heute noch geben kann zwischen uns und denen, die wir liebhaben. Und ebenso wissen wir alle, welche Erleichterung uns überkommt, wenn die Schranken fallen und wir wieder eins sind mit denen, die wir lieben. Wer bittere Gefühle hätschelt, tut im Grund niemandem weher als sich selbst; in seinem Herzen bleibt eine Bitterkeit zurück, die sich durch ein heilsames Wort leicht in Frieden und Freude verwandeln ließe.

2. Es ist eine Freude, zu sehen, wie jemand, an den wir geglaubt haben, diesen Glauben auch rechtfertigt. Paulus hatte Titus ein gutes Zeugnis ausgestellt. Er hatte keine Zweifel an Titus; dieser hatte mit einer überaus schwierigen Situation fertigwerden müssen, weshalb Paulus überglücklich war, daß er das in ihn gesetzte Vertrauen gerechtfertigt hatte. Enttäuschte Hoffnungen sind wohl das Schlimmste im Leben; Hoffnungen dagegen, die sich als berechtigt erwiesen haben, zählen zu den größten Freuden unseres Daseins.

3. Da ist die Freude, die wir empfinden, wenn man jemanden, den wir schätzen und lieben, willkommen heißt und freundlich aufnimmt. Solche Freundlichkeit rührt uns oft mehr als die, die man uns selber erweist. Was für uns gilt, gilt auch für Gott, weshalb wir unsere Liebe zu Gott am besten dadurch beweisen, daß wir unsere Mitmenschen lieben. Was wir diesen antun, tun wir ihm an.

In diesem Abschnitt wird auch einer der wichtigsten Unterschiede deutlich gemacht, der nämlich zwischen göttlicher und weltlicher Trauer.

1. Göttliche Traurigkeit bewirkt echte Reue, und echte Reue

kommt in Taten zum Ausdruck. Die Korinther bewiesen ihre Reue dadurch, daß die alles taten, um der unerfreulichen Situation abzuhelfen, die durch ihr gedankenloses Verhalten hervorgerufen worden war. Jetzt haßten sie die Sünde, die sie dadurch begangen hatten, und bemühten sich, diese zu sühnen.
2. Für die weltliche Traurigkeit ist zweierlei bezeichnend: a) Es handelt sich dabei meist nicht um echte Trauer, sondern nur um den Verdruß über die strafenden Folgen sowie über die Tatsache, daß man mit der Sünde keinen Erfolg gehabt hat. b) Es handelt sich dabei nicht um Bekümmertheit darüber, daß man andere womöglich verletzt hat, sondern um den Ärger darüber, daß das Vergehen herausgekommen ist. Hätte man Gelegenheit, dasselbe noch einmal zu tun, ohne die Folgen auf sich nehmen zu müssen, würde man es sicher wieder tun. Die echte Reue dagegen ist jene Traurigkeit, die uns zu der Einsicht bringt, daß das, was wir getan haben, falsch war; wir bedauern nicht bloß die Folgen unseres Tuns, sondern dieses Tun selbst. Die echte Traurigkeit äußert sich in dem Entschluß, etwas Verwerfliches nicht nochmals zu tun, sondern unser Leben daranzusetzen, durch Gottes Gnade zu sühnen, was wir getan haben.

EIN APPELL AN DIE FREIGEBIGKEIT

2. Korinther 8, 1–15

Wir tun euch aber kund, liebe Brüder, die Gnade Gottes, die in den Gemeinden Mazedoniens gegeben ist. Denn bei vieler Bewährung in Trübsal war ihre Freude überschwenglich, und wiewohl sie sehr arm sind, haben sie doch reichlich gegeben in aller Lauterkeit. Denn nach allem Vermögen, das bezeuge ich, und über Vermögen waren sie willig und baten uns mit vielem Zureden, daß sie mithelfen dürften an dem Liebeswerk für die Heiligen; und das nicht nur, wie wir hofften, sondern sie gaben sich selbst, zuerst dem Herrn und danach uns, durch den Willen Gottes. So haben wir Titus zugeredet, daß er, wie er zuvor hatte angefangen, so auch solches Liebeswerk unter euch vollende.
Gleichwie ihr aber in allen Stücken reich seid, im Glauben und im Wort und in der Erkenntnis und in allem Fleiß und in der Liebe, die wir in euch erweckt haben,

so schaffet, daß ihr auch in diesem Liebeswerk reich seid. Nicht sage ich, daß ich etwas gebiete; sondern, weil andere so fleißig sind, prüfe ich auch eure Liebe, ob sie rechter Art sei. Denn ihr wisset die Gnade unsres Herrn Jesus Christus, daß, ob er wohl reich ist, ward er doch arm um euretwillen, auf daß ihr durch seine Armut reich würdet. Nur meine Meinung hierin gebe ich; denn solches ist euch nützlich, die ihr angefangen habt seit vorigem Jahr nicht allein das Tun, sondern auch das Wollen. Nun aber vollendet auch das Tun, auf daß, gleichwie ihr geneigt seid zu wollen, auch euer Tun sei nach dem Maße dessen, was ihr habt. Denn wenn der gute Wille da ist, so ist er wohlgefällig nach dem, was er hat, nicht nach dem, was er nicht hat. Nicht geschieht das in der Meinung, daß die andern gute Tage haben sollen und ihr Trübsal, sondern daß ein Ausgleich sei. Euer Überfluß diene ihrem Mangel in der gegenwärtigen Zeit, damit auch ihr Überfluß hernach diene eurem Mangel und so ein Ausgleich geschehe, wie geschrieben steht (2. Mose 16, 18): „Der viel sammelte, hatte nicht Überfluß, und der wenig sammelte, hatte nicht Mangel."

Ein Vorhaben, das Paulus ganz besonders am Herzen lag, war die Sammlung, die er für die Gemeinde zu Jerusalem veranstaltete, für die Muttergemeinde aller Gemeinden. Da diese arm war, hatte Paulus den Wunsch, daß alle heidenchristlichen Gemeinden ihrer helfend gedachten, weshalb er die Korinther aufforderte, großzügig zu spenden.

Fünf Argumente führt Paulus an, um sie zu bewegen, angemessen zu dieser Spende beizutragen:

1. Er verweist sie auf das Beispiel der mazedonischen Gemeinden, die trotz ihrer Armut und Trübsal alles gegeben hatten, und damit weit mehr, als man je hätte erwarten können. Anläßlich des jüdischen Purimfestes mußte jeder, wie arm er auch war, jemandem, der noch ärmer war als er selbst, eine Gabe schenken. So waren es denn oft die Armen, die den Armen halfen, zumal sie wußten, was Armut heißt.
2. Er führt das Beispiel Jesu Christi an. Sein Opfer begann für Paulus nicht erst mit seinem Kreuzestod oder mit seiner Geburt, sondern bereits im Himmel, als er sich seiner Herrlichkeit begab und auf die Erde kam. Paulus fordert die Christen auf: „Wie könnt ihr mit diesem Beispiel vor Augen etwas zurückhalten?"
3. Er führt an, was sie selbst ihm früher berichtet haben. In

allem standen sie an vorderster Stelle. Wie sollten sie also hierin nachstehen? Wenn wir stets unseren höchsten Maßstäben treu blieben, wie anders sähe die Welt dann aus! Unsere Losung sollte daher lauten, niemals hinter diesen Maßstäben zurückzubleiben.

4. Er betont, wie nötig es sei, etwas Gutes auch aus einer guten Gesinnung heraus zu tun. Die Korinther waren die ersten gewesen, die dies eingesehen hatten. Indessen – mit Gefühlen allein ist es nicht getan; Mitleid, das nicht in die Tat umgesetzt wird, ist eine traurige Angelegenheit. Leider fehlt es uns im Leben häufig an der Fähigkeit, unser Wollen zu realisieren, so daß die schönsten Impulse nur Impulse bleiben.

5. Er erinnert die Korinther daran, daß es im Leben eine merkwürdige Art des Ausgleichs gibt; wird uns doch häufig mit demselben Maß zugemessen, mit dem wir anderen zugemessen haben. Meist wird Wohltat mit Wohltat aufgewogen, wie knauserige Gesinnung mit knauseriger Gesinnung.

Paulus sagt hier etwas sehr Schönes über die Mazedonier: sie hätten vor allem sich selbst gegeben. Das trifft in der Tat zu, und zwei von ihnen übertrafen darin alle andern. Der eine war Aristarchus aus Thessalonich, der Paulus später auf der Fahrt nach Rom begleitete (Apg. 27, 2). Wie Lukas, so muß auch er damit eine wichtige Entscheidung getroffen haben; denn zu jenem Zeitpunkt war Paulus bereits Gefangener und als solcher auf dem Wege zu dem Prozeß vor dem Kaiser. Es gab daher nur eine Möglichkeit: Aristarchus mußte sich als sein Sklave haben eintragen lassen, um ihn begleiten zu können; im vollsten Sinne des Wortes gab er sich also selbst hin. Der andere war Epaphroditus, der, als Paulus sich in Rom als Gefangener aufhielt, zu ihm kam, um ihm eine Gabe der Gemeinde zu Philippi zu überbringen, und der dort schwer erkrankte; Paulus sagte von ihm: „Denn um des Werkes Christi willen ist er dem Tode so nahe gekommen" (Phil. 2, 26–30).

Bei einer Gabe handelt es sich allemal dann um eine echte Gabe, wenn der Gebende damit ein Stück von sich selbst hingibt. Darum ist persönliche Hingabe immer das schönste Geschenk; Jesus Christus ist das beste Beispiel dafür.

Das alttestamentliche Zitat, mit dem Paulus diesen Abschnitt beschließt, ist 2. Mose 16, 18 entnommen. Dort ist die Rede vom Sammeln des Mannas auf der Wüstenwanderung der Israeliten, wobei sich herausstellte, daß alle genug hatten – einerlei, ob sie viel oder wenig gesammelt hatten.

2. Korinther 8, 16–24

Gott aber sei Dank, der solchen Eifer für euch gegeben hat in das Herz des Titus. Denn er ließ sich gerne zureden; ja, weil er so sehr eifrig war, ist er von selber zu euch gereist. Wir haben aber den Bruder mit ihm gesandt, dessen Lob am Evangelium durch alle Gemeinden geht. Nicht allein aber das, sondern er ist auch verordnet von den Gemeinden zum Gefährten unsrer Fahrt in diesem Liebeswerk, welches durch uns ausgerichtet wird dem Herrn zu Ehren und zum Erweis unsres guten Willens. So verhüten wir, daß uns nicht jemand übel nachrede bei solcher reichen Gabe, die durch unsren Dienst bereitet wird. Denn wir sehen darauf, daß es redlich zugehe nicht allein vor dem Herrn, sondern auch vor den Menschen. Auch haben wir mit ihnen gesandt unsren Bruder, den wir oft erfunden haben in vielen Stükken, daß er eifrig ist, nun aber noch viel eifriger aus großem Vertrauen zu euch. Es sei nun Titus, welcher mein Genosse und Gehilfe unter euch ist, oder unsre Brüder, welche Boten sind der Gemeinden und eine Ehre Christi: zeiget den Beweis eurer Liebe und unsres Rühmens über euch vor ihnen nun auch öffentlich vor den Gemeinden.

Bemerkenswert an diesem Abschnitt ist vor allem sein praktischer Charakter. Paulus wußte, daß er Feinde und Kritiker hatte, die nicht zögern würden, ihm vorzuwerfen, daß er einen Teil der Sammlung für persönliche Zwecke verwenden würde. Er greift daher zu Maßnahmen, derartige Beschuldigungen von vornherein auszuschließen, indem er sicherstellt, daß er nicht allein, sondern andere mit ihm zusammen das Geld nach Jerusalem bringen werden. Man weiß nicht, um wen es sich bei den ungenannten Brüdern handelte; der Bruder, dessen Lob im Evangelium durch alle Gemeinden geht, wird gewöhnlich mit Lukas identifiziert. Paulus lag daran, nicht nur vor Gott, sondern auch vor den Menschen als über jeden Verdacht erhaben dazustehen.

Bezeichnend ist hier, daß derselbe Paulus, der wie ein Hymniker zu schreiben und wie ein Theologe zu denken verstand, erforderlichenfalls mit der peinlichen Sorgfalt eines geprüften

Bücherrevisors vorgehen konnte. Die universale Größe des Apostels Paulus zeigt sich gewiß auch darin, daß er sich auf die kleinen und praktischen Dinge nicht weniger verstand als auf die großen Glaubens- und Lebensfragen.

BEREITWILLIGE GEBER

2. Korinther 9, 1–5

Denn von solchem Liebeswerk, das für die Heiligen geschieht, ist mir nicht not, euch zu schreiben. Denn ich weiß euren guten Willen, den ich um euretwillen rühme bei denen aus Mazedonien und sage: Achaja ist schon voriges Jahr bereit gewesen. Und euer Beispiel wurde vielen ein Anreiz. Ich habe aber diese Brüder darum gesandt, daß nicht unser Rühmen über euch zunichte würde in diesem Stücke, und damit ihr bereit seid, wie ich von euch gesagt habe, auf daß nicht, wenn die aus Mazedonien mit mir kommen und euch nicht bereit finden, wir, um nicht zu sagen: ihr, zuschanden würden mit dieser unsrer Zuversicht. So habe ich es nun für nötig angesehen, die Brüder zu ermahnen, daß sie voranzögen zu euch, fertig zu machen den von euch zuvor verheißenen Segen, daß er bereit sei, so daß es sei eine Gabe des Segens und nicht des Geizes.

Viele der alten Kirchenväter haben festgestellt, daß sich hinter diesem Abschnitt ein sehr menschlicher, ja weltkluger Zug des Paulus verbirgt. Zeigt es sich doch, daß Paulus bei der Sammlung für die Heiligen zu Jerusalem die Korinther damit zur Freigebigkeit ermunterte, daß er ihnen die Mazedonier als Beispiel vorhielt (8, 1–5), während er umgekehrt die Mazedonier anspornte, indem er diesen die Korinther als Beispiel hinstellte. Jetzt nun befürchtet er, daß die Korinther ihn im Stich lassen und enttäuschen können. Das ist typisch für Paulus und seine Großherzigkeit: er kritisiert niemals eine Gemeinde vor der andern, wohl aber rühmt er eine vor der andern. In keiner Gemeinde nimmt er Bezug auf die Fehler und Schwächen anderer Gemeinden, nennt vielmehr nur das, was an ihnen zu loben ist. Es ist kein schlechter Maßstab, die Menschen danach zu beurteilen, ob sie Vergnügen darin finden, das gute oder aber das Schlechte von anderen auszuplaudern.

Es gibt mindestens vier Motive, etwas zu spenden:

1. Wir können es als unsere Pflicht betrachten. Wir können den Ansprüchen der Freigebigkeit genügen, indem wir so tun, als ob es sich um die Bezahlung einer Rechnung oder um das Abführen von Steuern handelt, um Pflichten, denen wir zwar nachkommen, jedoch mit Widerwillen. Es kann dies sogar derart unwillig geschehen, daß es fast besser wäre, es geschehe überhaupt nicht.

2. Wir können es zu unserer persönlichen Genugtuung tun, wegen des angenehmen Gefühls, das unser Geben uns selbst vermittelt. Manche geben Bettlern nicht etwas, um ihnen wirklich zu helfen, sondern um der Kultivierung der Selbstzufriedenheit willen, die sie dabei empfinden. Diese Art des Schenkens ist ausgesprochen egozentrisch, ja selbstsüchtig. Menschen, die so schenken, denken dabei kaum an die anderen.

3. Wir können aus Prestigegründen etwas geben. Nicht Liebe, sondern Hochmut ist das eigentliche Stimulans, weshalb wir etwas geben. Die Gabe dient nicht so sehr der Hilfe für andere als vielmehr der Glorifizierung des Spenders; man gäbe wahrscheinlich nicht oder nicht so viel, wenn von der Gabe keine Notiz genommen würde. Möglicherweise auch spenden wir etwas, um vor Gott Verdienste zu erwerben, und zwar so, als könne man diesen zu seinem Schuldner machen.

4. Keine von diesen Arten des Schenkens ist durch und durch schlecht; denn – zumindest wird überhaupt etwas gegeben. Die einzig richtige Art des Schenkens ist jedoch allein die, zu der uns die Liebe treibt: daß wir geben, weil wir gar nicht anders können, weil die Not anderer das unstillbare Verlangen in uns weckt, zu helfen. Das heißt denn auch: wie Gott schenken, der uns seinen Sohn geschenkt hat, weil er die Welt sehr geliebt hat.

Es liegt Paulus außerordentlich daran, daß die Gabe der Korinther rechtzeitig bereitliegt, daß sie also nicht erst im letzten Augenblick eingesammelt werden muß. Ein altes lateinisches Sprichwort besagt: „Doppelt gibt, wer schnell gibt." Das ist nur allzu wahr. Sind doch die schönsten Gaben die, die gespendet werden, ehe darum gebeten wird. Nicht erst geben, wenn die Not es erforderlich macht, sondern bevor man uns bittet! Jesus ist für uns gestorben, als wir noch seine Feinde waren und Gott erhört unsere Gebete, noch ehe wir sie aussprechen. Also sollten wir uns unseren Mitmenschen gegenüber so verhalten, wie Gott sich uns gegenüber verhält.

2\. Korinther 9, 6—15

Ich meine aber, daß: Wer da kärglich sät, der wird auch kärglich ernten; und wer da sät im Segen, der wird auch ernten im Segen. Ein jeglicher nach dem Willen seines Herzens, nicht mit Unwillen oder aus Zwang; denn einen fröhlichen Geber hat Gott lieb. Gott aber kann machen, daß alle Gnade unter euch reichlich sei, damit ihr in allen Dingen allewege volle Genüge habt und noch reich seid zu jedem guten Werk; wie geschrieben steht (Ps. 112, 9): „Er hat ausgestreut und gegeben den Armen; seine Gerechtigkeit bleibt in Ewigkeit." Der aber Samen reicht dem Säemann und Brot zur Speise, der wird auch euch Samen reichen und ihn mehren und wachsen lassen die Früchte eurer Gerechtigkeit. So werdet ihr reich sein in allen Dingen, zu geben in Lauterkeit, welche durch uns wirkt Danksagung an Gott. Denn die Handreichung dieses Liebeswerkes füllt nicht allein der Mangel der Heiligen aus, sondern ist auch überschwenglich darin, daß viele Gott danken. Denn für diesen treuen Dienst preisen sie Gott über euern Gehorsam im Bekenntnis zum Evangelium Christi und über die Lauterkeit eurer Gabe an sie und an alle. Und in ihrem Gebet für euch verlangen sie nach euch um der überschwenglichen Gnade Gottes willen bei euch. Gott aber sei Dank für seine unaussprechliche Gabe!

In diesem Abschnitt erfahren wir, was es mit den hintergründigen Prinzipien des Gebens und der Freigebigkeit auf sich hat.

1\. Niemand hat, wie Paulus ausführt, je eine Einbuße dadurch erlitten, daß er freigebig war. Mit dem Geben verhält es sich wie mit dem Aussäen der Saat: wer zu sparsam ist, wird auch nur eine ärmliche Ernte erzielen; wer die Saat dagegen großzügig auswirft, wird zu gegebener Zeit entsprechend reichlich ernten können. Das Neue Testament ist in allem stark auf das praktische Leben ausgerichtet; es scheut sich nicht, über das Prinzip der Belohnung zu sprechen. Nirgends heißt es, daß Gutsein umsonst ist, daß dasselbe Leben diejenigen erwartet, die Gott gehorchen, wie die, die es nicht tun. Nie wird vergessen, daß etwas Neues und Kostbares Eingang findet im Leben der Menschen, die Gottes Gebote als ihr Gesetz anerkennen. Doch bei dem Lohn, den das Neue Testament ins Auge faßt, handelt es sich nicht um materiellen Lohn; nicht äußerer Wohlstand, sondern Reichtum des Herzens und des Geistes wird darin verheißen. Was also erwartet Menschen, die großzügig geben? a) Sie werden reich an Liebe sein. (Auf diesen Punkt werden wir nochmals zurückkommen.) Es läßt sich nicht bestreiten, daß niemand knauserige Menschen gern hat, daß Freigebigkeit dagegen eine Menge Sünden bedeckt. Warmherzigkeit ist den Menschen stets lieber als die kalte Rechtschaffenheit berechnender Naturen, auch wenn diese Warmherzigkeit das rechte Maß zuweilen überschreitet. b) Sie werden reich an Freunden sein. Wer Freunde haben will, muß selber freundlich sein. Unliebenswürdige Menschen können nicht damit rechnen, daß man sich ihnen freundschaftlich zuwendet oder daß man sie gar liebt. Wer ein Herz für andere hat, wird dagegen stets feststellen, daß ihm auch die anderen von Herzen zugetan sind. c) Sie werden reich an Hilfe sein. Bei jedem kommt einmal der Zeitpunkt, da er auf die Hilfe anderer angewiesen ist. Wer mit seiner Hilfsbereitschaft anderen gegenüber gegeizt hat, wird aller Wahrscheinlichkeit nach in solchen Augenblicken feststellen müssen, daß auch diese ihm gegenüber mit ihrer Hilfsbereitschaft geizen. Das Maß, mit dem wir anderen zugemessen haben, bestimmt auch das Maß, das man uns gegenüber anlegt. d) Wir werden reich sein im Hinblick auf Gott. Jesus hat uns gelehrt, daß wir das, was wir für andere tun, für Gott tun. Es wird der Tag kommen, an dem jedes Mal, das wir Herz und Hand anderen geöffnet haben, für uns und jedes Mal, das wir uns vor ihnen verschlossen haben, gegen uns sprechen wird.

2. Paulus erklärt, Gott habe die fröhlichen Geber lieb. In 5. Mose 15, 7–11 ist von der Verpflichtung zur Freigebigkeit gegenüber dem ärmeren Bruder die Rede, und in Vers 10 heißt es: „Dein Herz soll sich's nicht verdrießen lassen, daß du ihm gibst." Ein alter rabbinischer Ausspruch besagt, einen Freund fröhlich zu empfangen und ihm nichts zu geben sei besser, als ihm voller Verdrießlichkeit alles zu geben. Paulus zitiert dann Psalm 112, 9, welche Stelle er als Schilderung des guten und freigebigen Menschen versteht; wer so handelt, dient damit seiner ewigen Gerechtigkeit und Freude. Hierzu ein Beispiel: Als Junge erlebte der englische Schriftsteller und Historiker Thomas Carlyle einmal folgendes: Ein Bettler klingelte an der Haustür, als seine Eltern fort waren und er sich ganz allein im Hause aufhielt. Einem Impuls nachgebend, erbrach Carlyle seine Sparbüchse und gab dem Bettler alles, was er sich darin

seit längerer Zeit mühsam zusammengespart hatte. Nie zuvor und nie wieder später sei er so glücklich gewesen wie in diesem Augenblick, hat er im Alter erzählt. Geben macht tatsächlich fröhlich.

3. Paulus betont, daß Gott uns sowohl die Mittel zum Geben als auch den rechten Geist hierfür verleihen kann. In Vers 8 spricht er von der reichlichen Gnade Gottes, die allem Genüge zu tun vermag. Er verwendet in diesem Zusammenhang das Wort autarkeia, ein Lieblingswort der Stoiker, das vor allem Unabhängigkeit bedeutet. Mit diesem Ausdruck wird der Zustand gekennzeichnet, in dem sich Menschen befinden, die mit Wenigem zufrieden sind und ohne die üblichen Zivilisationsgüter auskommen. Es leuchtet ein, daß solche Menschen mehr als andere geben können, weil ihre eigenen Ansprüche so gering sind. Leider haben wir für uns selbst häufig so viele Wünsche, daß daneben nichts mehr bleibt, was wir anderen geben könnten. Dabei verleiht uns Gott durchaus den Geist, aus dem heraus wir geben sollen. Der englische Erzähler Robert Louis Stevenson, der wegen eines Lungenleidens im Jahre 1888 nach Samoa ging und dort unter den Eingeborenen höchstes Ansehen genoß, erlebte folgendes: Als eines Morgens der Boy, der ihn sonst weckte und eine Tasse Tee ans Bett zu bringen pflegte, dienstfrei hatte und ein anderer für ihn einsprang, brachte dieser außer der Tasse Tee auch noch ein wunderbar gebackenes Omelett herein. Stevenson bedankte sich mit den Worten: „Deine Vorsorge ist großartig!" „Nein, Herr", erwiderte der Boy, „groß ist nur meine Liebe zu dir." Nur Gott kann jene Liebe in unser Herz pflanzen, die das Wesen echter Freigebigkeit ausmacht.

Wenn wir uns weiter in die Gedanken dieses Abschnitts vertiefen, erkennen wir: Paulus ist der Ansicht, daß rechtes Geben sich auf drei verschiedene Personenkreise in wunderbarer Weise auswirkt:

1. Es wirkt sich auf andere aus. a) Es erleichtert ihre Not. Wie oft scheint uns eine Gabe von irgendeinem Menschen eine Gabe des Himmels zu sein, weil sie uns in einem Augenblick zuteil wird, in dem wir nicht mehr aus noch ein wußten. b) Es schenkt uns den Glauben an unsere Mitmenschen zurück. Ist jemand in Not, dann verbittert er fast zwangsläufig und fühlt sich von allen vernachlässigt und vergessen. In solchen Situationen vermag eine Gabe seinen Glauben an die Menschen wiederherzustellen. c) Es läßt uns Gott danken. Eine Gabe in Zeiten der Not ist ein Zeichen nicht nur der menschlichen, sondern auch der Liebe Gottes.

2. Es wirkt sich **auf uns** aus. a) Es ist eine Bürgschaft des christlichen Bekenntnisses, was im Falle der Korinther besonders wichtig war. Die fast ausschließlich aus Judenchristen bestehende Gemeinde zu Jerusalem blickte zweifellos immer noch mit einem gewissen Argwohn auf die heidenchristlichen Gemeinden und fragte sich im stillen, ob der christliche Glaube überhaupt etwas Eigenständiges sei. Die Sammlung bei den heidenchristlichen Gemeinden konnte daher eine Bürgschaft für sie dafür sein, daß es sich um wirkliche Christen handelte. Wer freigebig gibt, ermöglicht damit anderen, zu erkennen, daß er ein Christ ist. b) Andere haben uns deswegen lieb und beten für uns. Wohl kaum etwas brauchen wir so sehr wie das, was die Menschen mit ihren Mitmenschen verbindet. Freigebigkeit aber ist ein wesentlicher Schritt auf dem Wege zu echter Gemeinschaft unter den Menschen.

3. Es bewirkt etwas im **Hinblick auf Gott**. Unser Geben bewirkt, daß Dankgebete zu Gott aufsteigen. Die Menschen erkennen unsere guten Taten als das, was sie nach Jesu Worten sein sollen, indem sie nicht uns, sondern Gott verherrlichen. Die Vorstellung, daß das, was wir tun, Menschen Gott zuwenden kann, ist eine wunderbare Vorstellung, besagt sie doch nichts geringeres, als daß wir mit unserem Tun Gott unmittelbar Freude machen können.

Schließlich kehren sich die Gedanken des Apostels von den Korinthern ab und dem Wunder der Gottesgabe in Jesus Christus zu, jener Gabe, deren Wunderbarkeit unerschöpflich ist und deren Geschichte nie zu Ende erzählt werden kann. Und da fragt er die Korinther: „Könnt ihr, die Gott so freigebig beschenkt hat, anders als freigebig gegenüber euren Mitmenschen sein?"

Ehe wir nun dazu übergehen, die Kapitel 10 bis 13 des Briefes zu behandeln, wollen wir uns an das erinnern, was wir in der Einleitung zu den Korintherbriefen bereits festgestellt haben: Zwischen Kapitel 9 und 10 ist ein merkwürdiger Bruch zu verzeichnen. Bis hin zum 9. Kapitel scheint alles in bester Ordnung zu sein, der Bruch geheilt und der Streit beigelegt. Nachdem von der Sammlung für die Gemeinde zu Jerusalem die Rede gewesen ist, die praktischen Angelegenheiten also geregelt sind, würden wir annehmen, daß Paulus nunmehr zum Schluß kommt. Statt dessen folgen vier Kapitel, die zu den herzerschütterndsten gehören, die Paulus je geschrieben hat. Wir müssen uns daher fragen, wie diese Kapitel hierhergeraten sind. Zweimal spricht Paulus im 2. Korintherbrief von einem ernsten Brief, der so streng war, daß er einmal sogar bedauert hat, ihn überhaupt geschrieben zu haben (2. Kor. 2, 4; 7, 8). Was er hierüber sagt, trifft jedoch nicht auf den 1. Korintherbrief zu, so daß wir vor der Alternative stehen, anzunehmen, daß der ernste, strenge Brief verlorengegangen ist oder aber daß Teile von ihm in den vorliegenden Kapiteln erhalten geblieben sind. Aller Wahrscheinlichkeit nach handelt es sich bei Kapitel 10 bis 13 um jenen Brief, der bei der Zusammenstellung der Paulusbriefe irrtümlich an diese Stelle gesetzt wurde; in der richtigen Reihenfolge gelesen, müßten wir die Kapitel 10 bis 13 also vor den Kapiteln 1 bis 9 lesen. Wir dürfen also annehmen, daß wir hier den Brief vor uns haben, den schreiben zu müssen Paulus so sehr schmerzte und den er nur schrieb, um einer Situation abzuhelfen, die ihm fast das Herz brach.

PAULUS BEGINNT SEINEN KRITIKERN ZU ANTWORTEN

2. Korinther 10, 1–6

Ich selbst aber, Paulus, ermahne euch bei der Sanftmütigkeit und Lindigkeit Christi, der ich in eurer Gegenwart unterwürfig sein soll, aber dreist, wenn ich fern von euch bin. Ich bitte aber, daß man mich nicht zwinge, wenn ich anwesend bin, dreist zu werden und mit der Kühnheit vorzugehen, die ich gegen etliche zu brauchen gedenke, die unsren Wandel für fleischlich halten. Denn ob wir wohl im Fleisch wandeln, so streiten wir doch nicht fleischlicherweise. Denn die Waffen, mit denen wir kämpfen, sind nicht fleischlich, sondern mächtig im Dienste Gottes, zu zerstören Befestigungen. Wir zerstören damit Anschläge und alles Hohe, das sich erhebt wider die Erkenntnis Gottes, und nehmen gefangen alle Gedanken unter den Gehorsam Christi und sind bereit, zu strafen allen Ungehorsam, wenn euer Gehorsam völlig geworden ist.

Am Anfang dieses Abschnittes benutzt Paulus zwei Worte, die den Ton erkennen lassen, den Paulus anzuschlagen wünscht; er spricht von der Sanftmütigkeit und Lindigkeit Christi. Praytes, Sanftmütigkeit wurde seinerzeit von Aristoteles als die Mitte zwischen allzu heftigem Zorn und völliger Unerzürnbarkeit bezeichnet. Es handelt sich dabei also um Menschen, die sich so zu beherrschen wissen, daß sie stets nur im rechten Augenblick zornig werden, und zwar nur dann, wenn sie sehen, daß man andere verletzt, beleidigt oder kränkt. Gleich zu Beginn stellt Paulus also fest, daß er dazu nicht aus persönlichem Ärger, sondern mit der Sanftmut Christi, aus der Stärke spricht, an sie schreibt. Aufschlußreicher noch ist das zweite Wort: L i n d i g k e i t oder e p i e i k e i a, d. h. „das, was gerecht und billig ist und mehr als". Die Griechen bezeichneten damit jene Eigenschaft, die erforderlich ist, wenn die Rechtsprechung (wegen ihrer Allgemeinbedeutung) Gefahr läuft, ungerecht zu werden. Manchmal erfordern die Umstände es, daß man nicht am Buchstaben des Gesetzes kleben bleibt, sondern das Urteil von anderen, höheren Gesichtspunkten bestimmen läßt. Wer e p i e i k e i a besitzt, weiß, daß letzten Endes der christliche Maßstab nicht Gerechtigkeit, sondern Liebe heißt. Indem Paulus dieses Wort gleich zu Beginn gebraucht, sagt er also, daß es ihm nicht um seine Rechte, um das Gesetz oder um Vorschriften und Satzungen geht, sondern darum, daß er die entstandene Situation mit jener Christus ähnlichen Liebe zu bereinigen versuchen will, die selbst über das lauterste menschliche Gerechtigkeitsempfinden hinausgeht. Er will versuchen, mit der Situation so fertig zu werden, wie Christus mit ihr fertig geworden wäre.

Wir kommen jetzt an einen Abschnitt des Briefes, der deshalb so schwierig ist, weil wir in ihm nur die eine Seite, nämlich die Antwort des Apostels Paulus zu hören bekommen. Gleichwohl können wir versuchen, aus dem Gesagten einiges abzuleiten.

1. Die Korinther warfen Paulus vor, daß er ängstlich auftrete, wenn er bei ihnen sei, aus der Ferne jedoch den „starken Mann" spiele; sie behaupteten, er könne zwar schöne Briefe schreiben, habe jedoch, wenn er bei ihnen sei, nicht den Mut, ihnen zu sagen, was ihm schriftlich auszusprechen nicht schwerfalle. Paulus erwiderte darauf, er bitte zu Gott, daß man ihn nicht zwinge, persönlich so mit ihnen umzugehen, wie er durchaus imstande sei, es zu tun. Im übrigen nimmt er für sich in Anspruch, daß er brieflich nichts zu äußern pflegt, was er nicht zuvor bedacht habe.

2. Manche Korinther warfen ihm offenbar vor, daß sein Verhalten von menschlichen Motiven bestimmt sei. Darauf erwiderte Paulus, sowohl sein Verhalten als auch seine Kraft bestimme Gott allein. Zwar sei er als Mensch allen Beschränkungen des Menschseins unterworfen; doch Gott sei sein Führer und seine Stärke. Das Verständnis dieser Stelle wird dadurch erschwert, daß Paulus das Wort F l e i s c h (sarx) in

zwei verschiedenen Bedeutungen gebraucht: a) Er gebraucht es, wie üblich, im Sinne des menschlichen Leibes, Fleisch in physischer Hinsicht. „Wir wandeln im Fleisch“, sagt er. Das bedeutet zunächst nichts anderes, als daß er ein Mensch wie alle andern auch ist. b) Er gebraucht das Wort aber auch in einer für ihn so bezeichnenden Weise: Fleisch als jener Teil der menschlichen Natur, der einen Brückenkopf der Sünde bildet und der Versuchung Raum gibt, Fleisch als die typisch menschliche Anfälligkeit für ein Leben ohne Gott. Wenn Paulus also sagt: „Wir wandeln nicht fleischlicherweise oder nach dem Fleisch“, so sagt er damit: „Ich bin zwar ein Mensch mit einem menschlichen Leib; doch ich lasse mich niemals nur von rein menschlichen Motiven leiten. Ich versuche nie ohne Gott zu leben.“ Auch wenn wir mit einem versuchlichen Leib behaftet leben, können wir uns doch vom Geist Gottes leiten lassen.

Weiter läßt Paulus sich dreierlei angelegen sein:

1. Er erklärt, er sei mit Waffen ausgerüstet, mit denen er alle menschliche Weisheit und allen menschlichen Hochmut zerstören könne. Es gibt eine Einfalt, die ein gewichtigeres Argument darstellt als alle noch so ausgeklügelte menschliche Beweisführung. Auf einer Wochenend-Tagung, an der auch der bedeutende Zoologe und Agnostiker (Gottesleugner) der viktorianischen Epoche, Thomas Huxley, teilnahm, wurde beschlossen, am Sonntagmorgen zur Kirche zu gehen. Huxley sprach einen der Gäste an: „Wie wäre es, wenn Sie morgen nicht in die Kirche gingen, sondern hierblieben und mir erzählten, weshalb Sie an Jesus und an das Christentum glauben!“ Der Betreffende erwiderte: „Sie könnten in Ihrer Klugheit alles zunichte machen, was ich vielleicht sage.“ Huxley erwiderte: „Ich möchte von Ihnen ja keine Argumente hören“, sondern Sie sollen mir bloß sagen, was Ihnen das alles bedeutet.“ Daraufhin erzählte ihm der Betreffende in schlichten, von Herzen kommenden Worten, was Jesus Christus ihm bedeute. Als er aufhörte, standen Tränen in den Augen des berühmten Gelehrten. „Ich würde meine rechte Hand dafür hergeben, wenn ich ebenfalls daran glauben könnte“, sagte er. Nicht Argumente, sondern schlichte Aufrichtigkeit hatte diese Äußerung bewirkt.

2. Paulus spricht von der Gefangennahme aller Gedanken unter den Gehorsam Christi. Christus besitzt eine erstaunliche Fähigkeit, ehemals Heidnisches seinen eigenen Zwecken zu unterwerfen. So wird von einem Brauch der Eingeborenen Neu-Guineas folgendes berichtet: Zu bestimmten Zeiten wer-

den rituelle Lieder gesungen und Tänze aufgeführt, bei der die Männer sich in eine Raserei hineinsteigern, die in dem sogenannten „Mordgesang" gipfelt, bei dem sie die Namen derer aussprechen, die sie zu töten wünschen. Als die Eingeborenen Christen wurden, hielten sie auch weiterhin an diesem Ritual fest; doch bei dem Mordgesang nannten sie jetzt nicht mehr die Namen der ihnen verhaßten Menschen, sondern die der ihnen verhaßten Sünden, in dem sie Gott anriefen, er möge diese ausrotten. Eine alte heidnische Sitte war so für Christus gefangengenommen. Jesus will uns nicht die für uns bezeichnenden Eigenschaften, Fähigkeiten und Merkmale nehmen; sondern er möchte sie nur einsetzen, damit sie nicht länger der Sünde und dem Egoismus dienen. Er fordert uns auf, mit dem zu ihm zu kommen, was wir anzubieten haben, damit wir es besser verwerten lernen als je zuvor.

PAULUS FÄHRT FORT, SEINEN KRITIKERN ZU ANTWORTEN

2. Korinther 10, 7—18

Sehet, was vor Augen liegt! Verläßt sich jemand darauf, daß er Christus angehöre, der bedenke solches auch wiederum bei sich, daß, gleichwie er Christus angehört, so auch wir! Auch wenn ich mich noch weiter rühmte unsrer Vollmacht, welche uns der Herr gegeben hat, euch zu erbauen und nicht zu verderben, so würde ich nicht zuschanden werden. Das sage ich nur, damit es nicht scheint, als hätte ich euch mit den Briefen schrecken wollen. Denn seine Briefe, sprechen sie, sind stark und wiegen schwer; aber wenn er selbst anwesend ist, ist er schwach und seine Rede ohne Gewicht. Wer so redet, der bedenke, daß, wie wir aus der Ferne mit Worten sind in unsren Briefen, so werden wir, wenn wir anwesend sind, auch sein mit unsrem Tun.
Denn wir wagen nicht, uns unter die zu rechnen oder ihnen gleich zu achten, die sich selbst loben; aber weil sie sich nur an sich selbst messen und mit sich selbst vergleichen, verstehen sie nichts. Wir aber wollen uns nicht über das Maß hinaus rühmen, sondern nur in dem Maß, wie uns Gott hat zugemessen das Arbeitsfeld, nämlich daß wir auch bis zu euch gelangen sollten. Denn wir maßen uns nicht zuviel an, als wären wir nicht bis

zu euch gelangt; denn wir sind ja wirklich mit dem Evangelium bis zu euch gekommen. Wir rühmen uns nicht über das Maß hinaus, nämlich fremder Arbeit. Sondern wir haben die Hoffnung, wenn nun euer Glaube wächst, daß wir bei euch nach dem Maß unsrer eigenen Arbeit mehr als genug zu Ehren kommen. Denn wir wollen das Evangelium auch denen predigen, die jenseits von euch wohnen, und rühmen uns nicht mit dem, was auf fremdem Arbeitsfeld schon vollbracht ist. „Wer sich aber rühmt, der rühme sich des Herrn" (Jer. 9, 22. 23). Denn nicht darum ist einer tüchtig, daß er sich selbst lobt, sondern daß ihn der Herr lobt.

Auch in diesem Abschnitt geht Paulus auf die Vorwürfe seiner Kritiker ein, und wieder sehen wir uns dabei vor das Problem gestellt, daß wir nur die eine Seite und deren Argumentation zu hören bekommen.

1. Offensichtlich behaupteten zumindest einige seiner Widersacher, Paulus gehöre nicht in der gleichen Weise Jesus Christus an wie sie selbst. Vielleicht warfen sie dem Apostel immer noch vor, daß er einst der schlimmste Verfolger der christlichen Gemeinden gewesen war; vielleicht auch nahmen sie für sich in Anspruch, besonderer Offenbarungen teilhaftig geworden und damit besonders heilig und erleuchtet zu sein. Auf jeden Fall blickten sie auf Paulus herab, indem sie sich und ihr Verhältnis zu Christus glorifizierten. Glaube, der von sich selbst besser denken läßt als von den anderen, ist kein echter Glaube. Als vor einiger Zeit in den ostafrikanischen Kirchen eine bemerkenswerte Erneuerungsbewegung einsetzte, gehörte dazu auch das öffentliche Sündenbekenntnis. Während die Afrikaner bereitwillig daran teilnahmen, neigten die Europäer dazu, abseits zu stehen, und ein Missionar schrieb dazu: „Die Zurückhaltung erweckte den Eindruck, als ob man sich weigere, mit der Gemeinschaft der Sünder, denen vergeben wurde, identifiziert zu werden. Europäer werden vielfach beschuldigt, hochmütig und nicht bereit zu sein, in dieser Form an der Gemeinschaft teilzuhaben." Es läßt sich wohl keine schönere Definition der Kirche denken als die, daß es sich hier um eine Gemeinschaft von Sündern handelt, denen vergeben worden ist. Wer sich das klar macht, der ist gefeit gegen jeden Hochmut. Leider gibt es immer wieder Gläubige, die so arrogant sind, zu meinen, Christus gehöre ihnen, nicht sie ihm.

2. Es hat den Anschein, als hätten manche Korinther sogar das

persönliche Auftreten des Apostels Paulus verunglimpft; so spotteten sie darüber, daß er, wenn er selbst anwesend sei, schwach wirke und kein guter Redner sei. Vielleicht hatten sie sogar teilweise recht damit. Eine (freilich mit Vorsicht zu beurteilende) Schilderung der äußeren Erscheinung des Apostels ist uns in den sogenannten „Acta Pauli et Theclea" überliefert worden, die auf die Zeit um 200 zurückgehen. Darin heißt es u. a., Paulus sei „ein Mann von kleiner Statur" gewesen, „dessen Augenbrauen zusammengewachsen" waren, ein Mann allerdings „voller Gnade", der „manchmal wie ein Mensch, manchmal wie ein Engel" ausgesehen habe. Die Korinther mußten nahezu auf die tiefste Stufe der Verunglimpfung und Taktlosigkeit herabgesunken sein, als sie Paulus wegen seines äußeren Auftretens verspotteten.

3. Es scheint, daß sie Paulus u. a. beschuldigt hatten, er rühme sich seiner Vollmacht auch dort, wo er nicht zuständig sei; mindestens hatten sie gesagt, er möge ihretwegen versuchen, in anderen Gemeinden den Herrn zu spielen, nicht jedoch in Korinth. Paulus stellte demgegenüber fest, daß auch Korinth durchaus in seinem Bereich liege; sei er doch der erste gewesen, der ihnen das Evangelium Jesu Christi gebracht habe. Sicherlich hatte niemand einen größeren Anspruch darauf, Vollmacht in der Gemeinde zu Korinth auszuüben als der Mann, der, von Gott geführt, zum Gründer jener Gemeinde geworden war.

4. Auch Paulus attackiert die Korinther. Ironisch meint er, seine Kühnheit reiche nicht dazu aus, sich mit jenen Leuten, die so viel von sich selbst redeten, zu vergleichen. Und dann legt er mit unfehlbarer Präzision den Finger auf die wunde Stelle: sie wollen sich selbst ein Zeugnis ausstellen, weil sie das Maß immer nur an sich selbst nehmen. Wie so viele Menschen hatten sie einen falschen Maßstab. Wer sich selbst für einen guten Klavier-Spieler hält, möge sich mit einem bedeutenden Pianisten vergleichen; dann wird er anderen Sinnes werden. Manch einer, der ein guter Prediger zu sein scheint, möge sich mit einem der Heiligen oder einem der Wortgewaltigen der Kanzel vergleichen; dann wird er seine Unzulänglichkeit feststellen. Es sagt sich leicht: „Ich bin genauso gut wie mein Nachbar oder der Nächstbeste"; doch ist dies nur bedingt richtig. Denn die Kernfrage ist, ob wir genau so gut sind wie Jesus Christus; er allein sollte der Maßstab sein, an dem wir uns messen. Wenn wir uns mit ihm vergleichen, dann bleibt freilich kein Raum mehr für Hochmut. „Nicht darum ist einer tüchtig, daß er sich selbst lobt", sagt Paulus. Das Entschei-

dende ist vielmehr, daß Christus ja zu unserem Werk sagt. Ehe wir zum nächsten Abschnitt übergehen, müssen wir noch einen Blick werfen auf einen Satz, der besonders bezeichnend für Paulus ist. Er wünscht auch deshalb, mit der Gemeinde zu Korinth wieder ins Reine zu kommen, weil er sich danach sehnt, das Evangelium auch denen zu predigen, die jenseits von Korinth wohnen. Es drängt ihn, in fernere Länder zu reisen, wohin noch niemand die frohe Botschaft Jesu getragen hat. Wie ein echter Jünger Jesu in den Straßen einer Großstadt beständig durch das ruhelose Trapp-trapp der Menschen ohne Christus beunruhigt wird, so wird jeden, der Christus wirklich liebhat, der Gedanke an die Millionen von Menschen beunruhigen, die jenen Christus überhaupt noch nicht kennen.

DIE GEFAHR DER VERFÜHRUNG

2. Korinther 11, 1–6

Wollte Gott, ihr hieltet mir ein wenig Torheit zugut! Doch ihr haltet mir's wohl zugut. Denn ich eifere um euch mit göttlichem Eifer; denn ich habe euch verlobt einem einzigen Manne, daß ich Christus eine reine Jungfrau zuführte. Ich fürchte aber, daß, wie die Schlange Eva verführt mit ihrer List, so auch eure Gedanken verkehrt werden hinweg von der Einfalt und Lauterkeit gegenüber Christus. Denn wenn einer zu euch kommt und einen andern Jesus predigt, den wir nicht gepredigt haben, oder ihr einen andern Geist empfanget, den ihr nicht empfangen habt, oder ein ander Evangelium, das ihr nicht angenommen habt, so ertraget ihr das recht gern! Ich achte doch, ich sei nicht weniger, als die hohen Apostel sind. Und ob ich schon ungeschickt bin in der Rede, so bin ich's doch nicht in der Erkenntnis; sondern in jeder Weise und vor allen haben wir sie bei euch kund getan.

In diesem Abschnitt muß Paulus eine Sprache sprechen, die ihm gewiß nicht lieb ist. Er muß auf seiner eigenen Vollmacht beharren, muß seine Glaubwürdigkeit nachweisen, sich selbst gewissermaßen rühmen und sich mit jenen vergleichen, die die Gemeinde zu Korinth zu verführen trachten. Das alles geht ihm sozusagen gegen den Strich, weshalb er sich deswegen mehrfach entschuldigt. Er war nicht der Mann, besonderen

Wert auf seine Würde zu legen; indessen stand etwas anderes auf dem Spiel: die Würde und das Ansehen Jesu Christi. Paulus beginnt mit einem den jüdischen Hochzeitsbräuchen entnommenen Bild. Die Vorstellung von Israel als der Braut Gottes ist im Alten Testament weitverbreitet. „Denn der dich gemacht hat, ist dein Mann“, heißt es in Jesaja 54, 5. „Wie ein junger Mann eine Jungfrau freit, so wird dich dein Erbauer freien“ (Jes. 62, 5). Es war also ganz natürlich für Paulus, dieses Bild zu gebrauchen und dabei an die Gemeinde zu Korinth zu denken. Bei jüdischen Hochzeiten waren Leute dabei, die „Freunde“ des Bräutigams genannt wurden; es waren zwei, von denen einer den Bräutigam, der andere die Braut vertrat. Ihnen oblagen mancherlei Pflichten; so stellten sie die Verbindung zwischen Braut und Bräutigam her und luden die Gäste ein. Besonders aber waren sie dafür verantwortlich, daß die Braut unberührt blieb. Daran denkt Paulus hier. Bei der Eheschließung zwischen Jesus Christus und der Gemeinde zu Korinth ist er der Freund des Bräutigams und dafür mitverantwortlich, daß die Braut unberührt ist. Er muß und wird daher alles in seinen Kräften Stehende tun, um die Gemeinde zu Korinth rein und keusch zu erhalten, damit er sie Jesus Christus als dessen Braut zuführen kann.

Zur Zeit des Apostels Paulus war bei den Juden eine Legende verbreitet, derzufolge Satan Eva im Garten Eden verführt hatte und Kain der Sohn war, der aus dieser Verbindung hervorgegangene. An diese Legende mag Paulus gedacht haben, als er von den Befürchtungen sprach, daß die Gedanken der Gemeinde zu Korinth von Christus weggelockt würden.

Außer Frage steht, daß es in Korinth Männer gab, die ihre eigene Version des Christentums predigten und die sich einbildeten, Paulus überlegen zu sein. Ironisch meint er hierzu, die Korinther nähmen es offenbar gerne hin, wenn jemand ihnen einen anderen Jesus predige; sie hörten wunderbar darauf. Weshalb sie dann nicht auch auf ihn hörten?

Sodann zieht Paulus einen Vergleich zwischen diesen falschen Aposteln und sich selbst. Er sei kein guter Redner, sagt Paulus, und er benutzt in diesem Zusammenhang das Wort *idiotes*, das ursprünglich Privatmann bedeutete, also jemand, der am öffentlichen Leben nicht teilnahm; später entwickelte das Wort sich in die Richtung des *Laien*. Paulus sagt hier also: auch wenn andere möglicherweise bessere Redner seien als er selbst, der er ein Laie sei, so lasse sich doch nicht leugnen, daß er, wie ungeschickt er sich auch ausdrücke, wisse, worüber er spreche, was bei jenen nicht der Fall sei. Eine berühmte

Geschichte aus der neueren Zeit mag hierzu als Illustration dienen: In einer Abendgesellschaft kam man nach dem Essen überein, daß jeder etwas vortragen solle. Ein bekannter Schauspieler erhob sich als erster, um dann mit allen Mitteln der Rede- und Vortragskünste den 23. Psalm zu deklarieren. Ungeheurer Beifall brauste auf, als er sich wieder setzte. Als nächster folgte ein ruhiger, stiller Mann, der zum Erstaunen aller ebenfalls den 23. Psalm zu verlesen begann. Das Gekicher, das seine Worte anfangs begleitet hatte, hörte bald auf, und eine Stille herrschte, die beredter war als jeder Applaus. Nach den letzten Worten schwiegen alle, und dann beugte sich der Schauspieler zu ihm herüber und sagte: „Sir, ich kenne zwar den Psalm; Sie aber kennen den Hirten."

SICH ALS CHRISTEN AUSGEBEN

2. Korinther 11, 7—15

Oder habe ich gesündigt, als ich mich erniedrigt habe, auf daß ihr erhöht würdet? Denn ich habe euch das Evangelium Gottes umsonst verkündigt. Andere Gemeinden habe ich beraubt und Geld von ihnen genommen, um euch dienen zu können. Als ich bei euch anwesend war und Mangel hatte, war ich niemand beschwerlich. Denn meinen Mangel füllten die Brüder aus, die aus Mazedonien kamen. So habe ich mich in allen Stükken euch unbeschwerlich gehalten und will auch ferner mich so halten. So gewiß die Wahrheit Christi in mir ist, so soll mir dieser Ruhm in den Ländern Achajas nicht verwehrt werden. Warum das? Weil ich euch nicht liebhabe? Gott weiß es. Was ich aber tue, das will ich auch ferner tun, damit ich die Ursache abschneide denen, die Ursache suchen, sich rühmen zu können, sie seien wie wir. Denn solche falschen Apostel und arglistigen Arbeiter verstellen sich zu Christi Aposteln. Und das ist auch kein Wunder; denn er selbst, der Satan, verstellt sich zum Engel des Lichtes. Darum ist es nichts Großes, wenn sich auch seine Diener verstellen als Diener der Gerechtigkeit; deren Ende wird sein nach ihren Werken.

Auch hier tritt Paulus den Vorwürfen entgegen, die man gegen ihn erhoben hatte. Diesmal ist eindeutig, was man ihm vorwarf: es nagte an der Gemeinde zu Korinth, daß er es abgelehnt hatte, sich von ihnen irgendwie unterstützen zu lassen. So sagte er ja auch zu den Ältesten in Ephesus, indem er ihnen seine verarbeiteten, schwieligen Hände zeigte: „Diese Hände haben mir zum Unterhalt gedient" (Apg. 20, 34). Und wenn er etwas gebrauchte, so hatte die Gemeinde zu Philippi seinem Mangel abgeholfen (vgl. Phil. 4, 10–18).

War Paulus damit inkonsequent? Wie konnte er gegenüber der Gemeinde zu Korinth die Haltung völliger Unabhängigkeit einnehmen, wenn er auf der anderen Seite Geschenke von der Gemeinde zu Philippi annahm? Es gab einen sehr plausiblen Grund für dieses sein Verhalten: Soweit uns bekannt ist, nahm er während seines Aufenthaltes in Philippi keinerlei Geschenke von der dortigen Gemeinde an; das geschah erst, nachdem er weitergezogen war. Der Grund ist einleuchtend. Solange sich Paulus in irgendeinem Ort aufhielt, durfte er dort niemandem verpflichtet, niemandes Menschen Schuldner sein, weil er nicht einerseits die Wohltaten von Menschen annehmen, andererseits womöglich gegen sie predigen oder sie gar verurteilen konnte. Das änderte sich in dem Augenblick, als er weiterreiste; denn nun besaß er die Freiheit, annehmen zu dürfen, was die Philipper ihm freiwillig gaben, weil er sich dadurch niemandem rücksichtnehmend verpflichtet zu fühlen brauchte. So war es Paulus auch während seiner Anwesenheit in Korinth möglich gewesen, sich dort unterstützen zu lassen und gleichzeitig jene Unabhängigkeit zu wahren, die die Situation nun einmal erforderte. Paulus war keineswegs inkonsequent, sondern nur lebensklug.

Weshalb waren die Korinther so ärgerlich über diese Ablehnung? Das lag gewiß einmal daran, daß es nach damaligen griechischen Vorstellungen unter der Würde eines freien Mannes war, von seiner Hände Arbeit zu leben. Die Korinther übersahen dabei, welche Würde redliche Arbeit dem Menschen verleihen kann. Zum andern setzte man im damaligen Griechenland voraus, daß Lehrer und Redner mit ihrem Unterricht verdienten. Zu keiner Zeit konnten gute Redner soviel Geld verdienen wie damals. Kaiser Augustus bezahlte dem Redner Verrius Flaccus jährlich ein Gehalt von umgerechnet etwa 25 000 Mark. Jede Stadt war berechtigt, einer bestimmten Anzahl von Lehrern der Rhetorik und Literatur alle Abgaben und Steuern zu erlassen. Mindestens galt es als selbstverständlich, daß Lehrer von denen, die sie unterwiesen, Geld erhielten. Das Bedürfnis nach Unabhängigkeit, das Paulus an den Tag legte, konnten die Korinther daher nicht begreifen.

Auch die „falschen" Apostel machten Paulus diese seine Unabhängigkeit zum Vorwurf, zumal sie sich selber unterstützen ließen und darin den Beweis dafür sahen, daß sie wirklich

Apostel waren. Fraglos behaupteten sie, Paulus weigere sich nur deswegen, etwas anzunehmen, weil das, was er lehre, nichts wert sei; imgrunde aber fürchteten sie nur, durchschaut zu werden, weshalb sie Paulus auf die Ebene ihrer habgierigen Gewinnsucht herabziehen wollten, damit seine Unabhängigkeit nicht länger einen Gegensatz zu ihrer Gier bildete.

Paulus warf ihnen vor, sie „verstellten" sich zu Aposteln Christi. Nach der angeführten jüdischen Legende hatte auch Satan sich einst zu einem der Engel verstellt, die Gott lobten und priesen, und so habe Eva ihn gesehen und sich von ihm verführen lassen.

Immer noch geben viele Menschen sich für Christen aus, ohne es wirklich zu sein, teils bewußt, größtenteils jedoch unbewußt; ihr Christentum ist kein echtes Christentum. Die Synode der Kirche von Uganda hat vor einiger Zeit einmal folgende vier Testfragen zusammengestellt, mit deren Hilfe jeder sich selbst auf die Echtheit seines Glaubens befragen kann:

1. Weißt du, wie wir durch den Kreuzestod Christi erlöst werden?
2. Nimmst du zu in der Kraft des Heiligen Geistes, im Gebet, in der Meditation und in der Erkenntnis Gottes?
3. Spürst du das Verlangen, das Reich Gottes durch dein Beispiel, durch Predigt und Unterweisung ausbreiten zu helfen?
4. Führst du andere Menschen Christus zu, indem du sie einzeln aufsuchst oder indem du öffentlich Christus bezeugst?

Das Gewissen anderer ist nicht unsere Sache; an diesen Testfragen jedoch können wir unser Christentum prüfen, damit unser Glaube nicht zu einer lässigen Gewohnheit oder zu einer Verstellung werde.

WODURCH APOSTEL SICH ALS SOLCHE ERWEISEN

2. Korinther 11, 16—33

Ich sage abermals: niemand halte mich für töricht; wenn aber doch, so nehmet mich an als einen Törichten, damit auch ich mich ein wenig rühme. Was ich jetzt rede, das rede ich nicht als im Herrn, sondern als in der Torheit, weil wir in das Rühmen gekommen sind. Da viele sich rühmen nach dem Fleisch, will ich mich auch rühmen. Denn ihr ertraget gerne die Narren, ihr, die ihr klug seid! Ihr ertraget's, wenn euch jemand zu Knechten macht, wenn euch jemand schindet, wenn euch je-

mand gefangennimmt, wenn jemand euch trotzt, wenn euch jemand in das Angesicht schlägt. Zu meiner Schande muß ich sagen, dazu waren wir freilich zu schwach!
Was aber einen kühn macht, ich rede in Torheit, das macht auch mich kühn. Sie sind Hebräer — ich auch! Sie sind Israeliten — ich auch! Sie sind Abrahams Kinder — ich auch! Sie sind Diener Christi — ich rede töricht: ich bin's wohl mehr; ich habe mehr gearbeitet, ich bin öfter gefangen gewesen, ich habe mehr Schläge erlitten, ich bin oft in Todesnöten gewesen; von den Juden habe ich fünfmal empfangen vierzig Streiche weniger einen; ich bin dreimal mit Ruten geschlagen, einmal gesteinigt, dreimal habe ich Schiffbruch erlitten, einen Tag und eine Nacht trieb ich auf dem tiefen Meer; ich bin oft gereist, ich bin in Gefahr gewesen durch die Flüsse, in Gefahr unter den Räubern, in Gefahr unter den Juden, in Gefahr unter den Heiden, in Gefahr in den Städten, in Gefahr in den Wüsten, in Gefahr auf dem Meer, in Gefahr unter den falschen Brüdern; in Mühe und Arbeit, in viel Wachen, in Hunger und Durst, in viel Fasten, in Frost und Blöße; ohne was sich sonst zuträgt, nämlich daß ich täglich werde angelaufen und trage Sorge für alle Gemeinden. Wer ist schwach, und ich werde nicht schwach? Wer leidet Ärgernis, und ich brenne nicht? Wenn ich mich denn rühmen soll, will ich mich meiner Schwachheit rühmen. Gott, der Vater des Herrn Jesus, welcher sei gelobt in Ewigkeit, weiß, daß ich nicht lüge. Zu Damaskus bewachte der Statthalter des Königs Aretas die Stadt der Damasker und wollte mich greifen, und ich ward in einem Korbe zum Fenster hinaus durch die Mauer niedergelassen und entrann seinen Händen.

Ganz gegen seinen Willen wird Paulus dazu gezwungen, sich als Apostel auszuweisen. Er empfindet das ganze als töricht, ja, der Vergleich mit anderen scheint ihm ein Unfug zu sein. Dennoch muß es geschehen, nicht um seinetwillen, sondern um des Evangeliums willen, das er verkündigt. Offensichtlich handelt es sich bei seinen Widersachern um jüdische Lehrer, die behaupteten, das Evangelium, das sie predigten, und ihre Vollmacht übertreffe die des Paulus bei weitem.
Mit ein paar aufschlußreichen Strichen weiß Paulus ihr Tun zu skizzieren. Sie machen die Korinther zu Knech-

ten, indem sie sie dahin bringen wollen, daß sie sich beschneiden lassen und die unzähligen kleinlichen Vorschriften des jüdischen Gesetzes befolgen; die Korinther lassen sich von ihnen mit Haut und Haaren auffressen. Es gab tatsächlich habgierige Rabbinen. – Obwohl theoretisch die Auffassung vertreten wurde, daß diese für die Unterweisung kein Geld annehmen und sich von ihrer Hände Arbeit ernähren sollten, wurde gleichzeitig gelehrt, daß es nichts Verdienstvolleres gebe, als einen Rabbi zu unterstützen, weil derjenige, der es tue, sich damit einen Platz im Himmel sichere. Sie benahmen sich anmaßend und überheblich und dominierten über die Korinther. Tatsächlich verlangten die Rabbinen, daß man ihnen größeren Respekt erwiese als den Eltern, weshalb sie behaupteten, wenn jemandes Vater und jemandes Lehrer von Räubern gefangen würden, müßte das Lösegeld zuerst für den Lehrer und erst danach das für den Vater bezahlt werden. Sie schlugen ihre Anhänger ins Angesicht. Das kann sich entweder auf überhebliches und verletzendes Verhalten beziehen oder aber auch ganz wörtlich gemeint sein (vgl. Apg. 23, 2). Jene Korinther waren merkwürdigerweise dahin gelangt, daß sie in der Unverschämtheit der jüdischen Lehrer eine Garantie für deren apostolische Vollmacht erblickten.

Paulus erklärt, er könne das, was die falschen Lehrer für sich in Anspruch nehmen, mit dem gleichen Recht von sich behaupten. Sie nahmen für sich in Anspruch, Hebräer zu sein, ein Ausdruck, der besonders für diejenigen Juden galt, die die Sprache ihrer Väter, das Hebräische, nicht vergessen hatten und es auch noch in der zur Zeit des Apostels Paulus noch lebendigen Form des Aramäischen sprachen. Viele Juden lebten verstreut über die ganze damalige Welt; in Alexandria z. B. lebten rd. eine Million Juden. Viele der in der Zerstreuung Lebenden sprachen nicht mehr ihre Muttersprache, sondern griechisch, weshalb die palästinensischen Juden, die an ihrer Muttersprache festgehalten hatten, auf diese ausländischen Juden herabschauten. Sehr wahrscheinlich hatten Paulus' Widersacher gesagt: „Dieser Paulus ist Bürger von Tarsos und nicht wie wir ein reinrassiger palästinensischer Jude. Er ist ein hellenisierter Jude." Paulus dagegen sagt: „Nein! Auch ich habe die Sprache meiner Vorväter rein bewahrt." In dieser Hinsicht konnten sie ihm also nichts anhaben. Weiter behaupteten sie, Israeliten zu sein, Angehörige des erwählten Volkes Gottes. Der entscheidende Satz des jüdischen Glaubensbekenntnisses, mit dem jeder Gottesdienst in der Synagoge beginnt, lautet: „Höre, Israel, der Herr ist unser Gott, der Herr allein" (5. Mose 6, 4). Zweifellos sagten jene feindlich gesinnten Juden: „Dieser Paulus hat nie in Palästina gelebt. Er hat sich fortgestohlen aus dem erwählten Volk und lebt in einer griechischen Umwelt in Cilicien." Paulus dagegen sagt: „Nein! Ich bin ein so reiner Israelit wie nur irgendeiner. Mein Stammbaum ist der Stammbaum des Volkes Gottes." Auch in diesem Punkt können sie keine Überlegenheit für sich in Anspruch nehmen. Sie behaupten weiter, Abrahams Kinder, also direkte Nachkommen Abrahams zu sein und daher Erben der wunderbaren Verheißung, die Gott Abraham gemacht hatte (1. Mose 12, 1—3). Fraglos behaupteten sie, dieser Paulus sei kein so reiner Nachkomme Abrahams wie sie selber. „Nein!", sagt Paulus, „ich bin es ebenso wie sie (Phil. 3, 5. 6). Wenn es um die Reinheit des jüdischen Blutes geht, dann kann ich den Vergleich mit jedermann aushalten." In dieser Beziehung hatten sie also ebenfalls keinen Anspruch auf Überlegenheit.

Und dann nennt Paulus, was ihn als Apostel ausweist: die Wunden, die er davongetragen hat, die Liste seiner Leiden um Jesu Christi willen. Wenn wir lesen, was Paulus alles getan und erduldet hat, dann wird uns deutlich, wie wenig wir imgrunde über Paulus wissen. Als er diesen Brief schrieb, befand er sich in Ephesus; das heißt: wir sind terminlich erst bei Kapitel 19 der Apostelgeschichte angelangt. Wenn wir versuchen, seinen Leidenskatalog anhand dessen zu prüfen, was davon dort berichtet wird, dann müssen wir feststellen, daß nicht einmal ein Viertel aller Leiden genannt ist. Wir ersehen also daraus, daß Paulus ein noch größerer Mensch und Märtyrer war, als wir bisher geglaubt haben.

Aus der langen Liste seiner Leiden wollen wir nur drei Punkte herausgreifen:

1. „Ich bin dreimal mit Ruten geschlagen", sagt Paulus. Das war eine römische Strafmaßnahme, die von den römischen Magistratsdienern, den Liktoren, durchgeführt wurde. Diese trugen Ruten aus Birkenholz, mit denen die Verurteilten gezüchtigt wurden. Das widerfuhr Paulus dreimal, obwohl es ihm überhaupt nicht hätte widerfahren dürfen, da es nach dem damaligen Recht verboten war, römische Bürger, und Paulus war ein römischer Brüger — auszupeitschen. Das änderte jedoch nichts daran, daß er diese Strafe dreimal erlitten hatte, als die Menge gewalttätig und der Magistrat schwach gewesen war.

2. „Fünfmal habe ich empfangen vierzig Streiche weniger

einen", sagt Paulus. Die Ausführungsbestimmungen dieser jüdischen Strafmaßnahme sind 5. Mose 25, 1–3 festgelegt. 40 Schläge waren das normale Strafmaß, und diese Zahl durfte auf keinen Fall überschritten werden, weil andernfalls derjenige, der die Schläge ausführte, selbst ausgepeitscht wurde. Daher hörte man sicherheitshalber stets schon nach 39 Schlägen auf, weshalb die Strafe als „vierzig Schläge weniger einen" bekannt war. Im einzelnen sind die Durchführungsbestimmungen zu dieser Strafe in der Mischna enthalten, der um 200 n. Chr. abgeschlossenen Aufzeichnung des bis dahin mündlich überlieferten Religionsgesetzes der Juden. Darin heißt es: „Die Hände des Betreffenden werden an einen Pfeiler gebunden, der Synagogendiener packt seine Kleider und zerreißt sie, so daß er mit entblößter Brust dasteht. Hinter ihm auf einem Stein steht der Diener der Synagoge mit einem zwei- oder dreifachen Riemen aus Kalbsleder und zwei anderen Riemen, die er außerdem auf- und abschwingt. Das Handstück des Riemens ist eine Handbreit lang und eine Handbreit stark, und das Ende des Riemens muß bis zum Nabel reichen (damit der Riemen, wenn der Schuldige auf die Schulter geschlagen wird, bis zum Nabel hinunterreicht). Ein Drittel der Schläge erfolgt von vorne, zwei Drittel von hinten, und er soll weder im Stehen noch im Sitzen schlagen, sondern nur, indem er sich hinunterbeugt . . . Der Schlagende soll mit einer Hand und mit aller Kraft zuschlagen. Wenn der Geschlagene unter den Händen des Schlagenden stirbt, macht dieser sich nicht strafbar. Wenn er dem Schuldigen jedoch einen Schlag zuviel gegeben hat und der Betreffende ist dann gestorben, so muß er deswegen verbannt werden. „Fünfmal mußte Paulus erdulden, daß er ausgepeitscht wurde – eine Strafe, die so schwer war, daß sie manches Todesopfer zur Folge hatte.

3. Immer wieder spricht Paulus bei dieser Aufzählung von den Gefahren, die seine Reisen mit sich gebracht haben. Obwohl Straßen und Meere zur Zeit des Apostels Paulus sicherer als je zuvor waren, waren sie immer noch gefahrvoll. Im allgemeinen fanden die Menschen der alten Welt keinen Geschmack an der See. „Wie angenehm ist es", heißt es bei Lukrez, „am Ufer zu stehen und die armen Seeleute gegen das Meer ankämpfen zu sehen!" Seneca schreibt einem Freund einmal: „Du kannst mich jetzt zu fast allem überreden, nachdem ich mich kürzlich dazu habe überreden lassen, eine Seereise zu machen." Die Menschen hielten Reisen per Schiff für etwas, bei dem ihr Leben auf dem Spiel stand. Was nun die Landstraßen anlangt, so trieben dort immer noch Räuber ihr Un-

wesen. „Jemand, der hört, daß die Straße von Räubern gefährdet ist", schreibt Epiktet, „wagt nicht, sich allein auf die Reise zu begeben; sondern er wartet, bis sich Gesellschaft findet — ein Legat, ein Quästor, ein Prokonsul. Schließt er sich ihnen an, reist er sicher." Für Paulus dürfte es solche Amtsträger zur Begleitung jedoch nicht gegeben haben. Dabei war es ganz alltäglich, daß Reisende gefangengenommen und nur gegen ein Lösegeld wieder freigelassen wurden. Wenn je ein Mann wagemutig war, dann ist es Paulus gewesen!
Zu alledem traten die konkreten Sorgen für alle Gemeinden. Diese erstreckten sich nicht nur auf Fragen des Gemeindelebens, sondern auch auf das Leid und die Nöte der einzelnen Menschen in den Gemeinden.
Unser Abschnitt findet einen merkwürdigen Abschluß. Oberflächlich gesehen scheint die darin zuletzt erwähnte Flucht aus Damaskus zu dem bisher Gesagten nicht zu passen. Von dem Vorfall selber ist in Apostelgeschichte 9, 23—25 die Rede. Die Stadtmauer von Damaskus war so breit, daß Wagen darauf entlangfahren konnten. Viele Häuser ragten noch über sie hinaus und von einem dieser Häuser muß Paulus hinabgelassen worden sein. Weshalb erwähnt Paulus diesen Vorfall so direkt und ausdrücklich? Wahrscheinlich, weil auch dieses Geschehen, für das andere verantwortlich waren, mit ganz unerhörten Aufregungen, Strapazen und Gefahren verbunden war. Auch hierbei stand sein Leben auf dem Spiel.

DER PFAHL IM FLEISCH UND DIE GNADE DES HERRN

2. Korinther 12, 1—10

Gerühmt muß werden, wenn's auch nichts nütze ist. So will ich kommen auf die Gesichte und Offenbarungen des Herrn. Ich kenne einen Menschen in Christus; vor vierzehn Jahren — ist er in dem Leib gewesen, so weiß ich's nicht; oder ist er außer dem Leibe gewesen, so weiß ich's auch nicht; Gott weiß es — da ward derselbe entrückt bis an den dritten Himmel. Und ich kenne denselben Menschen — ob er in dem Leibe oder außer dem Leibe gewesen ist, weiß ich nicht; Gott weiß es —; der ward entrückt in das Paradies und hörte unaussprechliche Worte, welche ein Mensch nicht sagen darf. Von demselben will ich rühmen; von mir selbst aber will ich nichts rühmen, nur meine Schwachheit. Doch wenn ich mich rühmen wollte, täte ich darum nicht töricht; denn ich würde die Wahrheit sagen. Ich enthalte mich aber dessen, auf daß nicht jemand mich höher achte, als er an mir sieht oder von mir hört. Und auf daß ich mich nicht der hohen Offenbarungen überhebe, ist mir gegeben ein Pfahl ins Fleisch, nämlich des Satans Engel, der mich mit Fäusten schlage, auf daß ich mich nicht überhebe. Dafür ich dreimal zum Herrn gefleht habe, daß er von mir wiche. Und er hat zu mir gesagt: Laß dir an meiner Gnade genügen; denn meine Kraft ist in den Schwachen mächtig. Darum will ich mich am allerliebsten rühmen meiner Schwachheit, auf daß die Kraft Christi bei mir wohne. Darum bin ich guten Mutes in Schwachheit, in Mißhandlungen, in Nöten, in Verfolgungen, in Ängsten, um Christi willen; denn wenn ich schwach bin, so bin ich stark.

Wer auch nur etwas Feingefühl hat, wird diesen Abschnitt mit einer gewissen Ehrfurcht lesen; legt hier Paulus doch sein Innerstes bloß und zeigt uns, worin seine Herrlichkeit und seine Qual zugleich bestehen.

Gegen seinen Willen weist Paulus sich auch hier als Apostel aus, indem er von einem Erlebnis berichtet, das uns Staunen abnötigt, das zu interpretieren uns jedoch nicht zusteht. Auf seltsame Weise scheint er außerhalb von sich zu stehen und sich zu betrachten. „Ich kenne einen Menschen", sagt er. Obwohl dieser Mensch er selbst ist, vermag Paulus diesen Menschen, der etwas so Erstaunliches an sich erfuhr, mit einer gewissen Objektivität zu betrachten. Das höchste Ziel aller Glaubenserfahrung bestand für die damaligen Mystiker darin, daß sie Gott schauten, ja mehr noch, daß sie auf geheimnisvolle Weise eins wurden mit ihm. Der größte Augenblick für Mystiker war und ist stets der Augenblick, in dem „der Seher und der Geschaute eins sind". Nach jüdischer Tradition hatten nur vier Rabbinen Gott auf diese Weise geschaut: Ben Azai war gestorben, nachdem er die Herrlichkeit gesehen hatte, Ben Soma wurde wahnsinnig danach; Acher sah die Herrlichkeit Gottes und „zerlegte die junge Pflanze", d. h. er wurde ein Häretiker und zerstörte den Garten der Wahrheit. Nur Akiba stieg in Frieden zu Gott auf und in Frieden wieder herab. Wir können nicht einmal vermuten, was Paulus widerfuhr, und wir sollten auch keine Hypothesen über die Zahl der Himmel aufstellen, weil Paulus vom „dritten Himmel" spricht. Er will damit vor allem zum Ausdruck bringen, daß er in seiner Ekstase Gott so nahe war, wie es wohl näher kaum möglich ist. Eins freilich sollten wir beachten, weil es uns vielleicht ein wenig hilft: Das Wort Paradies geht auf ein persisches Wort zurück, das umzäunter Garten heißt. Wenn die persischen Könige jemandem eine besondere Ehre erweisen wollten, den sie besonders schätzten, machten sie den Betreffenden zu einem Gefährten des Gartens, womit er berechtigt war, mit ihm zusammen in den königlichen Gärten spazierenzugehen. Paulus war bei diesem Glaubenserlebnis der Gefährte Gottes gewesen wie nie zuvor und wahrscheinlich auch später niemals wieder.

Auf die Herrlichkeit folgte die Pein. Es ist hier die Rede von dem Pfahl im Fleisch des Paulus. Verbrecher wurden manchmal auf spitze Pfähle gespießt. Einen Schmerz oder eine Behinderung fast wie durch solchen Pfahl spürte Paulus offenbar in seinem Leibe. Was hat es mit diesem Pfahl (skolops) auf sich? Auf diese Frage sind viele Antworten gegeben worden:

1. So hat man darunter Versuchungen geistiger Natur verstanden: Zweifel sowie das Ausweichen vor den apostolischen Pflichten, auch Gewissensbisse, wenn solche Versuchungen die Oberhand gewannen. (Diesen Standpunkt hat Calvin vertreten.)

2. Man hat darunter den Widerstand und die Verfolgung verstanden, denen sich Paulus gegenübersah, den ständigen Kampf mit seinen Widersachern, die sein Werk zunichte zu machen versuchten. (Diesen Standpunkt nahm Luther ein.)

3. Man hat darunter fleischliche Versuchungen verstanden. Als Mönche und Einsiedler sich in Klöstern und Zellen einschlossen, stellten viele fest, daß der Geschlechtstrieb es war, der sich am schwersten unterdrücken ließ. Durch Askese hofften sie ihn ausrotten zu können; doch es gelang ihnen nicht, und sie wurden ständig von ihm heimgesucht. Daher nahmen sie an, daß es auch Paulus so ergangen sei. (Diese Meinung vertritt die römisch-katholische Kirche bis heute.)

Aus drei Gründen dürfte jedoch keine dieser Antworten zutreffen. a) Schon das Wort Pfahl weist auf einen rasenden Schmerz hin. b) Das Bild, das vor uns ersteht, ist ein Bild körperlichen Leidens. c) Worum immer es sich bei dem Pfahl im Fleisch auch gehandelt haben mag, er wird auf jeden Fall nicht ununterbrochen, sondern diskontinuierlich wirksam gewesen sein. Auch wenn das betreffende Geschehen Paulus zeitweilig zu Boden warf, so hinderte es ihn doch nicht völlig an seiner Arbeit. Es wären daher noch andere Bedeutungsvorschläge zu berücksichtigen.

4. Man hat vermutet, daß es sich bei dem Pfahl im Fleisch um die äußere Erscheinung des Apostels Paulus, möglicherweise um eine Verunstaltung gehandelt habe, die ihn abstoßend gemacht und in seiner Arbeit behindert habe. Doch würde das kaum die entsetzlichen Schmerzen erklären, unter denen er gelitten haben muß.

5. Am häufigsten wird der „Pfahl im Fleisch" damit erklärt, daß Paulus an Epilepsie gelitten haben könnte, an einer Krankheit also, die zwar schmerzhaft ist, dem Kranken jedoch zwischen den einzelnen, in Abständen wiederkehrenden Anfällen gestattet, seiner Arbeit nachzugehen. Diese Krankheit konnte damals abstoßend wirken, weshalb sie dem Einfluß von Dämonen zugeschrieben wurde; sie äußert sich im übrigen auch in Gesichten und Entrückungszuständen, wie auch Paulus sie hatte. Wenn im Altertum jemand einem Epileptiker begegnete, spie er aus, um so den bösen Geist abzuwehren. In Galater 4, 14 sagt Paulus, die Galater hätten nicht geschmäht noch verachtet, was sie anfocht an seinem Leibe, und das von ihm hier verwendete griechische Wort bedeutet wörtlich: ihr spucktet nicht aus vor mir.

6. Die älteste aller Theorien besagt, daß Paulus an außerordentlich heftigen Kopfschmerzen gelitten habe. (Davon waren sowohl Tertullian als auch Hieronymus überzeugt.)

7. Eine noch andere Theorie besagt, Paulus habe ein Augenleiden gehabt, das ihm heftige Kopfschmerzen verursacht habe. Nach der Erscheinung auf dem Wege nach Damaskus war Paulus drei Tage blind (Apg. 9, 9). Vielleicht haben seine Augen sich seitdem nie wieder ganz gebessert. Bezeichnenderweise sagt Paulus von den Galatern: wenn es möglich gewesen wäre, hätten sie sich die Augen ausgerissen und sie ihm gegeben (Gal. 4, 15). Und am Schluß des Briefes an sie schreibt er: „Seht, mit wie großen Buchstaben ich euch schreibe" (Gal. 6, 11), als spreche er von der großen Schrift eines Menschen, der kaum sehen kann.

8. Eine gewisse Wahrscheinlichkeit spricht dafür, daß Paulus an chronischem Malariafieber gelitten haben könnte, an einer Krankheit, von der die Küsten des östlichen Mittelmeeres damals heimgesucht waren. Die dort wohnenden Menschen beteten, wenn sie einem Feinde Schaden zufügen wollten, zu ihren Göttern, jener möchte von diesem Fieber „verzehrt werden". Jemand, der selbst an diesem Fieber litt, hat die damit verbun-

denen Kopfschmerzen einmal so beschrieben: Es sei, „wie wenn eine rotglühende Stange die Stirn durchbohre". Jemand anders spricht von den „quälenden, bohrenden Schmerzen in der einen Schläfe, die dem Bohren eines Zahnbohrers zu vergleichen seien", die Schmerzen im akuten Zustand des Anfalls seien nahezu unerträglich. Das dürfte der Schilderung vom Pfahl im Fleisch vielleicht am nächsten kommen. Der Mann, der als Apostel so unendlich viel ertragen mußte, hatte auch noch einen schweren gesundheitlichen Kampf zu kämpfen.

Paulus betete, daß dieser „Pfahl" von ihm wiche; doch Gott beantwortete sein Flehen (wie so oft unsere Gebete): er befreite ihn nicht davon, sondern gab ihm die Kraft, es zu tragen. Gott erspart uns nichts; wohl aber macht er uns fähig, es durchzustehen und zu überwinden.

Paulus wurde die Gnade, die allem genügt, nicht nur verheißen; sie war Wirklichkeit in seinem Leben, wie wir aus dem Nachstehenden ersehen:

1. Sie wurde ihm in seiner körperlichen Schwachheit zuteil, so daß er unbeirrt weiterarbeiten konnte.

2. Sie wurde ihm bei seinen körperlichen Schmerzen zuteil, so daß er den grausamen Pfahl im Fleisch zu ertragen vermochte. Jemand besuchte einmal ein todkrankes junges Mädchen, das an einer unheilbaren und schmerzhaften Krankheit litt, und er brachte ihr ein kleines heiteres Trostbuch für Menschen in Trübsal mit. „Vielen Dank", sagte das junge Mädchen, „ich kenne das Buch." „Haben Sie es schon gelesen?" fragte der Besucher. „Ich habe es geschrieben", erwiderte das Mädchen. Das war das Werk der allem genügenden Gnade.

3. Sie wurde ihm bei seinem Kampf gegen den Widerstand zuteil, der ihm sein ganzes Leben hindurch entgegengebracht wurde, so daß er diesem standzuhalten vermochte. Es war dies das Werk der allem genügenden Gnade.

4. Sie machte ihn — wie aus all seinen Briefen hervorgeht — fähig, Verleumdungen die Stirn zu bieten. Nichts ist schwerer, als Mißdeutungen und grausamen Fehlurteilen standzuhalten. Als Archelaos von Mazedonien einst von jemandem mit einem Kübel Wasser übergossen wurde, sagte er nichts dazu. Auf die Frage eines Freundes, wie er das so gelassen habe hinnehmen können, erwiderte er: „Er hat ja nicht mich übergossen, sondern den, für den er mich hielt." Die allem genügende Gnade bewirkte, daß Paulus sich nicht darum sorgte, was die Menschen von ihm hielten, sondern allein darum, daß Gott ihn erkannte.

Die Herrlichkeit des Lebens in Gott besteht darin, daß uns in unserer Schwachheit die wunderbare Gnade der Kraft zuteil wird; die äußersten menschlichen Verlegenheiten sind allemal Gottes Gelegenheiten.

SCHLUSS DER VERTEIDIGUNG DES APOSTELS

2. Korinther 12, 11—18

Ich bin ein Narr geworden! Dazu habt ihr mich gezwungen. Denn ich sollte von euch gelobt werden, da ich doch nicht weiniger bin, als die hohen Apostel sind, wiewohl ich nichts bin. Denn es sind ja eines Apostels Zeichen unter euch geschehen in aller Geduld mit Zeichen und mit Wundern und mit Taten. Was ist's, worin ihr zu kurz gekommen seid hinter anderen Gemeinden, außer daß ich selbst euch nicht habe beschwert? Vergebet mir dieses Unrecht! Siehe, ich bin jetzt bereit, zum dritten Mal zu euch zu kommen, und will euch nicht beschweren; denn ich suche nicht das Eure, sondern euch. Denn es sollen nicht die Kinder den Eltern Schätze sammeln, sondern die Eltern den Kindern. Ich aber will gerne hingeben und hingegeben werden für eure Seelen. Wenn ich euch mehr liebe, soll ich darum weniger geliebt werden?
Sei es also, ich habe euch nicht beschwert. Oder bin ich tückisch gewesen und habe euch mit Hinterlist gefangen? Habe ich euch etwa übervorteilt durch derer einen, die ich zu euch gesandt habe? Ich habe Titus zugeredet und mit ihm gesandt den Bruder. Hat euch etwa Titus übervorteilt? Sind wir nicht in e i n e m Geist gewandelt? Sind wir nicht in einerlei Fußtapfen gegangen?

Beim Lesen dieses Abschnitts, mit dem Paulus zum Schluß seiner Verteidigung kommt, haben wir den Eindruck, daß ihn das unerfreuliche Geschäft der Selbstrechtfertigung keineswegs befriedigt oder gar erfreut. Aber er muß die Sache nun einmal durchstehen. Daß er selbst in Mißkredit gerät, kann er noch hinnehmen; doch daß das Evangelium, das er gepredigt hat, wirkungslos bleiben könnte, kann er nicht zulassen.
1. Zunächst und vor allem betont er, daß er ein ebenso guter Apostel ist wie alle seine anmaßenden Widersacher. S e i n A n s p r u c h b a s i e r t a u f d e r W i r k s a m k e i t s e i-

n e s A m t e s. Als Johannes der Täufer Boten zu Jesus sandte, die ihn fragen sollten, ob er wirklich der sei, der da kommen solle, sagte Jesus nur: „Gehet hin und verkündigt Johannes, was ihr gesehen und gehört habt“ (Luk. 7, 18–22). Als Paulus die Realität des Evangeliums, das er in Korinth gepredigt hat, erhärten will, zählt er eine Reihe von Sünden und Sündern auf, indem er ihnen anschließend den Satz entgegenschleudert: „Und solche sind euer etliche gewesen“ (1. Kor. 6, 9–11). Effektivität ist der einzige Beweis für die Realität einer Sache. Die Wirklichkeit der Kirche kommt nicht deshalb in großartigen Gebäuden, nicht in feierlichen Gottesdiensten oder in den Mitgliederzahlen der Gemeinden zum Ausdruck, sondern i m g e w a n d e l t e n L e b e n der Menschen. Der einzige Maßstab, an dem Paulus sein Apostelamt gemessen sehen wollte, war seine Fähigkeit, die Menschen der das Leben wandelnden Gnade Christi zuzuführen.

2. Es muß an den Korinthern sehr genagt haben, daß Paulus von ihnen nichts annehmen wollte; denn immer wieder kommt er auf diesen Vorwurf zurück, indem er hier zum Ausdruck bringt, worauf es beim Schenken ankommt. „Ich will nicht euer Geld, sondern e u c h“, sagt Paulus. Geben ist nur dann ein wirkliches Geben, wenn wir uns selbst damit schenken. Mancher Schulden kann man sich entledigen, indem man eine bestimmte Summe zahlt; doch es gibt andere Schulden, bei denen die entscheidende Rolle nicht das Geld spielt. Einem Landstreicher passierte einmal folgendes: Er klingelte an einer Tür, die Frau, die ihm öffnete, stellte fest, daß sie kein Kleingeld im Hause hatte. Sie sagte daher zu ihm: „Ich habe im Augenblick überhaupt kein kleines Geld, brauche aber ein Brot. Würden Sie so freundlich sein und es mir besorgen? Hier ist ein größerer Schein. Von dem Wechselgeld werde ich Ihnen dann etwas geben.“ Der Mann führte den Auftrag aus, kehrte zurück und erhielt einen reichlich bemessenen Betrag. Dabei traten ihm Tränen in die Augen. „Es ist nicht wegen des Geldes“, sagte er, „sondern wegen des Vertrauens, das Sie mir bewiesen haben. Niemand hat mir bis jetzt jemals solch ein Vertrauen erwiesen. Ich kann Ihnen nicht genug dafür danken.“ Wir können leicht behaupten, die Frau sei ein Risiko eingegangen, auf das sich nur weichherzige Narren einlassen könnten; in Wirklichkeit hatte sie dem Mann wesentlich mehr als Geld gegeben: sie hatte ihm etwas von sich geschenkt. Der russische Dichter Turgenjew wurde einst auf der Straße von einem Bettler angesprochen. Er durchsuchte seine Taschen nach Geld; doch er fand nichts. Impulsiv streckte er die Hand aus:

„Bruder", sagte er, „weiter kann ich dir nichts geben." Darauf sagte der Bettler: „Sie haben mich Bruder genannt und mir die Hand gegeben; auch das ist ein Geschenk." Die bequemste Art, sich seiner Verpflichtungen gegenüber der Kirche oder unseren Mitmenschen zu entledigen, ist zweifellos die, einen Geldbetrag zu überweisen und es dabei bewenden zu lassen. Natürlich ist auch das etwas, aber bei weitem nicht das Entscheidende.

3. Es scheint, daß die Korinther Paulus noch einen letzten Vorwurf gemacht hatten. Obwohl sie nicht behaupten konnten, daß Paulus sie jemals übervorteilt hätte – selbst die Böswilligen konnten ihm das nicht vorwerfen –, scheint es doch zu Andeutungen in der Richtung gekommen zu sein, daß möglicherweise etwas von dem Geld aus der Sammlung für die Armen in Jerusalem an den Fingern des Titus und anderer von Paulus entsandten Männer kleben geblieben sei und auch Paulus auf diese Weise etwas erhalten habe. Boshafte Menschen nehmen an nichts Anstoß, wenn es darum geht, ihre Kritik zu unterbauen. In seiner Loyalität gegenüber seinen Freunden treibt es Paulus, diese zu verteidigen. Es sei nicht ungefährlich, mit einem missionierenden Mann befreundet zu sein; nur allzu leicht werde man in dessen Trübsal und dessen Schwierigkeiten verwickelt. Glücklich der Mann, der Anhänger und Helfer hat, die ihn unterstützen und denen er vertrauen kann wie sich selbst! Paulus hatte solche Anhänger, Anhänger, wie sie Christus braucht.

MERKMALE EINER UNCHRISTLICHEN GEMEINDE

2. Korinther 12, 19–21

Schon lange werdet ihr denken, daß wir uns vor euch verantworten. Wir reden jedoch in Christus vor Gott! Das alles aber geschieht, meine Lieben, damit ihr auferbaut werdet. Denn ich fürchte, wenn ich komme, daß ich euch nicht finde, wie ich will, und ihr mich auch nicht findet, wie ihr wollt, sondern daß Hader, Neid, Zorn, Zank, üble Nachrede, Ohrenblasen, Aufblähen, Aufruhr da sei. Ich fürchte, daß mich, wenn ich abermals komme, mein Gott demütigt bei euch und ich Leid tragen muß über viele, die zuvor gesündigt und nicht Buße getan haben für die Unreinigkeit und Unzucht und Ausschweifung, die sie getrieben haben.

Gegen Schluß seiner Verteidigung äußert Paulus, daß alles, was er zu seiner Selbstverteidigung angeführt habe, den Anschein erwecken könnte, es läge ihm viel daran, daß die Menschen gut von ihm dachten. Diese Ambition hatte er jedoch nicht. Wenn zwischen Gott und ihm nur alles in Ordnung war, kümmerte er sich nicht besonders um das, was die Menschen über ihn dachten. Was er also gesagt habe, betont Paulus, dürfe keineswegs als Versuch ausgelegt werden, Wohlwollen und Billigung bei den Menschen zu finden. (Als Abraham Lincoln und seine Berater einst eine wichtige Entscheidung getroffen hatten und einer seiner Ratgeber sagte: „Herr Präsident, ich hoffe, daß Gott auf unserer Seite steht", erwiderte Lincoln: „Ich mache mir mehr Gedanken darüber, ob wir auf Gottes Seite stehen.") Paulus kam es vor allem darauf an, daß er das rechte Gottesverhältnis hatte, einerlei, was die Menschen über ihn dachten oder sprachen.

Er kommt dann auf den Besuch zu sprechen, den er Korinth abzustatten gedenkt. Ziemlich düster meint er, er hoffe, sie nicht in einem Zustand anzutreffen, der ihm keine Freude bereite, denn dann würden sie in ihm einen Besucher erleben, der ihnen ebenfalls keine Freude bereite. Seine Worte enthalten fast eine Drohung. Es liegt ihm nichts an strengen Maßnahmen; doch erforderlichenfalls wird er auch davor nicht zurückschrecken. Und dann zählt Paulus auf, was sich als Merkmale einer unchristlichen Gemeinde herausstellen ließe:

Dazu gehört zuerst Hader und Streit. Das entsprechende griechische Wort eris kennzeichnet einen kriegerischen Zustand, in dem Rivalität, Konkurrenz und Zwietracht herrschen, weil man sich über Stellung und Ansehen nicht einigen kann. Eris ist bezeichnend für alle, die vergessen haben, daß nur der erhöht werden wird, der sich selbst erniedrigt. Dazu gehört ferner der Neid, zelos, ein großes (später heruntergekommenes) Wort. Ursprünglich wurde damit das Gefühl von Menschen beschrieben, die etwas Gutes sehen und dadurch angeregt werden, diesem nachzueifern. Doch solch ein Wetteifer artet nur zu leicht in Neid aus, in den Wunsch, etwas zu besitzen, was uns nicht gehört, in eine Haltung, die dem anderen mißgönnt, was er besitzt. Eifer in guten Dingen ist eine edle Eigenschaft; artet diese jedoch in Neid aus, dann ist eine niedrige Gesinnung am Werke. Zu den unchristlichen Merkmalen gehören auch Zornesausbrüche, thymoi, die, im Gegensatz zum langanhaltenden Zorn, unvermittelte Explosionen leidenschaftlicher Erregung darstellen. Bei dieser Art von Zorn handelt es sich um eine Vergiftung der

Seele, die den Menschen zu Dingen hinreißt, die er später bereut. In der Antike heißt es, solche Ausbrüche leidenschaftlichen Zorns seien für Tiere bezeichnender als für Menschen. Tiere könnten sich nicht beherrschen; Menschen sollten dazu imstande sein. Dazu gehört auch der Zank, eritheia, womit ursprünglich jede Arbeit bezeichnet wurde, die gegen Bezahlung erfolgte, später Arbeit, die ausschließlich um des Lohnes willen getan wurde. In dem Wort kommt die Haltung von Menschen zum Ausdruck, die ganz und gar selbstbezogen sind, die das Wort dienen nicht kennen und alles nur unter dem Gesichtspunkt betrachten, was es ihnen einbringt. Dazu gehören weiterhin üble Nachrede und Ohrenblasen, d. h. Klatsch und Zuträgerei, katalaliai und psithyrismoi. Bei dem ersten der beiden Wörter handelt es sich um lauthals geäußerte Angriffe, um Schmähungen und Vorwürfe, um die öffentliche Herabsetzung von Menschen, die anderer Ansicht sind. Das zweite Wort bezeichnet etwas noch Widerwärtigeres, jenen Klatsch nämlich, den man einander zuflüstert, jene entehrende Mitteilung, die unter dem Siegel der Verschwiegenheit erfolgt. Während man sich gegen die erste Art der Verleumdung noch wehren kann, ist man der zweiten Art gegenüber oft völlig wehrlos, weil es sich dabei um ein Untergrundgeschehen handelt, um eine heimtückische Vergiftung der Atmosphäre. Dazu gehört auch das Aufblähen, die Angeberei (physioseis). Das Amt, das wir in der Kirche bekleiden, sollten wir sicherlich stets hochhalten; doch ebenso gewiß ist, daß wir uns selbst damit niemals verherrlichen sollten. Wenn die Menschen unsere guten Taten als solche erkennen, dann sollten diese dem Vater im Himmel dienen, dem wir dienen; denn er allein hat uns dazu befähigt. Dazu gehört auch Aufruhr oder Unordnung, akatastasiai, wie der griechische Text lautet. Wenn die Kirche auch eine Demokratie darstellt, so sollte sie doch nicht ein Ort sein, an dem jeder tun kann, was ihm beliebt, sondern eine Stätte, an der Menschen sich zu einer Gemeinschaft zusammenschließen, deren Motto das gegenseitige Aufeinandereingehen ist. Schließlich sind noch die Sünden zu nennen, die einige widerspenstige Korinther selbst jetzt noch nicht bereuen: da ist die Unreinigkeit, akatharsia, alles, was die Menschen ungeeignet macht, vor Gott zu treten, weil sie sich im Schmutz der Welt wälzen. Da ist ferner die Unzucht, porneia. Die Korinther lebten in einer Umwelt, in der Ehebruch nicht als Sünde galt, in der man es ganz natürlich fand, daß Männer ihr Vergnügen suchten, wo sie konnten und wollten. Nur zu leicht konnten die Korinther wieder allem verfallen, was nicht an die edle, sondern an die unedle Seite im Menschen appellierte. Da waren weiterhin Ausschweifungen. Das entsprechende griechische Wort aselgeia bedeutet nicht nur sexuelle Ausschweifung, sondern Unmäßigkeit in jeder Beziehung; sie ist bezeichnend für Menschen, die sich selbst nicht in Zucht zu nehmen wissen, die jeder Laune nachgeben, ohne Rücksicht auf ihren guten Ruf und die öffentliche Meinung, wenn sie nur bekommen, was sie haben möchten. Der jüdische Geschichtsschreiber Josephus schreibt diese Eigenschaft Jesebel zu, die in der Stadt Gottes einen Baalstempel errichten ließ. Bei den Griechen galt sodann hybris als ein schlimmes, ja sogar als das schlimmste Vergehen, weil es sich hierbei um jene hochmütige Überheblichkeit handelt, die weder Gott noch die Menschen gelten läßt.

WARNUNG, HOFFNUNG UND SEGENSWUNSCH

2. Korinther 13, 1–13

Jetzt komme ich zum dritten Mal zu euch. „Auf zweier oder dreier Zeugen Mund soll jegliche Sache stehen" (5. Mose 19, 15). Ich habe es euch zuvor gesagt und sage es noch einmal zuvor – wie bei meinem zweiten Besuch, so auch nun aus der Ferne – denen, die zuvor gesündigt haben, und den andern allen: Wenn ich abermals komme, so will ich nicht schonen; ihr verlangt ja, daß ihr einmal gewahr werdet, wer in mir redet, nämlich Christus, welcher gegen euch nicht schwach ist, sondern ist mächtig unter euch. Und ob er wohl gekreuzigt ist aus Schwachheit, so lebt er doch aus Gottes Kraft. Und ob wir auch schwach sind in ihm, so werden wir doch mit ihm uns lebendig erweisen an euch in der Kraft Gottes.
Versuchet euch selbst, ob ihr im Glauben seid; prüfet euch selbst! Oder erkennet ihr euch selbst nicht, daß Jesus Christus in euch ist? Es müßte denn sein, daß ihr untüchtig seid. Ich hoffe aber, ihr werdet erkennen, daß wir nicht untüchtig sind. Wir bitten aber Gott, daß ihr nichts Übles tut; nicht damit wir als tüchtig angesehen werden, sondern damit ihr das Gute tut und wir wie die Untüchtigen seien. Denn wir können nichts wider die Wahrheit, sondern für die Wahrheit. Wir freuen uns

ja, wenn wir schwach sind und ihr mächtig seid. Um dies beten wir auch, um eure Vollkommenheit. Derhalben schreibe ich auch solches aus der Ferne, damit ich nicht, wenn ich anwesend bin, scharf werden muß nach der Vollmacht, welche mir der Herr gegeben hat zum Aufbauen, nicht zum Niederreißen.

Zuletzt, liebe Brüder, freuet euch, lasset euch zurechtbringen, lasset euch mahnen, habt einerlei Sinn, seid friedsam! So wird der Gott der Liebe und des Friedens mit euch sein. Grüßet euch untereinander mit dem heiligen Kuß. Es grüßen euch alle Heiligen. Die Gnade unsres Herrn Jesus Christus und die Liebe Gottes und die Gemeinschaft des heiligen Geistes sei mit euch allen!

Paulus beschließt das letzte Kapitel dieses ernsten Briefes mit vier verschiedenen Aussagen:

1. Er spricht zunächst nochmals die Warnung aus. Wenn er jetzt ein drittes Mal nach Korinth kommen wird, wird es keine unbestimmten Redereien und leichtfertigen Behauptungen mehr geben; sondern was gesagt wird, wird ein für allemal bezeugt und bewiesen werden, damit endgültig Klarheit herrscht. Die üble Situation soll sich nicht noch länger hinziehen. Paulus wußte, daß die Angelegenheit einmal gründlich bereinigt werden mußte.

2. Er spricht den Wunsch aus, sie möchten das Gute tun. Wenn dies der Fall ist, wird er von seiner Vollmacht keinen Gebrauch machen müssen, was eine echte, tiefe Freude für ihn sein werde. Paulus lag nichts an der Zurschaustellung seiner Autorität. Er wollte aufbauen, nicht zerstören. Zucht sollte stets dem Aufbau der Persönlichkeit, nicht ihrer Zertrümmerung dienen.

3. Zum Schluß gibt er einer dreifachen Hoffnung für die Korinther Ausdruck: a) Er hofft, daß sie der Vollkommenheit zustreben. Im Leben des Christen gibt es keinen Stillstand; wer nicht vorankommt, fällt zurück. Christen sind Menschen auf dem Wege zu Gott und sollten durch die Gnade Christi täglich etwas mehr dem prüfenden Blick Gottes standhalten können. b) Er hofft, daß sie auf seine Mahnung hören werden. Es erfordert menschliche Größe, auf harte Ratschläge zu hören; doch wären wir vielfach besser daran, wenn wir nicht mehr von unseren Wünschen sprächen, sondern auf die Stimmen der Weisen achten würden, besonders auf die Stimme Jesu Christi. c) Er hofft, daß sie zusammenstehen und Frieden halten werden. Wer von Bitterkeit und Haß erfüllt ist, kann nicht

zu Gott beten; erst dann lieben wir Gott wirklich, wenn wir uns untereinander lieben.

4. Den endgültigen Beschluß bilden S e g e n s w ü n s c h e. Dem Ernst, der Strenge, dem Kampf und der Auseinandersetzung folgt der Segen. Zu den besten Möglichkeiten, mit unseren Feinden Frieden zu schließen, gehört das Gebet für sie; freilich – niemand kann mit Erfolg für jemanden beten, den er gleichzeitig noch irgendwie haßt. Und so verlassen wir den leidvollen Bericht von Paulus und der Gemeinde zu Korinth mit dem Klang des Segenswunsches in unseren Ohren. Auch wenn der Weg beschwerlich war, das letzte Wort heißt Frieden.

William Barclay

AUSLEGUNG DES NEUEN TESTAMENTS

Aus dem Englischen übersetzt von Dr. Elfriede Leseberg. Text nach der revidierten Luther-Ausgabe. 17 Bände mit rd. 4500 Seiten. Taschenformat, 12 x 19 cm, flex. gebunden.

Matthäusevangelium (Band 1), 352 Seiten

Matthäusevangelium (Band 2), 352 Seiten

Markusevangelium, 336 Seiten

Lukasevangelium, 320 Seiten

Johannesevangelium (Band 1), 212 Seiten

Johannesevangelium (Band 2), 336 Seiten

Apostelgeschichte, 220 Seiten

Römerbrief, 232 Seiten

Briefe an die Korinther, 256 Seiten

Briefe an die Galater, Epheser, 196 Seiten

Briefe an die Philipper, Kolosser, Thessalonicher, 236 Seiten

Briefe an Timotheus, Titus und Philemon, ca. 332 Seiten

Jakobusbrief und Petrusbriefe, 332 Seiten

Johannesbriefe, Judasbrief, 196 Seiten

Brief an die Hebräer, 200 Seiten

Offenbarung (Band 1), 220 Seiten

Offenbarung (Band 2), 256 Seiten

Außer der deutschen Übersetzung liegen Ausgaben in spanisch, japanisch, chinesisch, polnisch und hindustanisch vor.

AUSSAAT VERLAG WUPPERTAL

Karl Heim

JESUS DER WELTVOLLENDER

Der Glaube an die Versöhnung und Weltverwandlung
Reihe: edition aussaat; 232 Seiten, Balacron

Dieses Buch spricht zu uns von der Hoffnung des Christen auf einen neuen Himmel und eine neue Erde der Vollendung. Von dieser Hoffnung hat die christliche Gemeinde von jeher gelebt. Weltversöhnung und Weltvollendung gehören zusammen. Karl Heim untersucht zunächst die Voraussetzungen für das Verständnis der Botschaft von der Weltversöhnung und Weltvollendung. Er zeigt dann die Versöhnung durch Christus und ihre stellvertretende Bedeutung auf, um im abschließenden Kapitel die letzten Dinge und die Verwandlung der Welt zu einer neuen Gestalt zu behandeln. Die Auferstehung Christi ist der Anbruch der Endzeit und die Weltvollendung ihr Ziel.

Das, was Karl Heim – damals einsam und unverstanden – erkannte, scheint uns Christen in der zweiten Hälfte des 20. Jahrhunderts selbstverständlich zu sein: „Eine Riesenarbeit ist zu tun, um den schon seit hundert Jahren verlorenen Anschluß der nur unter sich verkehrenden Theologie an die Welt (der profanen Denker und Wissenschaftler) wieder einzuholen. Die Zukunft der Kirche entscheidet sich daran, ob sie sich in das Getto zurückzieht, oder ob wir die Vollmacht haben, mit der Welt, die außer uns steht, im Gespräch zu bleiben und auf ihre Fragen zu antworten."

Alles, was Karl Heim als Ertrag seines Lebens in den sechs Bänden „Der Evangelische Glaube und das Denken der Gegenwart" vorgelegt hat, ist eine epochemachende Auseinandersetzung zwischen Philosophie, Naturwissenschaft und Theologie.

AUSSAAT VERLAG WUPPERTAL